미셸 푸코의 『광기의 역사』 읽기

세창명저산책_060

미셸 푸코의 『광기의 역사』 읽기

초판 1쇄 인쇄   2018년 11월 19일
초판 3쇄 발행   2023년 5월 15일

—

지은이   허 경
펴낸이   이방원
기획위원   원당희
책임편집   정조연   **책임디자인**   손경화
마케팅   최성수 · 김 준   **경영지원**   이병은

—

펴낸곳   세창미디어

신고번호 제2013-000003호   주소 03736 서울시 서대문구 경기대로 58 경기빌딩 602호

전화 723-8660   팩스 720-4579   **이메일** edit@sechangpub.co.kr   **홈페이지** http://www.sechangpub.co.kr

블로그 blog.naver.com/scpc1992   **페이스북** fb.me/Sechangofficial   **인스타그램** @sechang_official

—

ISBN   978-89-5586-543-1   02160

ⓒ 허 경, 2019

표지 이미지: A Rake's Progress, Plate 8, In the Madhouse (William Hogarth)

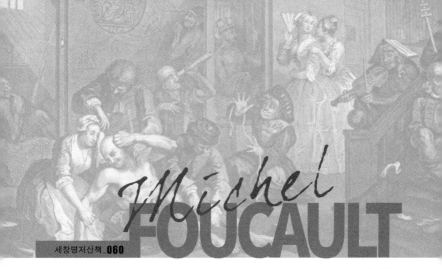

세창명저산책_060

허 경 지음

미셸 푸코의 『광기의 역사』 읽기

세창미디어
MEDIA

I CONTENTS I

1장
들어가면서
─ 『광기의 역사』의 역사

■ 개인적 이력과 판본들

1961년 5월 20일 소르본대학에서는 미셸 푸코Michel Foucault (1926-1984)의 박사학위 논문심사가 이루어지고 있었다. 당시 푸코는 만 35세였다. 이 시기 소르본대학의 박사학위를 취득하기 위해서는 주 논문과 부 논문을 제출해야 했다. 주 논문은 훗날 『광기의 역사』라는 제목으로 우리에게 알려지게 될 「광기와 비이성. 고전주의 시대의 광기의 역사Folie et Déraison. Histoire de la folie à l'âge classique」이고, 부 논문은 칸트Immanuel Kant(1724-1804)의 『실용적 관점에서 본 인간학Anthropologie in pragmatischer Hinsicht』(1798, 이하 『인간학』)의 번역으로, 푸코 자신의 「서문」과 「주석」이 첨부되어 있었다. 당시 논문의 공식 보고서 작성을 맡은 '보고자들 rapporteurs' 중 「광기와 비이성」의 보고자들은 조르주 캉길렘과 다니엘 라가슈였고, 부 논문인 『인간학』의 번역은 장 이폴리트가 맡았다. 오늘날, 『광기의 역사』는 프랑스의 독특한 학문적 전통을 인정하더라도 박사학위 논문이라기보다는 노년의 대석학이 쓴 거대한 '문명비평사적' 에세이로 읽힌다. 30대 중반의 청년이 박사학위 논문으로 제출한 이 논문은 당시에나 지금이나 놀라운 작업이었다. 그러나 '매우 우수'라는 평가를 받은 이 놀라운 작업이 한정된 지식인 서클을 넘어 일반 교양인들에게까지 알려지게 된 것은 1966년 『말과 사물』 발간 이후의 일이다. 아래에서는 논문 「광기와 비이성」과 저작 『광기의 역사』의 간략한 역사를 살펴보도록 한다.(『광기의 역사』 본문의 내용이 무엇인가가 궁금한 독자들은 건너뛰고 2장부터 바로 읽어도 좋다.)

1) 다양한 판본

우선, 1961년 소르본에 제출된 박사학위 **논문** 「광기와 비이성」과 오늘 우리가 알고 있는 **저작** 『광기의 역사』 사이에는 약간의 차이가 있다. 이를 **서지학적 입장에서** 연대순으로 정리해 보면 다음과 같다.

① *Folie et Déraison: Histoire de la Folie à l'Age Classique*, Collection "Civilisations et Mentalités," Plon, 1961. 1961년 5월 소르본대학에서 발표된 박사학위 논문으로 아래의 다양한 판본·번역본이 있다.

② *Histoire de la Folie*, 10/18 Series, Union Générale d'Éditions, 1964. 이는 1964년 푸코 자신에 의해 축약된 형태로 재편집되고 제목도 '광기의 역사'로 단순화되어 파리에서 출간된 판본이다. 이 축약본은 원본의 1·2부 구분을 없애고 '서론'과 '결론'을 제외한 9개의 장으로 구성되어 있다. 축약본은 원본의 1부 3장과 4장, 2부 1장, 3부 3장이 생략되어 있고, 2부 2장, 3부 5장이 축약되어 있다. 한편 푸코는 이 축약본의 4장 등에 약간의 수정과 보충을 가했다.

③ *Histoire de la Folie à l'Age Classique*, "Collection TEL," Gallimard, 1972. 앞의 책 ①이 원본 그대로 갈리마르출판사의 '콜렉시옹 TEL'의 일부로서 재출간된 판본으로, 일반적으로 『광기의 역사』의 **정본**으로 인정된다. 다만 제목이 '고전주의 시대의 광기의 역사'로 바뀌었고, 1961년의 ①과는 다른 새로운 「서문Préface」과 간략한 두 편의 「부록」이 추가되었다. 두 부록은 다음과 같다. "La folie, l'absence d'œuvre"(La Table Ronde, mai 1964) et "Mon corps, ce papier, ce feu"(Paideia, septembre 1971).

④ 이후 이 판은 1978년 같은 제목으로 역시 갈리마르출판사의 "콜렉시옹 TEL"에서 출간되었으나, 위 두「부록」이 삭제되었다.

⑤ *Madness and Civilization: A History of Insanity in the Age of Reason*, trans. Richard Howard, introduction by José Barchilon, Random House, 1965, Tavistock, 1967 and Social Science Paperback, 1971. 이는 앞서 언급한 것처럼 원본에 약간의 보충을 가한 1964년 축약판 ②를 영역한 책이다.

⑥ 미셸 푸코, 박봉희 옮김,「대 감호大 監護」, 김성곤 편,『탈구조주의의 理解: 데리다, 푸코, 사이드의 文學理論』, 307-323쪽, 민음사, 1988. 이는 위 영어 축약본 ⑤의 2장을 우리말로 번역한 것이다.

⑦ 미셸 푸꼬,『광기의 역사』, 김부용 옮김, 인간사랑, 1991. 이는 역시 같은 영어 축약본 ⑤를 완역한 것이다.

⑧ 미셸 푸코,『광기의 역사』, 이규현 옮김, 오생근 감수, 나남신서 900, 나남출판, 2003. 불어본 ③을 **완역**한 것이다.

⑨ Michel Foucault, *History of Madness*, ed. Jean Khalfa, trans. Jonathan Murphy, Routledge, 2006. 최초의 영어완역본으로 ①의 번역이다. 한편, 이 책은 현재의 불어판에서는 볼 수 없는 ①의

초판 「서문」과 ③의 부록들을 모두 번역한 훌륭한 판본이다.

　　다시 정리하면, ①~④는 프랑스어 원본이고, ⑤는 최초의 영어본이며, ⑥~⑧은 우리말 번역본이다. ⑨는 최초의 영어완역본이다. 이 책에서는 각기 프랑스어본의 경우 정본으로 인정되는 **1972년의 ③**, 우리말 번역본의 경우 ③을 번역한 **2003년의 ⑧**을 기준으로 하여 논의를 전개할 것이다(영역본 ⑤는 필요한 경우에 한하여 인용). 전공자의 관점에서, 우리말 번역 ⑧은 전체적으로 보아 좋은 번역에 속한다고 말할 수 있다. ⑨는 우리말본 ⑧에 더하여 불어가 불가능하지만 영역을 비교·대조하여 보고 싶은 독자들을 위한 최적의 판본이다.

　　한편, 『광기의 역사』에 대한 적절한 입문을 제공하려는 본서의 성격상 앞으로도 나는 『광기의 역사』의 원문을 상당 부분 인용하게 될 텐데, 이후로는 인용상의 편의를 위하여 인용문 말미에 ( )를 만들고 순서대로 각기 ③과 ⑧의 해당 쪽수를 적어 넣을 것이다. 가령, 인용문 말미의 (1; 9) 표기는 순서대로 각기 프랑스어 원본 ③의 1쪽, 우리말 번역본 ⑧의 9쪽에 해당 문장이 있음을 의미한다.(우리말 인용의 경우 대부분은 원래의 번역을 그대로 옮겼으나, 맥락에 따라 번역을 약간 수정한 경우에도 특별히 따로 표시를 하지는 않았다.)

2) 고통의 두 근원 ― 아버지, 동성애

물론, 이 책에서 우리가 다루는 것은 1972년 판을 정본으로 삼는 **저작**『광기의 역사』이다. 다음에서는 저작『광기의 역사』의 역사를 간단히 살펴보기로 하자. 그러나 이 저작의 '역사'를 이해하기 위해서는 **저자** 푸코 개인의 '역사'를 잠시 살펴보아야 한다. 물론 롤랑 바르트Roland Barthes(1915-1980)의 신비평nouvelle critique 이래 저자와 작품을 일치시키는 심리주의 비평의 한계는 명확히 드러난 것이다. 하지만, 지나치게 남용되지만 않는다면, 저자의 일생에 대한 간략한 검토는 독자에게 저자의 책을 이해하기 위한 몇 가지 유용한 시사점을 던져 준다.[1] 아래에서는 이러한 관점에서 이 책의 주제인 **심리학 및 정신의학에 관련된** 푸코의 관심

---

[1] 이하 푸코의 생애와 저작에 관련된 기본 정보는 주로 다음 두 자료를 취합하여 정리한 것이다. 이들 자료는 푸코 사유 입문에 매우 유용한 정보를 담고 있으므로 **초심자**에게도 권할 만하다. ① 디디에 에리봉, 『미셸 푸코, 1926~1984』, 박정자 옮김, 그린비, 2012. ② 'Chronologie', Michel Foucault, *Dits et Ecrits, vol. I, 1954-1975 et vol. II, 1976-1988*, Collection Quarto, Gallimard, 2001. 이는 다음 그린비 출판사 홈페이지에 「미셸 푸코 연표」(이하 「연표」)라는 이름 아래 오트르망에 의해 우리말로 번역되어 있다. http://greenbee.co.kr/blog/1685

그 외 우리말로 된 푸코 사유 일반에 대한 간략한 **입문**은 다음을 보라. ① 허경, 「미셸 푸코와 자기 변형의 기술」, 『처음 읽는 프랑스 현대철학』, 동녘, 2013, 241-273쪽. ② 허경, 「미셸 푸꼬. 우리 자신의 역사적·비판적 존재론」, 『현대 프랑스 철학사』, 창비, 2015, 320-346쪽.

을 중심으로 이를 정리해 본다.

푸코는 1926년 프랑스의 소도시 푸아티에Poitier에서 태어났다. 푸코의 할아버지는 퐁텐블로의 외과의사였다. 푸코의 아버지 역시 푸아티에대학의 해부학 교수이자, 개업한 외과의사였다. 푸코의 할아버지와 아버지는 물론 푸코 자신의 이름도 서류상으로는 폴Paul 푸코였다. 푸코의 외할아버지 역시 푸아티에대학의 해부학 교수이자, 개업한 외과의사였다. 푸코의 어머니 안느 말페르는 시대의 전통에 따라 아들의 이름을 공식적 호적상으로는 폴이라고 명명하는 데 동의했지만, 스스로는 아들을 폴-미셸 Paul-Michel이라 불렀다. 아버지 푸코 부부는 맏딸 프랑신, 첫째 아들 폴, 둘째 아들 드니의 삼남매를 낳는다. 주변 사람들과 기록을 통해 공히 '권위적이고 강압적인' 태도의 인물로 기록되는 아버지 푸코는 이 명민한 장남에게 자신의 '가업'을 물려주고자 한다. 그러나 우리가 잘 알고 있듯이 이 명민한 장남이 마음속에 품은 미래는 **해부학**과 **외과학**이 아니라, 철학과 인문학이었다. 푸코의 청소년기 후반에 부자 사이의 갈등은 이 문제를 두고 폭발한다. 청소년기와 20대의 푸코를 아는 모든 사람들은 이 시기의 푸코가 이 문제로 지독하게 고통받았다고 적고 있다.(당시의 푸코를 괴롭힌 또 하나의 문제는 푸코가 자신의 동성애 성향을 깨닫게 되지만, 이를 받아들이지 못한 것이다.) 푸코는 아버지를 증오하게 된다. 파리의 명문 고등사범학교에 입학한 20대의 푸코는 지방 소도시 출신의 공격적이고 냉소적인 인물, 모두가 불편해 하는 인물, 차라리 '사회 부적응자'의 모습에 가깝다. 이 시기의 푸코는 알코올 중독에 빠졌고, 몇 번의 자살을 시도한다. 당시 푸코의 친구들 중 하나는 이렇게 말했다. "푸코는 자살에 대한 강박관념을 갖고 있었다." 이 불운하고 어두운 시기는 1955년 8월 만 29세의 푸코가 스웨덴 웁살라 주재 대사관에서 일하기 위해 프랑스를 떠나면서 끝나게 된다.(그러나 당시부터 그를 잘 알고 있는 몇몇 사람들은 푸코가 "평생 광기에 아주 근접한 위치에서 살았다"고 생각한다.) 오늘 우리가 잘 알고 있듯이, 훗날의 폴-미셸 푸코는 공식적 서류들과는 정반대로 자신의 이름에서 폴을 버리고 미셸만을 남겨 놓는다. 푸코는 훗날 아주 가까운 친구들에게 이를 설명하면서 청소년 시절 자신이 그토록 증오했던 **아버지의 이름**을 물려받고 싶지 않았기 때문이라고 말했다. 여하튼 이러한 일화에서 우리가 잊지 말아야 할 사실은 아버지와의 개인적 불화와 동성애자라는 사실에서 오는 사회적 불화가 이 명민한 젊은이를 몹시 고통스럽게 만들었다는 점이다.

3) 모리스 메를로퐁티, 심리학과 현상학

푸코는 오늘날 일반적으로 대중적으로 철학자, 역사학자, 또는 인문학자 등으로 불린다. 물론 이러한 호칭은 '반反-철학자로서의 철학자'라는 광의의 의미로, 곧 '역설적' 의미로 이해되어야 할 것이지만, 푸코가 다루는 주제가 전통적으로 이러한 학문들이 다루어 온 주제임은 분명한 사실이다. 그러나 적어도 초기의 푸코는 스스로를 철학자나 역사가로 규정하지 않았다. 푸코가 전문적인 수련을 받은 최초의 영역은 물론 **철학**이다. 그러나 푸코가 철학 못지않게 지대한 관심을 기울여 전문적인 지식과 학위, 자격증을 취득한 영역은 다름 아닌 **심리학**이었다. 이는 『광기의 역사』에 대한 간명한 해설을 제공하려는 이 책의 의도와 밀접히 연관되어 있는 부분으로, 아래에서 이를 자세히 살펴보도록 하자.

1946년 만 20세의 푸코는 1년의 재수 끝에 파리 고등사범학교ENS, Ecole Normale Supérieure에 입학한다. 파리 고등사범학교는 프랑스의 독특한 엘리트 교육기관으로, 당시 한 해에 인문계와 자연계 각 20명만을 뽑았다. 1947년 리옹대학의 **모리스 메를로퐁티** Maurice Merleau-Ponty(1908-1961)가 고등사범의 심리학 레페티퇴르 répétiteur, 곧 고등사범학교 학생들의 교원자격시험을 준비시키는 강사로 부임한다. 푸코 생애의 주요 저작과 사건들을 정리한 「연표」는 이와 관련하여 다음과 같이 적고 있다. "말브랑슈, 멘 드 비랑과 베르그송에 있어서의 신체와 정신의 결합에 관한 그 (메를로퐁티)의 강의는 데카르트 이후 심리학의 탄생에 관련된 푸코의 첫 번째 학위논문의 방향을 결정짓는다." 1948년 푸코는 소르본에서 철학 학사 학위에 해당하는 리상스licence를 취득한다. 같은 해 10월 루이 알튀세르가 고등사범의 철학 레페티퇴르가 된다.(알튀세르는 이 해에 공산당에 입당한다.) 알튀세르는 당시 고등사범의 지적 분위기를 이렇게 전한다.

"사르트르는 정치적인 진정성이나 성실성, 독립성이라는 면에서 우리 시대의 루소라고 할 수 있지만, 그는 어디까지나 홍보에 능하고, 별 볼 일 없는 소설가였다. 그러나 메를로퐁티는 비록 세속적 종교에 심취한 초월적 관념론자이기는 했지만 학생들은 그를 더 높이 평가했다. … 대학사회에서의 그의 권위는 정말 대단했다. 교수 자격시험인 아그레가시옹agrégation의 논술에 합격하려면 (메를로퐁티의) 『지각의 현상학Phénoménologie de la Perception』(1945)의 문체와 주제를 가지고 쓰기만 하면 될 정도였다."

푸코에 대한 탁월한 전기 『미셀 푸코, 1926~1984』를 쓴 디디에 에리봉은 메를로퐁티에 대한 푸코의 관심을 다음처럼 기록한다.

"푸코는 1947-1948학년도와 1948-1949학년도 내내 고등사범에 서 메를로퐁티의 강의를 놓치지 않고 들었다. 그 강의들은 '말브 랑슈에 있어서의 영혼과 육체의 결합', 그리고 '멘 드 비랑과 베르 그송'이었으나 동시에 언어에 관한 것이기도 했다. 메를로퐁티는 언어 문제에 관심이 많았으며 학생들에게 소쉬르의 업적을 소개 하려 애썼다.

강의실에는 수강생들이 꽉 들어차 있었다. 당시 리옹대학 교수였 으며 『지각의 현상학』의 저자였던 이 학자의 강의를 파리에서 들 을 수 있는 유일한 장소였기 때문이다. 그러나 1949년 새 학기에 메를로퐁티는 아동심리학 전공 석좌교수로 소르본에 발령을 받 게 된다. 그의 충실한 청강생들은 강의를 들으러 원형강의실로 몰 려들었다. 메를로퐁티는 '의식과 언어 습득'에 대해 이야기했고, '인간과학과 현상학'의 관계를 다루기도 했다. 이 강의들은 그 직 후 『심리학 회보Bulletin de psychologie』에도 수록되었는데, 푸코가 이 강의들에 큰 도움을 받은 것은 의심의 여지 없는 사실이다"(디디에 에리봉, 『미셀 푸코 1926-1984』, 박정자 옮김, 그린비, 2012, 61-62쪽).

푸코는 이후 자신에 미친 메를로퐁티의 영향을 언급하면서 그가 '구조주의structuralisme'에 대립되는 '형식적 사유pensée formelle'에의 취향을 길러 주었다고 말했다.

4) 알튀세르와 공산주의

푸코가 메를로퐁티로부터 받은 지적 유산은 무엇보다도 현상학, 심리학 그리고 공산주의였다. 그러나 공산주의와 관련하여 푸코에게 가장 큰 영향을 미친 사람은 물론 루이 알튀세르Louis Althusser(1918-1990)이다. 1949년 프랑스 국회의원 총선거에서 공산당이 얻은 표는 500만 표 이상이다. 이는 전체 유권자의 25% 이상을 의미하는 것으로, 나치 독일로부터의 해방 과정에서 글자 그대로 혁혁한 공을 세운 공산당에 바치는 프랑스 국민들의 신뢰를 보여 준다. 같은 시기 고등사범학교의 총 학생 수는 대략 200명으로 추산되는데, 너댓 명 중 한 명 꼴인 40-50명 정도가 공산당원이었을 것으로 평가된다. 그만큼 당시 고등사범학교에서 공산당의 지적 영향력은 막강한 것이었다. 공산주의는 당대의 '지적 유행'이었다. 알튀세르는 1948년에 공산당에 가입했고, 자신의 학생 푸코와 깊은 우정관계를 맺었다. 이후 1950년 푸코가 공산당에 입당한 것은 상당 부분 알튀세르의 영향이었다. 비록 푸코가 활발한 활동을 한 것으로 보이지는 않지만, 푸코가 1947년 봄부터 공산당 입당을 원했던 것 역시 분명한 사실이다. 마찬가지로, 입당 이후의 푸코가 고등사범학교 내의 한 공산주의 서클을 주도적으로 이끌었던 인물들 중 하나였던 것 역시 사실이다. 푸코는 당시 고등사범 내 공산주의자들의 주류를 이루고 있던 스탈린주의자는 아니었지만, 분명 공산주의를 자기 신념의 일부로 받아들이고 있었다. 더욱이, 푸코는 개인적으로 공산당에 입당하기 이전은 물론 탈당 이후에도 늘 공산주의자들과 가깝게 지냈다. 푸코는 이후 1953년 공산당을 탈당할 때 자신의 결정이 알튀세르와의 관계에 금이 가게 하는 결과를 가져올까 봐 걱정했다. 푸코가 아플 때 정신병원에 입원하지 말도록 권유한 이도 알튀세르였다. 잘 알려진 것처럼, 알튀세르 역시 평생동안 정신병원에 주기적으로 입원하지 않으면 안 되는 병을 갖고 있었다. 훗날 1980년 말년의 알튀세르가 착란 상태에서 아내 엘렌을 교살하고 정신을 차린 후 가장 먼저 보고 싶어 했던 사람들 중 하나는 푸코였다.

이미 이야기한 것처럼, 이 시기 푸코의 정신건강은 매우 좋지 않았다. 푸코는 1948년에 첫 번째 자살을 시도한다. 1949년 2월에는 심리학 리상스를 취득한다. 심리학 학사과정은 1947년에 창설된 새로운 과정이었다. 이 시기 푸코는 모차르트와 듀크 엘링턴을 사랑하는 청년이었고, 알코올 중독에 빠졌으며 정신의학 치료를 받기 시작한다. 당시 알튀세르는 정신의학의 최신 경향을 학생들에게 소개해 주곤 했는데, 이러한 기획의 일환으로 알튀세르는 자신의 학생들을 생트안Sainte-Anne 정신병원으로 데려가 견학시키곤 했다. 푸코도 이 견학에 참가하여 당시 잡지 『정신의학적 진화Évolution psychiatrique』를 이끌던 앙리 에Henri Ey(1900-1977) 등이 주도하는 정신의학의 개혁적 흐름을 매우 일찍 접하게 된다. 같은 해 7월 푸코는 심리학 자격증을 취득하는데 지도교수는 푸코가 강의를 찾아 듣던 당대 심리학계의 거물 다니엘 라가슈로, 후에 그는 푸코의 박사학위 논문 「광기와 비이성」의 심사위원으로도 참여하게 된다. 푸코는 라가슈에게 상담을 받고 싶어하지만, 학문과 치료를 혼동하고 싶지 않았던 라가슈는 다른 분석가를 소개해 준다. 푸코는 정신분석을 시작하지만 2주를 넘기지 못한다. 이후 몇 년간 '정신분석을 받아야 하는가?'라는 문제는 푸코의 강박관념이 된다.

같은 해 푸코는 프랑스 헤겔학의 대가 장 이폴리트Jean Hyppolite(1907-1968)의 지도로 헤겔에 관한 철학 석사학위 논문을 제출한다. 1950년 푸코는 공산당에 가입한다. 훗날 푸코는 자신이 공산당에 가입하게 된 결정적 동기로 당시 제국주의 프랑스가 수행하고 있던 인도차이나 전쟁을 들고 있다. 1950년 6월 푸코는 또 다시 자살을 시도한다. 푸코는 정신분석에 대한 불신에도 불구하고 갈로 박사에게 일시적으로 정신분석을 받는다. 7월 푸코는 모두의 예상을 깨고 교수자격 시험에 떨어진다. 모두가 푸코의 정신건강을 걱정한다. 이 시기 푸코는 짧은 기간이지만 중독 치료를 받았고, 생트안 정신병원 입원 문제로 아버지와 격론을 벌인다. 1947년에 이미 첫 입원을 경험한 알튀세르는 푸코에게 입원하지 말라고 조언하고, 푸코는 알튀세르를 따른다. 1951년 8월 철학 교수자격시험에 2등으로 합격한다. 푸코는 학업을 마치는 대로 프랑스를 떠날 생각을 한다.

5) 심리학사가

1951년 10월 푸코는 고등사범의 **심리학 레페티퇴르**가 된다. 푸코의 월요일 저녁 강의는 곧 학생들로 붐비게 되는데, 이 강의를 들은 학생들 중에는 자크 데리다와 폴 벤, 제라르 주네트, 그리고 모리스 펭게가 있다. 같은 시기, 푸코는 베르도 박사와 아내 자클린의 전기뇌촬영électro-encéphalographie 검사 실험실의 연구 작업에 심리학자의 자격으로 참여한다. 푸코와 자클린 베르도는 이미 전쟁 중에 푸아티에에서 생트안 정신병원의 장 들레 교수의 연구 과정에서 알고 지내던 사이였다. 같은 시기, 곧 1951년 10월 푸코는 티에르 재단의 지원을 받아 **데카르트주의 사상가들 및 심리학의 탄생**, 곧 '심리학의 역사'에 관한 자신의 첫 번째 논문에 착수한다. 이 논문은 훗날 『광기의 역사』의 모체가 될 것이다. 당시 푸코가 재단에 제안했던 두 가지 주제는 '데카르트주의자들에 있어서의 인간과학의 문제'와 '현대 심리학에서의 문화의 개념'이었다. 푸코는 말브랑슈와 멘 드 비랑의 연구에 열중한다. 『정상 및 병리 심리학 저널*Journal de psychologie normale et pathologique*』의 편집장 이냐스 메이에르송과 자주 어울린다. 푸아티에 푸코가家의 친구이자, 1910년 국제정신분석협회(IPA)에 가입한 최초의 프랑스인이며 1911년 프랑스 최초의 정신분석 논문을 쓴 모리쇼보샹Pierre Ernest René Morichau-Beauchant 박사가 자신의 초기 정신분석 관련 잡지 컬렉션을 푸코에게 보내 준다. 이 시기 푸코는 열정적으로 하이데거를 읽는데, 이후 고등사범학교 공산당 조직의 전단을 모아 놓았던 푸코의 서류철에는 하이데거와 후설에 대한 강의계획과 관련된 메모들이 잔뜩 쌓여 간다.

1952년 푸코는 장 들레 교수가 원장으로 있던 연구소의 심리학자로서 연구를 수행한다. 앙리 라보리Henri Laborit가 당시 이곳에서 최초의 신경이완제를 실험했는데, 이는 정신의학 혁명의 여명을 알리는 사건이었다. 1952년 6월 푸코는 파리 심리학 연구소Institut de Psychologie de Paris에서 **정신병리학 석사학위**를 취득한다. 같은 해 10월 푸코는 티에르 재단의 연구원을 사퇴하고 릴대학교 문과대학의 **심리학 조교**assistant가 된다. 조르주 캉길렘의 증언에 따르면, 로르샤흐Hermann Rorschach의 저작을 번역한 릴대학의 심리학자 앙드레 옹브르단은 당시 실험심리학에 정통한 인물을 찾고 있었다. 푸코가 바로 그 적임자였다. 1953년 푸코는 알튀세르의 동의하에 공산당을 탈당한다. 공산당의 의뢰로 수행한 데카르트 연구가 자신의 동의 없이 크게 수정된 채 출간되었다는 사실을 알게 된 푸코는 격분한다.

1953년 1월 푸코는 고등사범의 공산당 학생모임에서 알튀세르의 제안으로 **파블로프**로부터 영감을 받은 **유물론적 정신병리학**에 관한 짧은 논고를 작성한다. 푸코는 생트안에서 자크 라캉Jacques Lacan(1901-1981)의 세미나를 수강한다. 푸코는 양차대전 사이 독일의 정신의학자들이 쓴 글들을 집중적으로 독서하고 이에 대한 주석과 번역을 축적한다. 푸코는 스위스의 정신의학자 루트비히 **빈스방거**Ludwig Binswanger(1881-1966)의 「전기傳記적 현상으로서의 착란Le délire comme phénomène biographique」과 같은 논문들을 특별한 출판의 의도 없이 번역한다. 푸코는 푸아티에 시절부터 집안의 지인으로 알고 지내던 자클린 베르도와 함께 스위스로 가서 하이데거의 현존재분석Daseinanalyse을 정신분석 및 정신의학에 도입한 빈스방거를 방문한다. 이후 이들은 실존적 정신의학의 선구적 텍스트인 빈스방거의 『꿈과 실존Traum und Existenz』(1930)의 번역에 착수한다. 이미 같은 해 6월, 다니엘 라가슈Daniel Lagache, 쥘리에트 파베즈부토니에Juliette Favez-Boutonnier 및 프랑수아즈 돌토Françoise Dolto 등이 프랑스정신분석협회를 창설하고 라캉이 이에 합류한다. 같은 시기 푸코는 심리학연구소에서 **실험심리학 자격증**을 취득하고, '과학적 심리학'의 역사적 형성에 관한 긴 논문 「1850~1950년의 심리학La psychologie de 1850 à 1950」을 작성한다. 10월, 푸코는 릴대학에서 **니체**와 '인간 인식과 초월적 성찰'을 강의하는데, 푸코가 열광하는 니체는 말년의 니체 곧 1880년대의 니체였다. 같은 시기에 푸코는 고등사범학교의 세미나에서 **프로이트**, 그리고 **칸트**의 『인간학』을 강의한다. 푸코는 훗날 이 시기를 다음처럼 묘사한다. "50년대 초 니체의 독서가 나를 현상학과 마르크스주의라는 이중의 전통과 단절시켰다." 우리는 이러한 과정에서 심리학과 정신의학의 역사, 곧 **심리학의 탄생**에 관한 푸코의 관심이 우연적이거나 일회적인 것이 아닌, 푸코의 본질적이고도 핵심적인 관심이었다는 사실을 이해하게 된다. 이 시기의 푸코는 무엇보다도 **철학적 관심이 결합된 심리학사**였다.

한편 이 시기 푸코의 경험 중 가장 중요한 것은 거의 2년에 가까운 기간 동안 생트안 **정신병원**에서 자크 베르도를 도와 심리검사 담당자이자 옵서버로 일했다는 사실, 그리고 같은 기간 보건부는 베르도 부부에게 프랑스 교도소 종합병원이 있는 프레네스 **교도소**에 전자뇌촬영 검사소를 개설하도록 하여 푸코가 매주 이들과 함께 재소자들의 심리검사 작업을 수행했다는 사실일 것이다. 푸코는 적지 않은 기간 동안 일반인의 접근이 불허된 정신병원과 감옥을 직접 방문하여 심리학 작업을 수행하는 행운을 누렸던 것이다. 이런 작업을 통하여 푸코는 당대의 두 **수용기관**, 곧 정신병원과 감옥에 대한 근본적인 회의를 품게 되었다. 이는 이후 발간될 저작, 곧 『광기의 역사』와 『감시와 처벌』의 사전 '현장' 조사 작업과도 같은 일이었다.

이와 관련하여, 우리는 1953년에 작성되고 1957년에 발표된 논문 「과학적 연구와 심리학La recherche scientifique et la psychologie」에서 이후의 저작들에서 드러나게 될 푸코의 근본적 주제를 미리 발견하게 된다. 이 논문에서 푸코는 순수히 '과학적인' 심리학의 지지자들과의 갈등을 신랄하게 암시한다. 푸코는 이 글에서 자신이 실험심리학의 '소굴'에 들어가자마자 받았던 질문을 언급한다. '과학적 심리학을 하겠는가? 아니면 메를로퐁티 같은 심리학을 하겠는가?' 이에 대해 푸코는 다음처럼 빈정거린다. "주목해야만 할 점은 '참다운 심리학'의 규정과 관련된 독단성이라기보다는 그러한 질문이 전제하고 있는 근본적인 회의주의와 무질서이다. 가령 다음과 같은 질문을 던지는 생물학자가 있다면 놀라운 일이 아니겠는가? 과학적이든 아니든, 당신은 생물학을 하고 싶은가?" 이어서 푸코는 다음처럼 덧붙인다. "심리학의 합리성 선택에 관한 연구를 수행해야 한다. 우리는 심리학의 기초, 우리가 과학적으로 구성된 객관성이 아님을 잘 알고 있는 이 기초에 대한 질문을 던져야 한다." 이러한 질문은 **심리학의 철학적·역사적 근거**를 묻는 것에 다름 아니다. 심리학의 역사, 탄생을 다루는 심리학사 푸코가 묻는 질문은 궁극적으로 다음과 같은 것이다. **심리학은 어떤 과정을 거쳐 (다른 어떤 심리학이 아닌) 바로 오늘의 이 심리학이 되었는가?** 보다 구체적으로는, **스스로 과학성을 자처하는 이 심리학적 합리성은 어떻게 형성되었는가?**

6) 『정신병과 인격』, 유물론적 정신의학

1954년 4월 푸코는 알튀세르의 의뢰를 받아 첫 저작 『정신병과 인격_Maladie mentale et Personnalité_』을 출간한다. 아마도 1952-1953년 겨울에 완성되었을 것으로 보이는 이 책의 결론 부분에서 푸코는 이렇게 쓴다. "모든 인간 과학과 마찬가지로, 진정한 심리학은 인간의 **탈소외화**désaliéner를 목적으로 삼아야 한다." 이 책에서 피넬Philippe Pinel(1745-1826)은 여전히 비세트르Bicêtre 수용소의 광인들을 사슬에서 해방시켜 준 자로 묘사된다. 빈스방거의 실존적 정신의학이 언급되어 있음에도 불구하고 이 책의 2부에서 푸코는 파블로프의 조건반사 이론을 옹호한다. 이 시기 푸코의 입장을 가장 잘 드러내 보여 주는 것은 정신의학 관련 강의에서 푸코 자신이 들었다고 알려진 예화이다. 이 예화는 실은 스탈린의 것으로(물론 푸코가 스탈린주의자였다는 말은 아니다), 아내와 아이들을 때리는 알코올 중독에 빠진 가난한 구두장이의 이야기였다. 곧 정신병리가 가난과 착취의 산물이므로 따라서 **인간조건**의 근본적인 개혁만이 그것을 종식시킬 수 있다는 것이다. 그리고 이 인간조건은 인간 실존과 역사의 이른바 **보편적** 조건으로 '달력과 지도'를 갖지 않는다.

또한, 거의 같은 시기에 푸코는 현상학의 영향을 받은 '인류학 텍스트와 연구' 총서의 하나로 출간된 빈스방거의 『꿈과 실존』에 대한 (원본보다 더) 긴 해설 「서문Introduction」을 출간한다. 한편, 고

둥사범학교에서 당시 푸코의 수업을 들었던 자크 라그랑주는 자네Pierre Janet, 피아제Jean Piaget, 피에롱Henri Piéron과 프로이트를 포함하는 발생심리학psychologie génétique도 중요하게 다루어졌다고 말한다. 이와 관련하여 다음과 같은 사실을 기록해 두는 것도 의미 있는 일일 것이다. 푸코는 『정신병과 인격』의 타자 원고 뒷면에 니체와 관련하여 다음과 같은 글을 남겼다. "세 가지 이웃하는 경험들이 있다. 꿈rêve, 취기(도취)ivresse 그리고 비이성déraison이 그것이다." 그리고 조금 뒷부분에서 푸코는 다음처럼 덧붙인다. "(니체의) 『비극의 탄생』에서 규정된 모든 아폴론적 속성들은 철학적 실존의 밝고 자유로운 공간을 형성한다." 오늘날의 시각에서 되돌아보면 이러한 표현은 『광기의 역사』의 핵심적 주제를 선취한 것으로 보인다. 훗날 1982년의 한 대담에서 푸코는 자신이 '1953년에는 이성의 역사라는 관점에서 니체에 접근했'다고 말한다. 그러나 니체에 대한 독서가 푸코의 사유에 반영되는 것은 이후의 일이며, 1954년 출간된 『정신병과 인격』에는 아직 니체의 영향이 전혀 드러나지 않는다.

이제 우리는 이런 여러 가지 사실들을 조망해 보면 다음과 같은 결론을 내릴 수 있다. 1950년대 초반의 푸코는 여전히 당대의 지배적인 철학 사조였던 **현상학과 유물론**의 강력한 영향력 아래 놓여 있었다. 그럼에도 불구하고 동시에 이 시기의 푸코는 하이데거의 영향을 받은 실존적 정신의학의 선구자 빈스방거에 대한 그의 관심이 말해 주듯 정신의학을 바라보는 새로운 자신만의 관점을 모색하고 있었다. 같은 시기에 이루어진 니체와 바타이유, 블랑쇼 등에 대한 집중적 독서는 이러한 관심 아래에서 점차로 구체적 형상을 띠게 될 것이다.

7) 웁살라, 『광기의 역사』의 탄생지

1955년이 되면서 푸코의 삶에는 커다란 변화가 일어난다. 푸코는 1955년 8월 26일 간단한 안면만 있었지만 이후 평생 친교를 맺게 되는 문헌학자이자 사회학·종교학의 노대가 조르주 뒤메질Georges Dumézil(1898-1986)의 추천으로 스웨덴 웁살라 주재 프랑스문화원장으로 부임한다. 이 제안을 받아들인 푸코는 훗날 다음처럼 이 시절을 회고한다. "나는 항상 프랑스의 사회적·문화적 삶의 어떤 부분을 견디기 어려웠다. 그것이 내가 1955년에 프랑스를 떠난 이유이다." 이제 푸코는 수도 스톡홀름에서 북쪽으로 70킬로미터 가량 떨어진 웁살라의 프랑스문화원장이자, 웁살라대학 로망어학과의 프랑스어 담당교수가 되었다. 당시의 모든 기록이 말해 주듯이, 푸코는 이곳에서 탁월한 행정적 역량을 발휘하게 되는데, 특히 자신의 지위를 십분 활용하여 웁살라 문화원에서 다양한 주제의 강연을 펼친다. 한편, 웁살라대학은 북유럽에서 가장 오래된 전통 있는 대학이며, 인근의 유서 깊은 카롤리나 레디비바Carolina Rediviva 도서관의 장서는 유럽 최고 수준이었다. 푸코가 『광기의 역사』에서 인용한 방대한 자료들의 상당수는 바로 이 도서관에서 찾아낸 것들이다.(푸코가 자료들을 찾아낸 또 하나의 주요 도서관은 파리의 국립도서관이다.) 스웨덴의 웁살라는 『광기의 역사』의 고향, 탄생지이다. 한편, 이 시기 푸코는 넓게 보아 **문화 정치 및 구성**이라는 문제question d'organisation et de politique culturelle에 열중하게 되는데, 이는 평생 동안 그의 관심사가 될 것이다.

이전의 모든 인간관계가 끊긴 낯선 땅 스웨덴에서 '태양을 향한 니체적 욕구를 품고 있던' 푸코는 이전과는 다른 자신을 만들어 간다. 세련된 옷을 차려 입고 검정색 가죽으로 내부를 꾸민 흰 재규어 스포츠카를 타고 스톡홀름에서 파리까지 엄청난 속도로 차를 몰고 간 기록이 이러한 단절을 알려 준다. 웁살라는 푸코의 '댄디' 시절이었다.

푸코는 파리의 한 출판사로부터 '정신의학의 간략한 역사'를 써 달라는 연락을 받는다. 훗날 푸코는 이 작업이 자신의 학문적 업적이 될 것이라거나 이후 프랑스 대학의 임용에 도움이 될 것이라고는 생각하지 못했다고 말한다. 같은 시기 푸코는 웁살라 대학 도서관의 방대한 '의학장서'를 발견한다. 푸코는 문화원에서 프랑스 연극에 대하여, 그리고 '사드에서 주네에 이르는 사랑'에 대한 연속 강의를 행한다.(당시 파리에서 사드 작품의 재판再版을 찍은 출판인에 대한 재판이 진행되고 있었다는 사실은 '68년 이전'의 프랑스를 이해할 수 있는 상징적인 사건이다.) 푸코는 노벨 화학상을 수상한 스웨덴의 화학자 티셀리우스Tiselius와 스베드베리Svedberg 등의 실험실을 찾아다니며 여가를 보내고, 신경정신과 의사 바이츠제커 Carl-Friedrich von Weizsäcker의 텍스트를 번역한다.

8) 논문 「광기와 비이성」

1957년이 되면서 푸코는 프랑스의 박사학위 준비기간이 너무 긴 것에 지쳐 스웨덴에서 박사학위 논문을 제출하기로 결심한다. (실제로는 이미 『광기의 역사』의 원고가 되어 있었던) 푸코의 '정신의학의 역사에 대한 초고'는 보다 '실증적인' 접근을 기대하던 린드로트Lindroth 교수에 의해 거부당한다. 푸코는 문화원에서 '샤토브리앙에서 베르나노스에 이르는 프랑스 문학에서의 종교경험'에 대한 강의를 예고하지만, 당시 서독의 프랑크푸르트나 함부르크로 떠날 생각을 진지하게 고려한다. 장 이폴리트가 거부당한 푸코의 학위논문 「광기와 비이성Folie et déraison」을 읽고 푸코에게 캉길렘의 지도하에 프랑스 박사학위 논문으로 제출하라고 권고한다.

1958년 2월 푸코와 다니엘 로셰와 함께 오늘날 의료고고학anthropologie médicale의 선구자로 불리는 빅토르 폰 바이츠제커Viktor Freiherr von Weizsäcker(1886~1957)의 『형태순환Gestaltkreis』(1940) 제4판을 '구조의 주기Cycle de la structure'라는 이름으로 불역하여 '신경정신의학 총서Bibliothèque de neuropsychiatrie'에서 출판한다.

같은 해 9월 28일 프랑스는 국민투표로 제5공화국헌법을 채택한다. 10월 푸코는 스톡홀름을 떠나 아직 거의 폐허상태인 폴란드의 바르샤바에 부임한다. 푸코의 임무는 바르샤바대학 안에 프랑스 문화 센터를 만드는 것이다. 이 시기 푸코는 논문 「광기와 비이성」 초고의 교정·수정을 행한다. 크리스마스경 푸코는 이제는 상당한 분량으로 늘어난 「광기와 비이성」의 원고를 늘 자신이 두렵게 생각하던 캉길렘에게 건넨다. 캉길렘은 논문을 읽고 난 후 다음과 같이 말한다. "더 손대지 말게, 지금 그대로 훌륭한 박사학위 논문이야."

1958년 9월 14일 아버지 폴 푸코 박사가 사망한다. 푸코는 10월 바르샤바를 떠나 서독 함부르크의 프랑스 문화원 원장으로 부임한다. 1960년이 되자, 푸코는 소르본대학의 박사학위 취득을 위한 부논문 「칸트 인간학의 생성과 구조Génèse et structure de l'anthropologie de Kant」를 집필하고 칸트의 『실용주의적 관점에서 본 인간학』을 프랑스어로 번역한다. 같은 해 2월 푸코는 드디어 완성된 「광기와 비이성」 '서문Préface'을 쓴다.(이 서문은 1972년 판에서 새로운 서문으로 대체되면서 빠진다.)

9) 푸코, 클레르몽페랑대학의 심리학교수

1958년 4월 캉길렘은 푸코를 클레르몽페랑대학의 철학과장인 쥘 뷔유맹Jules Vuillemin에게 추천하는데 뷔유맹은 푸코에게 **심리학 전임교수**직을 제안한다. 이것은 「광기와 비이성」의 출간을 전제로 하는 것이었지만 유서 깊은 갈리마르Gallimard출판사의 브리스 파랭Brice Parain이 원고를 거절한다. 이후 역사학자 필립 아리에스Philippe Ariès(1914-1984)가 플롱Plon출판사에서 자신이 이끌던 '문명과 망탈리테Civilisations et mentalités' 총서에 이를 『광기와 비이성. 고전주의 시대 광기의 역사Folie et Déraison. Histoire de la Folie à l'âge classique』라는 제목으로 이를 받아들인다(출판은 1961년 5월).

1960년 10월 푸코는 5년 동안의 국외체류를 마치고 클레르몽페랑대학의 교수가 되어 프랑스로 돌아와 파리에 정착한다. 푸코는 파리에 살되 지방에서 가르친다고 하는 프랑스 대학 특유의 생활을 시작한다.

10) 『광기와 비이성』과 『정신병과 심리학』

파리로 돌아온 푸코는 파리의 국립도서관에서 오랜 시간을 보낸다. 1961년 5월 20일 소르본에 박사학위 논문을 제출한다. 같은 달, 『광기와 비이성』이 정식 출간되자 역사가 로베르 망드루 Robert Mandrou(1921~1984)와 페르낭 브로델Fernand Braudel(1902~1985) 등은 이 책이 '망탈리테mentalité'의 역사에 중요한 기여를 했다며 찬사를 보낸다. 모리스 블랑쇼Maurice Blanchot(1907~2003)는 다음과 같이 쓴다. "이 풍요로운 책 속에서, 필연적인 되풀이를 통한 고집스러움 속에서, 거의 비상식적인 이 책 속에서, 그리고 무엇보다 이 책이 박사학위 논문인 만큼, 우리는 비이성과 대학의 충돌을 기쁜 마음으로 목격한다." 이 해에 푸코는 장 이폴리트가 총괄하는 고등사범학교의 입학시험관으로 선정된다. 5월 31일, '프랑스 퀼튀르 3' 라디오에서 푸코는 '문학과 광기의 역사 Histoire de la Folie et Littérature' 시리즈를 시작한다.(이 시리즈는 1963년까지 지속되는데, 유튜브에서 일부를 들을 수 있다.) 같은 해 11월 27일, 푸코는 스스로 『광기의 역사』의 '자투리chute' 부분으로 소개하곤 했던 『임상의학의 탄생Naissance de la clinique』의 집필을 끝낸다(출간은 1963년). 12월 25일에는 프랑스의 소설가 레몽 루셀(1877-1933)에 대한 문학비평서 『레몽 루셀Raymond Roussel』의 집필을 시작한다. 1962년에 들어서면서, 1954년 출간했던 『정신병과 인격』의 재판을 찍자고 재촉당한 푸코는 제2부 '질환의 조건'을 전면적으로 수정하여 '광기와 문화'라는 제목을 붙이고, 책의 제목도 『정신병과 인격』에서 『정신병과 심리학Maladie mentale et Psychologie』로 수정한다. 이 새롭게 작성된 2부는 1954년 저작의 파블로프 조건반사 이론과 실존적 인간학으로부터의 완전한 결별을 상징하는 것으로, 지난해인 1961년에 출간된 『광기와 비이성』의 탁월한 **요약·정리**로 간주된다. 한편, 1961년 5월 푸코는 자신의 노트에 다음처럼 적는다. "사드와 비샤, 서로를 모르지만 쌍둥이인 이 동시대인들은 **죽음과 섹슈얼리티**를 서구 인간의 신체 속에 위치시킨다. 이 두 경험은 너무나 비자연적이고 너무나 위반적이며 절대적인 이의제기의 힘을 충만하게 짊어지고 있다. 이 두 경험으로부터 출발해서 현대의 문화는 자연인Homo natura을 제시하는 특정한 지식의 꿈을 기초 지운다."

1961년 5월 푸코는 클레르몽페랑대학의 **심리학과 정교수**로 선출되고, 얼마 후 공석이 된 클레르몽페랑대학의 **철학과장**이 된다. 9월 알튀세르에게 『임상의학의 탄생』의 초고를 보여 준다.

11) 데리다의 비판

1963년 3월 4일 프랑스철학회의 강연에서 자크 데리다는 푸코가 『광기의 역사』에서 데카르트 『성찰』 중 제1성찰을 다룬 부분에 대해 비판을 가한다. 나이는 4살밖에 차이 나지 않지만 푸코의 수업을 들었기 때문에 제자가 되는 데리다는 아래와 같은 2월 3일자 편지로 푸코를 학회 발표장에 초대했고, 푸코는 이에 응했다. "성탄절 휴일 동안에 선생님의 책을 쉬지 않고 즐겁게 읽었습니다. 제가 대략적으로 지적하고 싶은 것은 선생님의 데카르트 독서가, 역사적이고 철학적인 깊이의 수준에서 정당하며 계시적이지만, 제가 보기에는, 선생님께서 사용하신 텍스트들을 통해서는 그것이 직접적으로 의미 있거나 특별한 것이 될 수는 없는 것 같고, 아무튼 그래서, 제 생각에, 저는 전혀 선생님처럼 그렇게 읽게 되지는 않을 것 같습니다." 푸코는 즉각 반응하지 않았고 오히려 학회가 끝난 후 좋은 발표였다고 격려를 하지만, 10여 년의 세월이 흐르면서 점차로 데리다의 입장에 철학적인 반감을 표시하게 된다. 무엇보다도 데리다가 고발한 '구조주의적 전체주의totalitarisme structuraliste'는 자신의 고고학을 구조주의와 명확히 구별하고자 애쓰던 푸코의 기분을 상하게 했을 것이다. 푸코는 편지에서 이렇게 쓴다. "왜 언제나 역사성historicité은 망각oubli으로서만 사유되어야 하는지?" 이 '논쟁'은 방대한 논점에 관련되어 있는데, 우리는 이를 본문의 해당 부분에서 간략히 다루게 될 것이다.

12) 1963년, 『임상의학의 탄생』

1963년 4월 프랑스대학출판사(P.U.F.)에서 캉길렘이 맡고 있는 '생물학과 의학에서 역사와 철학' 총서에서 『임상의학의 탄생. 의학적 시선의 고고학Naissance de la cilnique: Une archéologie du regard médical』이 출판된다. 형벌적 정신의학의 역사를 기술하고자 했던 『광기의 역사』 속편의 저술을 포기하고, '기호에 대한 책'에 착수한다. 이 '기호에 대한 책'이 1966년에 출간되는 『말과 사물』이다. 푸코는 11월의 리스본과 마드리드 강연을 계기로 프라도 미술관에서 벨라스케스Diego Velázquez(1599-1660)의 「시녀들Las Meninas」(1656)을 보고, 이를 '기호에 대한 책'에 활용하기로 마음먹는다. 12월 하이데거를 다시 읽는다.

그림 1 「시녀들Las Meninas」

13) 1964년, 『광기의 역사』 축약본

1964년 플롱출판사의 '10/18' 총서의 하나로 (푸코가 즐겨 사용하던 표현에 따르면) '기차역 구내용' 『광기의 역사』의 축약 신판을 출판한다. 푸코는 플롱출판사가 완전판의 간행을 거부했다는 사실에 크게 실망하여, 이후 플롱출판사와의 관계를 끊는다. 이탈리아어 번역본을 제외한 대부분의 초기 번역본은 이 축약본을 번역한 것이었다.(현재의 영어 및 한국어 번역본은 완역이다.) 12월 학위 부논문으로 제출했던 칸트의 『인간학』 프랑스어 번역을 장브랭출판사에서 출간한다. 푸코가 작성한 부논문은 불과 30쪽의 역사적 해제로 축소되었다. 이 책의 마지막 각주는 "비판적 사유와 인간학적 고찰의 관계는 추후 출판될 저작에서 전개될 것이다"라고 말하고 있는데, 이는 『말과 사물』의 출간을 예고한 것이다. 12월 『말과 사물』의 초고를 완성한다.

14) 1966년, 『말과 사물』

1965년 5월 '기호에 대한 책'의 원고를 보고 캉길렘이 열광한다. 며칠 후 푸코는 책의 원고를 갈리마르출판사에 넘긴다. 1966년 2월, 들뢰즈와 함께, 콜리와 몬티나리가 편집한 니체 전집의 프랑스어판 편집 책임자가 되기로 수락한다. 4월 갈리마르출판사에서 피에르 노라Pierre Nora가 기획하는 '인간과학' 총서에서 『말과 사물. 인간과학의 고고학Les Mots et les Choses. Une archéologie des sciences humaines』이 출간된다. 푸코가 원래 사용하고 싶어 했던 제목은 '사물의 질서L'Ordre des choses'였지만, 바슐라르가 서문을 쓴 다른 작품에 이미 사용된 제목이었으므로 이는 불가능한 일이었다. 『말과 사물』의 1쇄가 한 달 반 만에 모두 판매되었다. 9월 푸코는 튀니지에 정착하기로 결정하는데, 이는 푸코가 튀니지에서 처음으로 (심리학이 아닌) **철학** 강의를 제안받았기 때문이다. 10월 1일 푸코는 튀니지로 3년간 파견을 나가게 된다. 『말과 사물』은 프랑스의 지성계에 거대한 논쟁을 불러일으켰고, 이 논쟁은 1968년 5월 직전까지도 지속된다. 푸코는 이해 11월 12일 1955년 이후 처음으로 '철학'을 가르친다. '철학적 담론'에 관한 강의는 『말과 사물』의 연장이었다.

15) 반정신의학 운동

1967년 5월 영국에서 『광기의 역사』 영역본이 출간된다. 영역본은 로널드 랭Ronald Laing(1927-1989)이 이끄는 '실존주의와 현상학 연구Studies in Existentialism and Phenomenology' 총서의 한 권으로 데이비드 쿠퍼David Cooper(1931-1986)의 서문을 달고 있다. 랭과 쿠퍼는 영미권 **반反정신의학 운동**의 두 기수이며, 이후 『광기의 역사』
는 영미권에서 반정신의학의 기치 아래 유포되게 된다.

1967년 6월 푸코는 파리 근교의 신생 실험대학 낭테르대학에
지원하여 **심리학** 강좌 담당교수로 선임된다. 동시에 국립행정학
교ENA의 입학시험 심사위원에 임명된다. 7월에 프랑스의 방되브
르로 귀환한다. 8월 25일 『지식의 고고학』의 초고를 탈고한다.
푸코는 프랑스 교육부장관이 자신의 낭테르대학에의 임명을 늦
추자 다시 1년 동안 튀니지에 체류하기로 결정한다.

16) 프랑스의 '68년 5월'과 튀니지

1968년 1월 낭테르대학 교수 임명과 관련된 교육부의 공식 승
인이 난다. 프랑스공산당의 정기 간행지 『라 팡세』가 『말과 사
물』에 비판적인 세 개의 대담을 게재한다. 푸코는 이에 격렬하
게 반응한다. 5월 소르본대학 점거에 이은 파리의 가두시위는
프랑스의 거의 전역으로 확대된다. **프랑스의 68년 5월**이 시작된
것이다. 푸코는 튀니지에 발이 묶인다. 5월 27일 푸코는 파리로
가는 유일한 비행편을 이용하여 샤를레티 경기장에서 열린 좌파
지도자들의 집회에 참가하지만, 단 며칠만을 체류하고 다시 튀
니지로 돌아와야 했다. 당시 튀니지 독재정권은 시위를 주도한

학생들을 돕는 푸코를 추방하려는 목적에서 여러 위협을 가해 온다. 6월 말, 푸코는 소르본대학에서의 마지막 시위와 집회에 참가한다. 6월 30일 드골 대통령의 여당이 총선에서 대승한다. 우파의 완벽한 승리였다. 7월 튀니지 독재정권은 학생들을 재판하기 위한 국가보안법정을 개설한다. 푸코는 여름을 튀니지에서 보내기로 결정한다. 9월 30일 프랑스 외무부가 푸코의 파견을 종료하고, 이제 행정상 푸코는 낭테르대학으로 돌아오게 된다. 10월 미국의 흑인해방조직 블랙팬더의 글을 읽고 감동한 푸코는 지인에게 보내는 한 편지에 이렇게 적는다. "그들은 마르크스주의적 사회이론으로부터 해방된 전략적 분석을 펼치고 있어." 12월 푸코는 뱅센실험대학센터의 **철학교수**로 임명된다. 이후 푸코는 사망할 때까지 졸라와 사르트르라는 프랑스 지식인의 계보를 잇는 인물로서 격렬히 투쟁한다.

17)『지식의 고고학』과 '사유 체계의 역사'

1969년 3월 13일『지식의 고고학』이 갈리마르출판사에서 출판된다. 4월 27일 드골 대통령이 국민투표에서 패배하여 사임한다. 12월 정신의학 잡지『정신의학 진화』가 이틀 동안 열린 연례 심포지움에서『광기의 역사』를 격렬히 비판한다. 1970년 4월

12일 푸코는 콜레주 드 프랑스에서 **사유체계의 역사**histoire des systèmes de pensée를 강의하는 교수로 선출된다. 1970년 9-10월 일본에 초대받은 푸코는 도쿄, 나고야, 오사카, 교토 등에 체류하며 '마네', '광기와 사회', '역사로의 회귀'라는 세 개의 강연을 한다. 푸코는 와타나베 모리아키에게 '유럽에서의 형벌 체계와 범죄의 역사에 대한 책'을 낼 것이라고 말한다. 이 책이 1975년 출간되는 『감시와 처벌』이다.

18) 1971년, 『담론의 질서』

갈리마르출판사가 『광기의 역사』 판권을 사고, 1964년의 축약본 이후로 사라졌던 데카르트의 '코기토cogito' 분석 관련 부분이 포함된 완결판을 출판하기로 결정한다. 1963년 데리다는 『광기의 역사』에 수록된 데카르트의 '코기토'에 대한 푸코의 언급을 중심으로 푸코의 논의를 비판했다. 12월 2일 푸코는 **담론의 질서** L'Ordre du discours'라는 이름으로 콜레주 드 프랑스 취임강연을 행한다. 이 강의는 다음 해인 1972년 2월 『담론의 질서』라는 제명으로 출간되는데, 이 책은 지난해 12월 취임강연 당시 시간상의 제약으로 생략·변경되었던 내용을 원래대로 복원한 것이다.

19) 담론형성의 분석

1971년 2월 들뢰즈, 다니엘 드페르 등과 함께 감옥에 관한 정보 그룹Groupe d'information sur les prisons, G.I.P.을 설립하여 주도적 역할을 한다. 11월 콜레주 드 프랑스에서 '형벌 제도와 이론'이라는 강의를 시작한다. 강의의 목표는 고대로부터 19세기에 이르는 각 시기마다 특정 지식의 기반을 이루는 법적·정치적 모체를 기술하는 것이었다. 1970-1976년에 이르는 푸코의 콜레주 드 프랑스 강의는 **규율사회에 있어서 규범의 형성**에 관한 일련의 연작을 이룬다. 법의학 감정鑑定, expertise을 주제로 하는 월요일의 세미나는 푸코가 『보건위생연감』에서 찾아낸 19세기 초 농민의 존속살해 사례인 피에르 리비에르Pierre Rivière의 「수기手記」를 발굴해 내는 계기가 된다. 푸코에게 있어 **형벌적 정신의학의 역사**에 대한 연구는 언제나 『광기의 역사』를 잇는 작업이었다.

1972년 3월 구조주의적 해석을 암시하는 기존의 다양한 표현들을 삭제하고, **담론형성formation discursive의 분석**에 보다 집중한 『임상의학의 탄생』 제2판이 출간된다. 질 들뢰즈Gilles Deleuze (1925-1995)와 펠릭스 과타리Félix Guattari(1930-1992)의 공저 『자본주의와 정신분열증Capitalisme et schizophrénie』 제1권 『앙티오이디푸스L'Anti-Œdipe』가 출판된다. 푸코가 들뢰즈에게 농담 삼아 '프로이트-마르크스주의로부터 탈출해야 한다'고 말하자, 들뢰즈는 '프로이트는 내가 맡을 테니 당신은 마르크스를 맡아 달라'고 답한다.

20) 1972년,『광기의 역사』'최종본'

1972년 6월『광기의 역사』의 '최종본'이 갈리마르출판사의 '역사학' 총서에서 출간된다. 푸코는 원래의 서문을 빼고 더 짧은 새로운 서문을 작성하여 넣었다. 들뢰즈의 설득으로, 푸코는 이 책에 1964년의 논문「광기, 작품의 부재La folie, l'absence d'œuvre」를 추가하고, 나아가 지난해인 1971년 일본 잡지에 원고를 넘긴 데리다에 대한 반박「내 몸, 이 종이, 이 불Mon corps, ce papier, ce feu」을 수정·보완하여 수록한다.(우리말 번역본에는 번역되어 있지 않다.)

잡지「라 네프La Nef」의 제49호 특집호가 보건정보그룹(G.I.S.)과 푸코의 원탁회의를 정리한 '반反의학 선언서'의 형식으로 출간된다. 보건정보그룹은 다른 정보 그룹과 마찬가지로 ① 권력구조를 공고화하는 비밀주의의 타파하고, ② 의사-환자 관계에 있어서의 검사자-피검사자 사의의 거리를의 타파하며, ③ 영리의료의 반대를 목표로 삼고 있었다. 11월 콜레주 드 프랑스에서 '피에르 리비에르와 그의 작품'이라는 세미나를 개시한다. 정신병자로서 1835년 6월 3일 자신의 어머니, 누이, 남동생을 살해한 청년농부 피에르 리비에르(1815-1840)는 이후 '행위 당시의 주체가 **정신이상** 혹은 불가항력적 상태에 있을 경우' 처벌을 면제하는 1810년 나폴레옹 형법전 64조와 연관하여 광기와 의학, 사법과 처벌의 역사에서 중요한 의미를 갖는다.[이에 대해서는 이 수기의 국역본『내 어머니와 누이와 남동생 …을 죽인 나, 피에르 리비에르』(심세광 옮김, 앨피, 2008)에 실린「역자 해제」를 보라. 심세광(오트르망) 번역의 탁월한 미덕은 번역의 질에서만이 아니라, 역자 해설에서도 빛난다.] 감옥에서 자살하기 전 쓴 리비에르의「수기」는 1973년 푸코의 해설과 함께『내 어머니와 누이와 남동생 … 을 죽인 나, 피에르 리비에르. 19세기의 한 존속살인 사건*Moi, Pierre Rivière, ayant égorgé ma mère, ma sœur et mon frère … Un cas de parricide au XIXe siècle*』이라는 제명으로 출간된다. 12월 감옥정보그룹이 해산을 결정한다. 1972년이 저물고 있었다.

21)『광기의 역사』의 역사 ─ 요약·정리

푸코는 사망하기 얼마 전인 1980년대 초의 한 대담에서『광기의 역사』를 '자신이 아직 방법론적으로나 내용·형식면에서 자신만의 스타일을 찾지 못했으며, 따라서 이후 전개될 다양한 사유가 산만하게 펼쳐져 있는' 젊은 시절의 작품으로 묘사한다. 그러나 만약 우리가 푸코가 이후 완전히 절판시켜 버렸던 1954년의 첫 저작 『정신병과 인격』을 '푸코가 부정하고 절판시킨 초기작'이라고 부를 수 있다면, 1961년의 박사학위 논문이자 두 번째 저작 『광기의 역사』는 '아직 미숙하지만 푸코가 그 의미를 완전히 부정하지는 않았고, 따라서 이후에도 지속적 출간을 허용한 초기작'이라고 부를 수 있을 것이다. 여기서 '아직 자신만의 방법론을 찾아내지 못했다'는 말은 분명히 『광기의 역사』가 여전히 당시의 지배적 철학 사조였던 현상학과 마르크스주의의 그림자를 말끔히 걷어내지 못한 채 저술되었다는 의미일 것이다. 오늘 우리는 '아직은 드러나지 않았던' 자신만의 방법론이 담론형성의 분석, 고고학과 계보학임을 알고 있다.

이상의 논의를 우리의 주제인 『광기의 역사』와 연관시켜 정리해 보자. 우리는 이상의 논의를 통해 다음과 같은 몇 가지 중요한 사실을 이해할 수 있다.

— 우선, 푸코가 '광기의 역사'를 쓴 것은 우연한 일 또는 부차적인 작업이 아니다. 『광기의 역사』는 자신의 질병이라는 개인적·가족적 문제 상황에서 출발하여, 자신이 전공으로

택한 **심리학사가**이자 **심리학 교수**로서의 본질적 관심에 기인한 것으로 그의 학문적 작업의 핵심에 위치하는 작업이다.

— 다음으로, 『광기의 역사』는 단순히 개인적·학문적 이론작업에 그치지 않으며, 이후 푸코가 사회적·정치적 실천으로 옮겨 가는 **이론적·실천적 계기와 토대**를 제공하는 적극적 기능을 수행한다.

— 마지막으로, 『광기의 역사』는 이후 각기 지식의 고고학, 권력의 계보학, 윤리의 계보학 시기를 대표하는 1966년의 『말과 사물』, 1975년의 『감시와 처벌』, 1976-1984년의 『성의 역사』 등에서 드러나는 푸코 사유의 변형을 예견케 하는 다양한 요소들을 담고 있는 **원초적 모태**로도 읽힐 수 있다.

이제 이러한 기본적인 사실들을 염두에 두고 『광기의 역사』의 본문을 읽어 보자.

2장
『광기의 역사』— 서문들

1. 현재의 서문(1972년)

　현재 우리가 『광기의 역사』 책에서 읽을 수 있는 서문은 1961년의 논문 「광기와 비이성」에 실려 있던 원래의 서문이 아니다. 현재의 서문은 1972년판 『광기의 역사』을 내면서 원래의 서문을 삭제하고 새로 작성한 것이다. 9년의 세월이 흐르면서 저자의 생각이 달라진 것인데, 그 사이에 『말과 사물』, 『지식의 고고학』, 『담론의 질서』 같은 엄밀한 인식론적·방법론적 저작들이 출간되었던 것을 생각해 보면 이는 당연한 일이기도 하다. 현재의 서문은 대략 3쪽 정도로 간략한 것이나, 원래의 서문은 10여 쪽에 이르는 긴 것이었다. 현재의 서문은 어떤 면에서 사실상 1969년 출간된 『지식의 고고학』 서문에 등장하는 저 유명한 구절 '내가 누구인지 묻지 말라, 내게 지금 그대로 머물러 있으라고 말하지 말라'는 말의 되풀이이다.

논의의 핵심은 **정체성 또는 동일성**identité**의 부정**, 곧 이 경우에는 저자와 저작 사이, 보다 정확하게는 이전의 '저작'과 새로운 '서문' 사이에 있으리라고 가정되어 온 동일성의 부정이다. 이미 1971년의 『담론의 질서』에 등장하듯이, 푸코는 과거의 원본이 현재 곧 후대의 주석commentaire을 정당화하는 것이 아니라, 오히려 주석이 원본을, 달리 말하면 현재가 과거를 정당화한다고 말한다. 마찬가지로, 현재의 새로운 '서문'은 암암리에 이전의 원본 곧 **저작을 해석하는 기본적 준거틀**을 제공함으로써 저자와 독자 모두에게 결정적인 영향을 미치게 된다는 것이다.

마치 『광기의 역사』를 해설하는 (나의 현재의) 이 글이 (미래의, 그러니까 당신의 현재의) 『광기의 역사』 독해의 일정한 기준으로 작용하게 될 것처럼. 한편, 당신의 입장에서 본다면, 마치 과거에 쓰인 이 글에 대한 당신의 현재의 관점이 이 글의 본질을 규정하게 될 것처럼. 따라서, 원본이 아니라, **주석이 원본의 본질을 규정한다.** 나아가, 주석은 항상 과거의 원본보다 후대 곧 현재일 수밖에 없으므로, 과거가 아니라, **현재가 과거의 본질을 규정한다.** 현재의 내가 과거 너의 본질을 규정한다. 인간은 오직 현재밖에 살 수 없으므로, 인간은 오직 나로서만 생각할 수 있으므로, 따라서 '있는 그대로'의 이해 혹은 묘사란 없으며, 모든 이해와 묘사는 실은 '창조'이자 '발명'이다.

나아가 새로운 서문을 쓰는 1972년의 푸코는 이미 1960년대의 지식의 고고학 시기를 넘어 **권력의 계보학** 곧 **권력-지식**의 입장에 도달한 이후의 푸코이므로, 이제, '전체'를 파악할 수 있는 존재 곧 '신'이 죽었음을 아는 푸코는, 마찬가지로, 이른바 모든 '균형 잡힌' 이해가 오직 파편적인 것, 편파적인 것, 곧 **힘에의 의지**가 스스로를 현실화시켜 나가는 구체적 모습임을 안다.

따라서 푸코의 새로운 서문은 이러한 순진한 독해를 **경계하라**는 말들로 가득 채워져 있다. 잠시 읽어 보자.

우선, 먼저 푸코는 저자가 불가피하게 **해석의 준거점**을 제공하고 싶은 **유혹**을 느끼게 될 것이라고 말한다.

"책을 쓰는 사람에게는 이 반짝거리는 모사물模寫物 전체에 대해 형식을 규정하고 동일성을 마련해 주며 변함없는 가치를 함축할 표지標識를 부과해서 전체를 지배하고 싶은 큰 유혹이 일게 마련이다. "내가 저자요. 내 얼굴이나 프로필을 보시오. 내 이름 아래

돌아다닐 그 모든 중복重複 현상은 바로 이것을 닮아야 하오. 이 것에서 멀어지는 것은 아무런 가치가 없을 것이오. 바로 이러한 닮음의 정도에 따라 다른 형상들의 가치를 평가할 수 있을 것이오. 나는 그 모든 분신의 이름, 법, 비밀, 저울이라오" 이렇게 서문이 쓰이게 마련이다"(9-10; 36).

일단 저자가 이렇게 서문을 쓰게 된다면, 이후로 이 문장들은 필연적으로 다음과 같은 **담론효과**effet discursif를 발생시킬 것이다.

"이 근본적 행위에 의해 저자의 왕정이 확립되기 시작하고 다음과 같이 전제군주적 선언이 따르게 된다. 나의 의도가 당신들의 규범이어야 하오. 당신들의 독서, 당신들의 분석, 당신들의 비판을 내가 의도한 바에 맞추시오. 나의 겸손을 올바로 이해하시오. 나는 당신들의 자유를 제한할 생각에서 내 기획企劃의 한계에 관해 말하는 것이오. 그리고 내가 나의 일을 감당하지 못했다는 소감을 피력하는 것은 내 책과 아주 비슷하나 내 책의 현재 모습보다 더 훌륭한 다른 책의 환상을 내세워 내 책에 반대할 특권을 당신들에게 남기고 싶지 않기 때문이라오. 나는 내가 말한 내용의 군주君主이고 그 내용에 대해 특별한 절대권력을 간직하고 있소.

그것은 내 의도와 내가 그 내용에 부여하고자 한 의미의 절대성이오"(10; 36).

그렇다면 푸코는 (자신의) 글이 어떻게 되기를 바라는가?

"나는 한 권의 책이 적어도 저자에게는 책을 구성하고 있는 문장들 이외의 다른 어떤 것도 아니기를 바란다. 서문이라는 책 자체의 이 첫 번째 모사물, 앞으로 책으로 인해 형성될지도 모르는 모든 모사물의 기준이 되기를 바라는 이 모사물로 인해 책이 둘로 분열되지 않기를 바란다. 그토록 많은 대상-사건들objet-événement 사이에서 거의 눈에 띄지 않는 이 대상-사건이 다시 베껴지고 파편화되고 되풀이되고 묘사되고 분열되다가, 이 대상-사건들을 일으킨 사람이 결코 이 대상-사건의 주인일 권리, 자신이 말한 것을 강요할 권리, 이 대상-사건이 과연 무엇이었을까에 대해 말할 권리를 요구할 수 없는 가운데, 마침내 사라지기를 바란다. 요컨대 한 권의 책이 교수법이나 비평에 의해 결국 글의 지위를 갖게 될지도 모르지만 스스로를 그러한 지위에 오르지 않고 경쾌하게 담론discours의 지위에 머무르기를, 이를테면 전투와 동시에 무기, 전략과 동시에 충격, 투쟁과 동시에 전리품 또는 상

처, 실제 상황과 동시에 흔적, 변칙적인 접전과 동시에 되풀이될
수 있는 장면으로 나타나기를 바란다."

따라서, 저자가 사라져야 한다. 저자란 저자효과effet-auteur이
다. 나아가, 작품도 사라져야 한다. 작품이란 작품이 놓일 환경
에서 작품이 발생시킬 수도 있을 가능한 효과들의 총체이다. 저
자와 작품이란 특정한 본질을 갖는 고정된 실체들이 아니라, 무
한히 다양한 상황에서 무한히 다양한 효과들을 발생시키게 될
장치들을 일컫는 이름이다. 푸코는 자신의 책들이 당신이 당신
의 상황에서 유용한 결과를 얻어 내는 데 도움이 될 수도 있을
개념과 장치들이 들어 있는 **도구상자**라고 말하지 않았던가? 책과
개념들을 도구상자로서 작동시키기 위해서는 따라서 저자와 작
품을 예전의 낡은 관점으로 보아서는 안 된다. 한마디로,

"이 오래된 책을 정당화하려고도, 오늘날에 재편입시키려고도
하지 말자"(10; 37). [왜냐하면] "이 책이 속해 있고 진정한 기준이
될 사건들의 계열은 완전히 종결된 것이 아니다. … 새로움은 이
책에 관해 말해지는 이야기들, 그리고 이 책이 끼어들어 가 있는
사건들로만 형성되어 왔을 뿐이다"(같은 곳).

이제, 『광기의 역사』는 푸코의 책이자, 나의 책이자, 당신의 책이다.

2. 원래의 서문(1961년)

1972년 발간된 저작 『광기의 역사』에 실린 새로운 서문이 3쪽에 불과한 데 반해, 1961년의 박사학위 논문 「광기와 비이성」에 실린 서문은 11쪽에 이른다. 1960년 2월 5일 함부르크에서 작성된 원래의 서문은 푸코가 이른바 광의의 '구조주의'로 접근해 가는 시기에 작성된 것이다.(1960년대의 푸코가 실제로 '구조주의자'인가 라는 문제는 당시 푸코 스스로가 이러한 규정에 격렬히 저항했다는 사실을 차치하더라도 단언을 내리기 매우 곤란한 문제이다.) 그러나 분명한 것은 적어도 푸코가 1969년의 『지식의 고고학』 또는 가장 확실하게는 1971년의 『담론의 질서』 이후 '구조주의적' 입장을 포기하고 니체주의적 '계보학'으로 옮겨갔다는 사실이다. 따라서 푸코의 입장에서는 1972년의 저작 『광기의 역사』 최종판에 1961년의 논문 「광기와 비이성」에 실었던 원래의 서문을 그대로 사용할수는 없었다. 물론 전체적인 맥락에서는 푸코가 원래 서문의 입장을 부정했지만, 그렇다고 원래 서문에 등장하는 개별적 내용들 모두를 부정했다고 보기는 어렵다. 사실상 『광기의 역사』는 이전 논문의 개별적 내용에 대한 부정이라기보다는 전반적인 방법론 및 관점의 이동에 따른 **전체적 맥락의 변경**이라고 보아야 할 것이다. 마지막으로, 보통 '서문'은 책이 다 완성된 다음 최종적으로 작성·검토하는 경우가 많으므로, 책의 '결론' 부분과 마찬가지로, 저자의 전반적인 입장이 '종합적인' 형태로 실려 있는 경우가 많다. 아래에서는 이들 중 우리의 독서에 유용한 도움을 줄 몇 가지 사항만을 간략히 정리해 보도록 하자.

우선, 초판 서문의 맨 앞부분에는 개정판에서는 사라진 두 개의 제사題辭가 있다.

"파스칼: "인간은 필연적으로 미친 존재이기에, 미치지 않았다는 것조차 또 다른 방식으로 미친 것일 수 있다." 그리고 『작가일기』에 등장하는 도스토옙스키의 또 다른 텍스트: "인간이 자신의 양식良識을 스스로 확신하는 것은 자신의 이웃들을 감금함으로써가 아니다""(DEQ I, 187).[2]

---

[2] Michel Foucault, *Dits et Écrits, vols. I & II*, Collection Quarto, Éditions Gallimard, 2001. 이는 저작의 형태로 푸코의 생전에 발간되지 않은 서문·논문·서평·대담 등을 모은 두 권짜리 유고집이다. 이하, 1, 2권을 각기 DEQ I, DEQ II로 표기한다.

첫 번째 파스칼의 언명은 중세 이래 그리스도교에서는 널리 알려진 논의이다. 신이 정상이고 건강한 존재일 때, 그 **상관항**으로 설정된 인간은 적어도 상대적으로는 비정상이고 병에 걸린 존재가 **아닐 수 없다.** 신과 인간이 동시에 정상 또는 미친 존재라면 양자 사이의 차이가 존재하지 않게 되므로, 이는 실질적으로 무의미하다. 그런데 신이 미친 어리석은 존재일 수는 없으므로, 남는 것은 인간이 미친 어리석은 존재가 되는 경우뿐이다. 이는 신이 용서해 주는 자일 때 인간도 용서해 주는 자일 수 없음을 생각해 보면 쉽게 이해된다. 나아가 그리스도교의 논리에서는 신이 죄짓는 자요, 인간이 용서해 주는 자일 수가 없으므로, 남는 경우의 수는 인간은 죄짓는 자, 신은 용서해 주는 자 하나뿐이다. 두 번째 도스토옙스키의 말은 매우 흥미롭다. 『광기의 역사』에서 『감시와 처벌』에 이르는 푸코의 일관된 입장은 도스토옙스키의 말이 틀렸음을 증명하려는 시도이다. 인간이 자신의 양식을 스스로 확신하는 것은 자신의 이웃들을 감금함으로써이다. 말하자면, 나의 '정체성'이란 **나 이외의 것의 여집합**이다. 가령 자신이 옳다고 생각하는 사람이 스스로를 완전한 옳음, 진실, 정의로 두는 경우는 상대적으로 매우 드물다. 그러나 이 사람은 아마도 자신의 **바깥**에 적어도 (나보다는 상대적으로) 옳지 않고, 진실하지 않으며, 정의롭지 않은 **타자들**을 설정할 것이다. 그리고 아마도 이 사람은 **내가** 옳음 자체, 진실 자체, 정의 자체는 아닐지라도, **그들이** 덜 옳고, 덜 진실하며, 덜 정의롭다고는 생각할 것이다. 마찬가지로 광기의 경우에도 내가 완전한 100% 정상, 건강 그 자체, 올바른 학문 그 자체, 상식 그 자체라고 말하는 사람은 거의 없거나 혹은 매우 드물 것이다. 그러나 이들은 저 사람들이 여하튼 더 비정상이며, 병이 들었고, 따라서 치료의 대상이고, 비상식적이라고는 말할 것이다. 따라서 이제 이 사람은 '**나는** 상대적으로 옳고 정의롭고 정상이며 건강하고 상식적 합리적이며, **너는** 상대적으로 틀렸고 부정의하며 비정상이고 병에 걸렸으며 비상식적이며 또 비합리적이다'라고 말할 수 있다. 푸코는 사실상 각기 파스칼과 도스토옙스키의 두 언명을 통해 논문 「광기와 비이성」의 주장 전체를 탁월하게 요약해서 보여 준 것이다.

크게 보아, 「광기와 비이성」이 다루는 주제는 '18세기 말 서유럽에 이루어진 정신적 질병으로서의 광기의 구축 과정'이다. 그런데 이는 이성과 광기 사이의 단절된 대화 곧 광기의 침묵을 '전제조건'으로 해서만 얻어질 수 있다. "광기**에 대한** 이성의 독백에 불과한 정신의학의 언어 작용은 이러한 침묵 위에서만 확립

될 수 있었다. 내가 수행하려는 작업은 언어 작용의 역사가 아니라, 차라리 이러한 침묵의 고고학이었다"(188).[3] 그리고 이는 18세기 말 서구적 이성의 특징적 현상이다. 이와 관련하여, 이미 1960년대 초반의 푸코가 보여 주는 서유럽 문명에 대한 **거리 두기 작업**이 지적되어야 한다. 이는 마지막 저술들에까지 유지되는 푸코 사유의 **지속적** 특성이다. 가령, 오늘날조차 대부분의 서양학자는 '자신들의 합리성'을 '서양 합리성' 등으로 특칭하지 않고 그냥 **합리성**이라고 지칭하는 경우가 대부분이다.(이는 단순한 지칭의 문제가 아니며, 실제로 그들이 서양 합리성과 합리성 자체를 암암리에 또는 명시적으로 동일시하고 있다는 증거는 실상 차고도 넘친다.) 이미 1960년대 초의 푸코는 그 스스로가 서유럽 문명의 적자임에도 불구하고, 늘 서양 합리성을 '서양 합리성' 등으로 명확히 특칭한다. 이는 '지도도 달력도 없는 것에 대해서는 말하지 않는' 푸코 사유의 핵심적 특성이다. 푸코의 세계에는 단수의 대문자 보통명사가 존재하지 않으며, 모든 것은 '자신의 정확한 탄생 장소와 날짜를 갖는' 복수의 **고유명사들**뿐이다.

보편적 광기 자체란 없고, 오직 광기의 **특정** 버전들만이 존재

---

3 이하, 같은 글의 쪽수.

하는 푸코의 세계에는 (광기 자체가 아닌) 이 광기, 저 광기만이 존재할 뿐이다. 18세기 말 서유럽에서 성립된 광기의 특정 관념은 같은 시기에 일어난 광기와 이성 사이의 분할 작용과 동시적·상관적으로 탄생한 것이다. 그리고 이는 자신의 '외부'로 간주되는 '동양Orient'에 대립되는 '서양적 **라티오**(이성)ratio occidental의 보편성' 관념 구축과 동시대적인 사건이다. 따라서, 「광기와 비이성」이 탐구하는 영역은 '의심의 여지없이 한 문명(서구문명)의 동일성identité보다는 **한계들**limites이 문제시되는 영역'이다. 마찬가지로, 광기의 역사가 기술하고자 하는 것 역시 바로 이러한 한계의 역사, 한계경험들expériences-limites의 역사이다(이상, 188-189). 그렇다면 18세기 말 서유럽에서 일어난 분할의 결과 탄생한 광기는 구체적으로 어떤 것인가? 그것은 단적으로 **작품의 부재**absence d'œuvre이다(190). 이성의 부재로 가정되는 광기에는 어떠한 규칙도 존재할 수 없다. 작품의 부재는 곧 이성의 부재absence de raison이다. 광기가 작품의 부재라면, 거꾸로 작품(이성)은 광기의 부재 absence de folie이다. 광기와 이성이 서로의 **여집합**으로 설정되어 있기 때문이다. 결국 이성의 결여로 가정되는 광기는 작품을 남길 수 없다. 따라서 광기의 역사를 쓴다는 것은 이렇게 강요된 '침묵의 고고학'의 기술을 의미한다. 1961년 광기의 역사를 통해 푸코가 기술하고자 했던 것은 각 시대에 따라 달리 설정된 '광기 경험의 이러한 **구조**structure', 보다 정확히는 '구조들'이었다. 대략 1970년에 접어들면서 구조 개념을 명시적으로 포기한 푸코는 '구조'의 개념 위에 작성된 1961년의 서문을 1972년의 새판에서 빼 버린다.

어떤 의미이든, 푸코에게 광기의 역사란 '광기와 이성의 분할을 가능케 했던 결정 작용의 계기들을 따라 거슬러 올라가는' 구조적 연구, 모든 '사법 및 내치 관련 조치·제도·관념 및 과학적 개념 등을 포괄하는 역사 전반에 대한 구조적 연구'의 수행이다 (192). 푸코는 1968년의 한 대담에서 훗날 『광기의 역사』와 『임상의학의 탄생』(1963)의 중심 주제는 각기 정신의학 또는 임상의학이라는 '특정 지식과 이 지식이 구성된 사회적·경제적·정치적·역사적 조건들 사이의 관계'를 탐구하려는 것이었다고 말한다.[4] 푸코는 이후 1970년의 대담에서 자신은 이 두 권의 책을 통해 '일종의 **사회비판**'을 수행하고자 했다고 말한다.[5] 이러한 의미에서 오늘날 우리는 『광기의 역사』를 **정치적** 저작으로서 읽을 수

---

4 'Interview avec Michel Foucault [미셸 푸코와의 인터뷰]'(1968), in DEQ I, 684-685.

5 'Folie, littérature, société [광기, 문학, 사회]'(1970), in DEQ I, 983-984.

도 있을 것이다. 물론 그것은 가능한 독해이지만, 이때 우리가 유의해야 할 점은 그것이 오늘의 우리에게 그렇게 보인다는 점이다. 이러한 관점은『광기의 역사』와 관련된 **회고적**rétrospectif 관점, 나아가 일종의 '시대착오적anachronique' 관점이다. 1974년 푸코는『광기의 역사』는 정치적인 저작인가?라는 대담자의 질문에 이렇게 대답한다.

"맞습니다. 단, 지금의 관점에서 말입니다. 다시 말해서, 이 책이 1961-1962년 프랑스에서 출간되었을 때, 이 책은 어떤 그룹, 어떤 잡지에서도, 단 한번도, 정치적 관심 아래 다루어진 적이 없습니다. 어떤 마르크스주의 잡지, 어떤 좌파 매체에서도, 그런 일은 전혀 없었습니다. 이 책에 대해 언급한 사람은 롤랑 바르트와 모리스 블랑쇼, 둘뿐이었는데, 이 두 사람은 물론 매우 중요한 인물들이지만, 이들의 리뷰는 정치적 관점보다는 문학적 관심에 더 가까웠습니다. 내가 임상의학의 형성에 관한 텍스트를 썼을 때(1963년 출간된『임상의학의 탄생』), 이 책은 제게는 정치적인 책이었습니다만, 아무도 그렇게 말하지 않았습니다, 정말 아무도 말입니다. 반면, (1966년의)『말과 사물』에서 마르크스가 리카도에게서 자신의 기본적 경제 개념을 차용해 왔다고 썼을 때, 그때는, … 무슨 일이 일어났나요? 정치적 전선이 자신의 궤적을 변경하여, 그리고, 지금은 정신의학, 감금, 인구의 의학화와 관련된 주체들이 정치적 문제가 되었습니다. 지난 10년간 일어난 일을 살펴보자면, 현재의 정치적 집단들은 이제 이런 문제를 자신의 행동 영역 중 일부로 간주하지 않을 수 없게 되었고, 이제 우리는, 그러니까 그들과 제가, 다시 만나게 되었습니다. 그런데 그 이유는 제가 바뀌어서가 아니라(이는 허영심이 아닌데, 저는 오히려 변하고 싶습니다), 이 경우에는, 정치가 저를 향해 다가왔다고, 또는 당시에도 이미 거의 정치적이었지만 그렇게 인정받지 못하던 이 영역들을 정치가 이제는 식민화했다고, 자부심을 갖고, 말할 수 있습니다."[6]

1977년 푸코는 이를 이렇게 정리한다. "지금 다시 생각해 보면, 예를 들어, 『광기의 역사』와 『임상의학의 탄생』을 통해 내가 말하고 싶었던 것이 **권력**이 아니었다면 무엇이었을까 하고 되뇌어 보곤 합니다."[7] 물론 1977년은 푸코의 관심이 권력의 계보학

---

6   'Prison et asile dans le mécanisme du pouvoir [권력 메커니즘을 따르는 감옥과 수용소]'(1974), in DEQ I, 1392.

7   'Entretien avec Michel Foucault [미셸 푸코와의 대담]'(1977), in DEQ II, 146; 미셸 푸코,

에 집중된 시기이다. 역시, 모든 역사는 현대의 관점에서 기술된 역사, 곧 현대사이다.

「진실과 권력」,『권력과 지식. 미셸 푸코와의 대담』, 홍성민 옮김, 나남, 1991, 148쪽.

3장

『광기의 역사』 — 1부

'달력도 지도도 없는 것'에 대해서는 말하지 않는 푸코에게 가장 중요한 것은 **시대**와 **지역**이다. 그러나 푸코는 자기 연구의 지역적 대상을 거의 대부분 **서유럽**에 한정하고 있으므로, 실질적으로 중요한 것은 **시대구분**이다. 광기의 역사는 서유럽을 지리적 대상으로 한정하여 대략 12-15세기로부터 19세기 초에 이르는 '이성과 광기의 진실이 구성된 역사적 계기들'을 연구하는 작업이다. 푸코에 따르면, 이러한 연구는 특히 18세기 말 19세기 초에 이루어진 결정적 분할 곧 이른바 **'근대인'의 탄생에 대한 연구**가 되는데(DEQ I, 194), 여기 등장하는 **18세기 말 19세기 초**라는 표현은 반드시 기억해 두어야 할 무척이나 중요한 개념이다. 이는 푸코가 이 시기를 동시대인 현대를 규정한 시기 곧 **근대**époque moderne의 시발점으로 보고 있기 때문이다. 근대는 현대의 어머니요, 현대는 근대의 딸이다. 조금씩 달라지기는 하지만, 『말과 사물』에 따르면 근대가 설정된 이 시기는 18-19세기의 전환기, 곧 1775-1825년에 이르는 50년이다. 한편, 『광기의 역사』가 멈추는 역사적 시점은 1814-1815년이다(DEQ II, 1567).[8]

『광기의 역사』의 논의 전개는 이후 1966년의 『말과 사물』에 이르러 정식화되는 푸코의 기본적 시대구분을 따른다. 시대구분은 푸코 논의의 핵심적 관건이므로 푸코의 구분을 명확히 정리·이해하고 본문에 접근하는 것이 좋다. 『광기의 역사』에 등장하는 시대구분은 크게 보아 르네상스, 고전주의, 근대의 세 시기로 이루어진다. 이를 표로 정리해 보면 다음과 같다.

	시기	질병	제도	대응방식	책의 장
중세	13세기까지	나병	격리구역	배제	1부 1장
이행기	15세기 말부터	성병	–	의학화	1부 1장
르네상스	16세기 초부터	광기	광인들의 배	추방	1부 1장
고전주의	17세기 중반부터	광기	로피탈 제네랄	감금	1부 2~5장 2부 전체
근대	18세기 말부터	정신병	정신병원	치료	3부 전체

8 이하의 본문부터는 박사학위 논문 「광기와 비이성」과 저작 『광기의 역사』 사이에 내용상의 큰 차이가 없으므로, 특별한 이유가 없는 한, 이후로는 이 책을 『광기의 역사』로 통칭하기로 하자.

이제, 이러한 구분을 염두에 두고 책의 본문을 읽어 보자.

1. "광인들의 배"

1) 광인들의 배

『광기의 역사』를 여는 본문 1부 1장의 첫 문장은 **지리와 시대 규정**으로부터 시작한다.

"중세 말에 나병이 서양 세계에서 사라진다"(13; 41).

이어지는 푸코의 묘사는 다음과 같다.

"중세 초기부터 십자군 전쟁 말기까지 유럽 전역에서 저주스런 나환자 격리공간은 무수히 늘어났다. 매튜 패리스에 의하면, 기독교 세계 전체에 이런 장소는 1만 9천 개소가 있었을 것이라고 한다. 어쨌든 루이 8세가 프랑스를 대상으로 나환자 격리 시설에 관한 규칙을 정한 1266년경에는 2천여 개소가 집계되었다. … 카텔의 『회고록』에 따르면 중세 말경 툴루즈에 29개소의 구빈원救貧院이 있었는데 그중에서 일곱 개가 나환자 수용시설이었다고 한다. 그러나 17세기 초에는 … 세 곳만이 언급된다"(13-14; 41-43).

우선, 이 글을 읽으면 유럽 중세 말에는 '나병'이 거의 사라졌으며 이에 따라 나병환자 수용시설인 '구빈원'도 거의 사라졌다는 사실을 알 수 있다. 이는 역사적 사실이므로 잘 기억해 두면 된다. 그런데 **구빈원**救貧院이라는 생소한 단어가 들어온다. 구빈원으로 번역된 용어는 프랑스어의 hôpital général이다. 이 용어는 얼핏 보면 영어의 general hospital처럼 보이지만, 서구에서도 종합병원이 나타난 것은 19세기 이후의 일이므로 13세기에 존재했던 기관을 종합병원으로 번역할 수는 없다. 이 프랑스어 단어의 원래 의미는 글자 그대로 번역하면 '(사람들을 가리지 않고) 보편적인 환대를 베푸는 곳'이다. 우리말 역자가 취한 번역은 '구빈원'인데, 이는 특히 프랑스의 경우 이곳이 가톨릭 교회에 소속된 기관으로 '가난한 자들의 구제를 위해' 이용되기도 했기 때문으로 보인다.(당시의 프랑스는 가톨릭 국가이므로 이는 동시에 공공기관의 성격을 갖는다.) 위의 묘사를 통해 우리가 알 수 있는 것은 여하한 이유로든 이 '(준)행정시설'이 중세까지만 해도 '나환자를 수용'했는데, 중세 말에 나병이 사라져 감에 따라 거의 텅텅 비게 되었다는 사실이다. 가령, "12세기에 인구가 150만이었던 잉글랜드와 스코틀랜드에는 이미 220개소의 나환자 수용소가 개설되어 있었다. 그러나 14세기에 벌써 빈 곳이 늘어나기 시작한다. … 1342년에는 나환자가 한 사람도 없었다"(15; 44-45). 따라서 이 기관의 기능은 적어도 14세기경 이후로는 가난한 사람을 구제하는 것도 나환자 수용을 위한 것도 아니었다. 그리고 17세기가 오면서 이곳은 온갖 종류의 '사회로부터 버림받은 자들'을 감금하는 수용소가 되었다. 인상과 달리 이 기관에는 의사가 상주하지 않았고, 나아가 이 기관의 장은 조세와 사법의 권한마저도 갖고 있었다. 따라서 '구빈원'이라는 번역은 기본적으로는 늘 **수용시설**로서 사용되었던 이 기관의 이미지에 딱 맞아 떨어지지는 않는다. 실은 종교기관도 아니고 엄밀한 의미의 국가기관만도 아니고, 말하자면 차라리 감옥 또는 수용소에 더 가까운 이 시설에 꼭 맞는 우리말 번역은 존재하지 않는다. 따라서 내가 제안하는 번역은 **로피탈 제네랄**이다. 이렇게 번역하면 이곳이 '독자가 잘 알지 못하는' 어떤 일련의 기능을 수행하는 곳이라는 점이 부각되기 때문인데, 이후로는 이렇게 지칭하겠다.[9]

---

9 로피탈 제네랄에 의학의 영역이 통합된 것은 18세기 말이다. 따라서 로피탈 제네랄의 "수용은 결코 의료실천이 아니었다, 수용을 통해 실행되는 배제의 의례가 실증적 인식의 공간으로 통하지 않는다. 프랑스의 경우 수용시설로 의료 영역이 도

그러나 가장 중요한 점은 나환자를 수용한, 실은 감금한 로피탈 제네랄의 일차적 기능이 사회로부터 나환자를 **배제**exclusion하는 것이었다는 사실이다. 이는 '사회적 배제인 동시에 영적 재통합'이다(16; 47). 그러나, 앞서 지적한 것처럼, 중세 말이 되면서 나병이 사라지고 유럽 전역의 로피탈 제네랄은 텅텅 비게 된다. 푸코에 따르면, 르네상스 초 나병의 지위를 이은 것은 처음에는 '성병'이었지만, 여러 가지 복잡한 과정을 거쳐, 성병은 근본적으로 의학의 영역으로 떨어져 나간다. 중세의 나병이 누리던 지위를 고전주의 시대에 상속한 것은 다름 아닌 **광기**folie이다(18; 50).

이어지는 논의에서야 푸코는 1장의 주제에 도달하게 되는데, 그것은 르네상스 시대의 '광인들의 배'이다. 광인들의 배는 명백히 문학적 창작물이다. 15-16세기를 풍미한 광인들의 배 이야기의 결정판은 알자스어로 쓰인 제바스티안 브란트Sebastian Brandt(1457-1521)의 『광인들의 배*Das Narrenschiff, Stultifera Navis, La Nef des fous*』(1494)이다.[10] 광인들의 배에 관련된 온갖 문학적 상상력에는 단 하나의 실제 사실이 등장하는데, 그것은 '광인들을 싣고 라인란

입되기 위해서는 1785년의 중요한 공문을 기다려야 했다"(189; 301-302).

10 우리말로는 『바보배』로 번역되어 있다. 제바스티안 브란트, 『바보배』, 노성두 옮김, 일다, 2016.

트의 잔잔한 강들과 플랑드르 지방을 따라 떠다니는 기이한 취선醉船' 곧 광인들의 배 자체이다.

"당시에 광인들은 유랑의 삶으로 내몰렸다. … 이와 같은 관습은 특히 독일에서 널리 생겨났다. 가령 뉘른베르크에서는 15세기 전반기 동안 등록된 광인이 62명이었고 31명이 내쫓겼으며, 이 어진 50년 동안에는 21명이 강제로 추방된 흔적을 발견할 수 있는데, 이는 단지 시 당국에 붙잡힌 광인들의 경우일 뿐이다. … 유럽에서 광인들의 배가 정박한 적이 없는 도시는 거의 없었을 것이다"(19; 52-53).

이 관습의 정확한 의미를 알아내기는 쉽지 않다. 그러나, 쉽게 상상할 수 있는 것처럼, 광인들의 이러한 이동, 광인들을 쫓아내는 활동, 광인들의 출발과 승선의 의미를 사회적 유용성이나 시민의 안전이라는 층위로만 한정해서는 안 된다.

"광인이 물결을 따라 흔들리는 작은 배를 타고 향하는 곳은 다른 세계이고, 하선할 때의 광인은 다른 세계에서 온 사람이다. 광인의 이 항해는 엄격한 분할인 동시에 절대적인 통과이다. … 광인은 외부의 내부에 놓이고 역으로 내부의 외부에 놓인다. … 광인은 전형적인 여행자, 다시 말해서 이동 공간의 포로이다. … 서양인의 꿈속에서 물과 광기가 오랫동안 서로 연결되어 있다"(21-22; 55-58).

광인들의 배와 관련된 논의의 말미에서, 푸코는 다음처럼 결론 내린다.

"이 배는 중세 말 무렵에 유럽 문화의 지평 위로 갑자기 떠오른 불안 전체를 상징한다"(24; 60).

2) 에라스무스의 『우신예찬』

이어지는 논의에서 푸코는 르네상스 지식인 에라스무스 Desiderius Erasmus Roterodamus(1466?-1536)의 『우신예찬愚神禮讚, *Stultitiae Laus, Eloge de la folie*』(1509)을 언급한다. 메이지 시대 일본인들이 '우신愚神' 곧 '어리석은 신'이라 번역한 용어는 바로 '광기'를 지칭한다. 다시 등장한 광기는 이제 '이성과 진실의 한가운데에' 자리잡는다. "광기는 이미 와 있는 죽음이다"(25-26; 60-64). 이처럼 처음에는 광기가 죽음이라는 주제와 뒤섞이지만, 곧이어 광기가 죽음을 압도하여 대체해 버린다. 죽음과 광기의 중심에는 여전히 '삶의 허무'라는 주제가 놓여 있지만, 이 허무는 이제 '위협과 동시에 귀결이라고 말할 수 있는 외적이고 최종적인 종말로 인정되는 것이 아니라, 내부로부터 실존의 지속적이고 항구적인 형태로' 체험된다(26-27; 64-65). 광기와 허무의 이런 관계는 15세기에 밀접하게 맺어져 고전주의 시대까지도 지속될 것이다.

이러한 논의에서 주목해 볼 만한 것들 중 하나는 이후 이른바 푸코의 60년대 '미술/문학' 시대를 관통하는 논의의 하나가 이곳에서 처음으로 모습을 드러낸다는 것이다. **이미지**image/**텍스트** **texte의 쌍**이 그것인데, 이곳에서는 조형적plastiques/문학적littéraires, 또는 그림peinture/글texte 사이의 쌍으로 나타난다. 그림은 예시 illustration를, 글은 주석commentaire을 자신의 기능으로 삼는다. 그러나 양자의 관계는 하나가 다른 하나를 지배하는 이분법적 대립이 아니라, 결코 '하나를 다른 하나로 환원시킬 수 없는', '서로를 서로의 분신double으로 삼는' **쌍둥이**의 관계이다. 이는 60년대 '지식의 고고학' 시기 푸코 사유의 가장 중요한 특징들 중 하나로, 1970년대 '권력의 계보학' 시기로 들어가면서 사라지게 된다. 다음의 문장을 보라.

"미치광이의 경험은 —조형적 혹은 문학적인— 다양한 형태로 나타나면서도 극단적 일관성을 띠는 것으로 보인다. 그림과 글은 영속적으로 상호관련성을 갖는다. 이를테면 글은 주석하고, 그림은 예시한다"(27; 66).

광기를 인간 본성의 한 부분으로 보던 이전 시기와 달리, 르네상스 시기에 광기는 유혹tentation으로서 스스로를 드러낸다. 광기, 곧 인간성 속의 동물성은 이제 '숨어서 노리고 인간을 엄습하면서 인간의 진실을 인간 자신에게 드러내 주는' 무엇이다. 동물성이 르네상스 시기 광기의 한 특성이라면, 또 다른 극단의 특성은 광기를 비의秘義적인 앎savoir으로 바라본다. 광기는 앎이기 때문에 매혹적인 것이 된다. 광기는 앎이다.

"그토록 접근하기 어렵고 그토록 무서운 이 앎을 광인은 순진한 어리석음 덕분으로 보유한다. 이성과 지혜의 인간은 이 앎의 단편적이면서도 그만큼 더 불안하게 하는 형상들만을 인식하는 반면, 광인은 이 앎 전체를 완전한 형태로 가지고 있다. … 광인의 그러한 앎은 무엇을 알려 주는 것일까? 그 앎은 금지된 앎이다. … 세계는 보편적 광란 속에 빠져든다. 신도 악마도 승리하지 못한다. 승리는 광기의 것이다. 도처에서 광기는 인간을 현혹시킨다"(32-33; 72-74).

에라스무스에게 광기는 더 이상 인간을 외부로부터 위협하는 존재가 아니다. 이제 광기는 슬며시 그의 안으로 스며들어 '인간이 자기 자신과 맺고 있는 미묘한 관계'(35; 78)가 된다.

"자기에 대한 애착自慢心, philiautia은 광기의 첫 번째 징후이지만, 인간이 오류를 진실로, 거짓을 현실로, 폭력과 추함을 아름다움과 정의로 받아들이는 것은 인간이 자기 자신에게 집착하기 때문이다. 이제부터 광기의 상징은 거울이다. 거울은 실제의 것을 비추기는커녕 거울에서 자기 자신을 응시하는 자가 빠지는 자만自慢의 꿈을 은밀하게 반영할 것이다. 광기는 객관적 진실이나 세계와 관계가 있다기보다는 오히려 인간과 인간이 자기 자신의 진실로 인지할지도 모르는 모습과 관련된다.

따라서 광기는 전적으로 **도덕**과 관련된 세계 쪽으로 열려 있다"(35-36; 78-79).

3) 우주적 경험/비판적 경험

이 부분의 논의는 극히 중요하다. 얼핏 보면 그저 지나가는 언급처럼 보이지만, 바로 다음에 이어지는 논의는 『광기의 역사』 전체를 관통하는 **결정적 대립**의 정식화를 보여 주는 핵심을 이룬다.

"광기는 이제 (인간의 외부에 존재하는) **우주**의 형상figure du *cosmos*
이 아니라, (인간의 내부에 존재하는) **인생**(영세永世)의 특징trait de
caractère de l'ævum이다.
성급하게 재구성되기는 했지만 대략 이것이 광기를 그토록 현혹
적 형태들 안에서 접하는 **우주적 경험**expérience cosmique과 동일한
광기를 냉소적 태도라는 뛰어넘을 수 없는 거리 안에서 접하는
비판적 경험expérience critique 사이에 있는 대립적 도식의 모습일 것
이다"(37; 81).

'16세기 이래 유럽'을 대상으로 하는 이 도식, 곧 우주적 경험과 비판적 경험의 대립은 물론 실제로 존재하는 명확한 두 실체라기보다는 방법론적 도식에 가까우며 또 그만큼 상호 소통하는 두 개념이다. "아마 이러한 대립은 실제 전개상황에서는 그렇게

뚜렷하지도 눈에 띄지도 않았을 것이다. 아주 오랫동안 흐름들이 교차되었고, 교환이 끊임없이 계속되었다"(같은 곳). 그럼에도 불구하고 이 대립은 과거와 현재, 나아가 미래를 조망하는 유용한 이해의 틀을 제공해 준다.

"여전히 눈에 띄는 그토록 많은 간섭현상에도 불구하고 이미 분할선이 그어졌다. 광기에 대한 두 가지 경험 방식 사이의 거리는 앞으로도 계속 넓어질 것이다. 우주질서의 직관과 도덕적 성찰의 움직임들, '비극적' 요소와 '비판적' 요소는 이제부터 광기의 깊은 통일성에 결코 메워지지 않을 간극을 초래하면서 갈수록 더 사이가 벌어질 것이다"(38; 82-83).

이는 16세기 이래 유럽에 나타난 광기에 대한 두 가지 경험 방식이다. 이를 우리는 '비극적/비판적' 경험, 또는 '우주적/도덕적' 경험 사이의 이분법적 대립이라 불러 볼 수 있을 것이다. 그런데, 이 이분법적 도식의 이해와 관련하여 우리가 결코 잊지 말아야 할 중요한 점이 하나 있다. 우리는 일견 푸코가 이러한 이분법적 대립 구도에서 '비극적 또는 우주적' 경험을 긍정적인 것으로, '비판적 또는 도덕적' 경험을 부정적으로 바라보고 있다는 인상을 받기 쉽다. 그러나 세밀한 독서를 해 보면, 우리는 푸코가 결코 유럽 16세기, 곧 르네상스 이래의 이러한 대립 자체를 부정적으로만 바라보지는 않는다는 사실을 알 수 있다. 푸코는 차라리 이러한 이분법적 요소 사이의 **균형**을 '필연적이고도 바람직한 것' 곧 **건강성**의 관점에서 바라보고 있다.(이는 크게 보아 니체의 '디오니소스/아폴론' 사이에 존재하는 대립의 특성과 일치하는데, 아래에서 설명한다.) 이를 나는 이후 **르네상스적 균형**이라 부를 것이다. 그러나 르네상스에 이루어졌던 이러한 대립적 요소들 사이의 '균형'을 이해하기 위해서는 일단 푸코가 설정한 이분법 자체를 명확히 이해해야 한다. 다시 한 번 강조하지만,『광기의 역사』 전체의 이해는 이 이분법적 도식에 관련된 제반 사항의 이해에 달려 있으므로 이의 숙지는 필수적이다. 르네상스의 시기에 균형을 이루고 있었던 이러한 대립은 데카르트(1596-1650)로 대표되는 고전주의 시대에 깨지는데, 15세기로부터 16세기 초에 이르는 '르네상스적 균형의 도식'은 다음과 같다.

달리 말하면, '두 가지 측면에서 바라본 광인들의 배' 또는 '두 척의 광인들의 배들'이 있다.

"한편으로는 얼빠진 표정의 사람들을 가득 태우고 앞의 기묘한

우주적 경험	비판적 경험
우주 질서의 직관	도덕적 성찰의 운동
말없는 이미지들	담론의 우주
비극적 요소	비판적 요소
비극적이고 우주적인 경험 expérience tragique et cosmique	비판의식 conscience critique
광인	현자
15세기 회화 세계의 비극적 광기	15세기 휴머니즘 전통 인간의 비판 의식
보슈·브뤼겔·티에리 부츠·뒤러	브란트·에라스무스

연금술, 야수성의 은밀한 위협, 시대의 종말이 야기되는 풍경들 사이를 지나 세계의 어둠 속으로 사라지는 광인들의 배가 등장할 것이고, 다른 한편으로는 정상인들에 대하여 인간의 결함을 보여 주는 모범적이고 교육적인 오디세이아를 형성하는 광인들의 배가 나타날 것이다"(38; 82-83).

앞서 말한 것처럼, 푸코의 논리에서 이러한 대립은 부정적인 것이 아니라 건강한 것이다. 나아가, 오늘 이 글을 읽는 우리는 푸코의 이러한 묘사로부터 이후 푸코의 책들이 보여 줄 한 가지 대립을 알아볼 수 있다. 그것은 푸코가 이러한 대립을 **이미지**

image/**담론**discours이라는 '서로 분리할 수도 없으며, 어느 하나로 나머지 하나를 환원시킬 수도 없는' 두 측면에서 탐구하고 있다는 사실이다. 이는 1960년대 이른바 푸코의 '미술/문학' 시기에 **이미지/텍스트의 이중성**double de l'image/texte이라는 형식 아래 꽃피게 될 대립의 가장 초기 버전이다. 푸코는 '말 없는 이미지' 및 '담론의 세계'라는 두 가지 형식 아래 르네상스 시기 광기의 경험을 다음처럼 묘사한다.

"한편으로는 보슈, 브뤼겔, 티에리 부츠, 뒤러, 그리고 이미지의 전적인 침묵이 있다. 광기의 영향력은 순수한 직관의 공간에서 행사된다. 환상과 흉조, 꿈의 순수한 모습과 세계의 비밀스러운 운명, 요컨대 광기는 하나의 직관적 인식, 즉 몽환상태가 현실이고 환상의 얇은 표면이 부정할 수 없는 심층 쪽으로 열려 있으며 이미지의 순간적 섬광이 세계를 세계의 어둠 속에 영속하는 음험한 형상들에 휩싸이게 한다는 직관적 인식, 그리고 세계의 현실성 전체가 언젠가는 환상적 이미지 속으로 흡수될 것이라는 반대 방향이지만 똑같이 고통스러운 직관적 인식의 원시적 힘을 보유하고, 세계는 이미 존재하지 않지만, 그렇다고 해서 고요와 어둠이 완전히 세계를 삼켜 버린 것은 아니며, 실현의 단조로운 질서를 곧장 능가하는 무질서의 극단에서 마지막 광채光彩에 휩싸여 동요한다. 세계의 진실이 상실되는 것은 곧장 폐기된 바로 이러한 이미지 속에서이다. 겉모습과 비밀, 직접적 이미지와 풀리지 않고 남겨진 수수께끼의 이러한 줄거리 전체는 15세기 회화에서 '세계의 비극적 광기'로 전개된다.

다른 한편으로, 브란트, 에라스무스, 휴머니즘 전통 전체와 함께 광기는 담론의 우주 안으로 포획된다. 담론의 우주에서 광기는 정제精製되고 섬세하게 되며, 또한 무장해제를 당한다. 광기의 층위가 변하는데, 광기는 인간의 마음속에서 생겨나며, 인간의 행동을 지배하고 문란하게 한다. 광기가 도시를 지배할 때조차도, 사물들의 잔잔한 진실, 위대한 자연에는 광기의 흔적이 없다. 본질적인 것, 즉 삶과 죽음, 정의와 진실이 나타날 때 광기는 재빨리 사라진다. 모든 인간이 광기에 예속될 수 있을지도 모르지만 광기의 지배는 언제나 보잘것없고 상대적이다. 왜냐하면 현자의 시선에 광기의 초라한 진실이 모습을 드러낼 터이기 때문이다. 현자에게 광기는 웃음의 대상이 될 것이므로 현자에 의해 광기는 최악의 방식으로 대상화될 것이다. 광기에게 쓰이는 영예의 월계관이 오히려 광기를 구속하는 사실인 것은 바로 이런 식으로이다. 설령 광기가 어떤 학식보다 분별 있게 보인다 할지라도,

광기는 지혜 앞에 굴복해야 할 것인데, 지혜에 대해 광기는 어디까지나 광기이다. 광기도 결정적인 말을 '할' 수는 있지만, 그것은 결코 진실과 세계에 대한 결정적 발언이 '아니며,' 광기가 스스로를 정당화하는 담론은 결국 '인간의 비판 의식'에 귀속될 뿐이다"(38-39; 83-84).

그러나, 푸코에 따르면, 르네상스가 끝나면서 이러한 건강한 대립은 사라지고, '배타적이고 특권적인' 비판의식만이 남아 광기를 억누른다.

"비판적 의식과 비극적 경험 사이의 이러한 대립은 **르네상스 시대 초에** 광기에 대해 체험될 수 있었고 광기에 관해 뚜렷이 표명될 수 있었던 모든 것을 진작시킨다. 그렇지만 **100년도 채 지나지 않아** 이 모든 것은 재빨리 소멸할 것이고, 16세기 초에도 여전히 그토록 분명하게 눈에 띄고 그토록 윤곽이 뚜렷한 이 커다란 대립 구조는 사라지게 된다. 사라진다는 말은 실제로 일어난 일을 가능한 한 정확하게 가리키기에 적합한 용어가 아니다. 오히려 갈수록 현저해지는 특권이 문제되는데, 이 특권은 르네상스 시대의 체계를 이루는 요소들 가운데 하나에, 즉 광기를 언어 작용langage

영역에서의 경험으로 만든 요소에 부여된 것이다. 이 경험 속에서 인간은 광기의 도덕적 진실과 마주쳤고, 광기의 본질과 광기의 진실에 고유한 규칙을 직시하게 되었다"(39; 84).

푸코에 따르면, 르네상스적 균형은 '16세기 초에도' 분명히 유지되었으나 '100년도 지나지 않아' 사라지게 된다. 이러한 시대구분은 무엇을 의미할까? 1961년에 발간된 『광기의 역사』, 정확히는 「광기와 비이성」에 등장하는 이러한 시대구분은 1966년 발간될 『말과 사물』의 시대구분을 선취한 것이며, 이는 1972년에 발간된 『광기의 역사』 최종판에서도 다시금 확증된다. 역시 '1500년대 곧 16세기 이래 오늘(1966년)에 이르는 유럽사회'만을 다루는 『말과 사물』은 르네상스가 끝나고 고전시대가 시작되는 시점을 **1650년 전후**로 잡고 있다(대략 1625-1675년 사이의 50년). 따라서 이 책에 등장하는 시대구분은 이 기본적 시대구분론이 1961년에도 이미 개략적 형태로 완성되어 있음을 알려준다. '16세기 초'만 해도 그토록 분명히 관찰 가능하던 광기의 경험은 '100년도 되지 않아' 우리의 시야에서 사라진다.

4) 니체의 『비극의 탄생』

그러나 이러한 사라짐의 과정을 본격적으로 천착하기 전에 우리는 이러한 이분법의 성격을 명확히 이해해야 한다. 앞서 잠시 언급한 대로 푸코의 '비극적/비판적' 대립은 니체의 『음악의 정신에서 본 비극의 탄생 *Die Geburt der Tragödie aus dem Geiste der Musik*』(1872)에 등장하는 고대 그리스의 **디오니소스**Dionysisch/**아폴론** Apollinisch 대립에 상응한다. 니체의 이분법을 도식으로 표현하면 다음과 같다.

예술·삶	
디오니소스적인 것	아폴론적 것
도취	꿈
삶 자체·전체	개체화 원리 Principii Individuationis
비극적	서사적
의지의 직접적 표현으로서의 음악	조형적 형상화·가상·환영으로서의 조각·미술(아름다움의 베일)
비극적 신화·음악	(음악과 신화의) 형상화
호메로스·아이스킬로스·소포클레스	

푸코의 '비극적/비판적' 경험의 경우와 마찬가지로, 니체의 '디

오니소스/아폴론' 이분법도 그 자체로 나쁜 것이 아니다. 니체에 게도 양자는 서로 '보완적인' 관계에 있으며, 오히려 두 요소 사이의 '균형'이 건강한 것이다. 니체는 이러한 균형이 이루어진 시기를 호메로스의 시대로 보므로, 이를 **호메로스적 균형**이라고 부르도록 하자. 『비극의 탄생』에 등장하는 니체의 말을 직접 들어보자.

"세대가 지속적으로 투쟁하면서, 단지 주기적으로 화합하는 남성과 여성의 이중성에 의존하는 것과 유사한 방식으로, 예술의 발전이 아폴론적인 것과 디오니소스적인 것의 **이중성**과 결합되어 있다는 사실에 대한 논리적 통찰뿐만 아니라 직관의 직접적 확실성에 이른 상태라면, 우리는 미학을 위한 큰 소득을 얻게 될 것이다. 이러한 이름들은 우리가 그리스인들에게서 빌린 것이다. … 그리스 세계에서는 아폴론적인 조각가의 예술과 디오니소스의 예술인 비非조형적 음악 예술 사이에 그 기원과 목표에 따라 커다란 대립이 존재한다는 우리의 인식은 그들의 두 예술의 신 아폴론과 디오니소스와 결부되어 있다. 두 개의 몹시 상이한 충동은 대체로 공공연히 서로 대립된 채, '예술'이라는 공동의 낱말이 외견상으로만 연결시켜 주고 있는 저 대립의 투쟁을 자신들 안에서 지속하기 위하여 더 강력하게 재탄생할 수 있도록 상호자극하면서 공존해 간다. 그 충동들은 그리스적 '의지'의 형이상학적 기적 행위를 통해 마침내 서로 결합하여 나타나고, 이 짝짓기를 통해 마침내 디오니소스적인 **동시에** 아폴론적이기도 한 아티케 비극을 산출한다"(29).[11]

니체에 따르면, 도취와 음악의 신 디오니소스와 꿈과 시각적 조형성의 신 아폴론은 분리 불가능한 것이다. 가령, 니체에 의해 호메로스의 계승자로 간주되는 아이스킬로스의 작품에 등장하는 프로메테우스는 '**이중성**, 즉 디오니소스적인 **동시에** 아폴론적'(81) 성격을 갖는다. 『광기의 역사』의 푸코는 『비극의 탄생』의 니체를 정확히 따르고 있다. 다만, 니체와 푸코 사이에는 다음과 같은 차이가 있다. **니체**가 디오니소스를 음악에, 아폴론을 조형적인 미술과 조각 또는 서사에 배치한 것에 반해, **푸코**는 비극적인 것을 이미지로, 비판적인 것을 담론으로 설정한다. 그러나, 니체에 따르면, 이러한 고대 그리스의 호메로스적 균형은 **소크라**

---

11 프리드리히 니체, 「비극의 탄생」, 『비극의 탄생·반시대적 고찰』, 이진우 옮김, 니체 전집 2, 책세상, 2005. 인용자 강조. 이하 특별한 표기가 없는 한 모두 인용자 강조.

테스에 의해 파괴된다. 연극의 부분에서 이는 소크라테스의 대리인이라 할 **에우리피데스**에 의해 수행된다. 소크라테스와 에우리피데스로 대표되는 이러한 경향은 호메로스적 균형 자체의 파괴이다. 이를 다음처럼 도식화시켜 볼 수 있다.

예술·삶		진리·철학
디오니소스적인 것	아폴론적 것	소크라테스적인 것
도취	꿈	이론화
삶 자체·전체	개체화 원리 Principii Individuationis	형식화·도식화
의지의 직접적 표현으로서의 음악	조형적 형상화 가상·환영으로서의 조각· 미술(아름다움의 베일)	이론·철학·학문
비극적	서사적	낙천적
비극적 음악·신화	(음악과 신화의) 형상화	합리화·탈신화화·세속화
호메로스·아이스킬로스·소포클레스 합창단		에우리피데스·소크라테스

니체에 따르면, 따라서 소크라테스 이후 극복되어야만 할 근본적 대립은 '**예술/진리**' 또는 '**삶/이론**' 사이의 **대립**이다. 이러한 대립은 이후의 역사에서 다음과 같은 후계자들을 갖는다.

디오니소스와 아폴론 균형 잡힌 호메로스적 예술(삶)	이론으로 편향된 소크라테스적 철학(진리)
르네상스 · 종교개혁 · 루터	그리스도교 · 예수(바울)
니체	민주주의 · 자유주의 · 공리주의 자본주의 · 사회주의 · 공산주의
바그너의 총체예술Gesamtkunstwerk 악극Musikdrama	오페라

니체의 이러한 도식에 따르면, 서양철학, 서양문명 전체는 소크라테스(플라톤)와 에우리피데스 이래 호메로스적 균형을 상실한 이래 근본적으로 잘못된 문명, 타락한 문명이다.[12] 따라서 니체의 기획은 물론 호메로스적 예술을 '회복'하려는 것이다. 니체는 이러한 회복을 **비극의 재탄생**이라고 부른다. 그러나 이러한 재탄생이 가능한가를 알기 위해 우리는 먼저 다음과 같은 질문을 던져 보아야 한다. 이론적 세계관과 비극적 세계관 사이의 영원한 투쟁은 비극적 세계관에 대한 이론적 세계관의 완전한 승리, 달리 말해 비극적 세계관의 회복 불가능한 완전한 멸절을

---

12 니체에 따르면, 예술의 영역에서 이러한 타락은 **오페라의 득세**로 대변된다. '오늘날' 디오니소스적 정신은 더 이상 세계의 비극적 인식과 의지가 직접적으로 표상된 음악이 아닌, 다만 '가사에 의해 음악이 기형적으로 전도된' 음악, '형식 유희적이고 오락적인' 음악, '회화적' 음악, 곧 **오페라**라는 형상에 머무르고 있다(139-149).

의미하는가? 니체의 결론은 물론 비극의 재탄생이 가능하다는 것이다(130).

"음악의 창조 정신이 비극으로부터 사라진 지금, 비극은 엄밀한 의미에서 죽었다. … 그러나 나는 비극적 세계관이 물밀듯 밀려오는 비非디오니소스적 정신에 의해 완전히 파괴되었다고 말하고 싶지 않다. 우리는 그것이 단지 그것이 예술로부터 쫓겨나서 지하 세계로, 비밀의식의 변형 속으로 도피했다는 것을 알아야 한다"(133).

이는 다음과 같은 디오니소스 정신의 본성 때문이다.

"헤라클레스의 신적인 힘이 옴팔레의 힘든 강제 노동에서 **영원히 소진된다는 것은 불가능하다.** 독일 정신의 디오니소스적 토대로부터 하나의 힘이 솟아오른다"(146).[13]

---

13 이어지는 문장에서 니체는 이러한 디오니소스적 정신의 회귀가 당대 **독일철학**과 **독일음악**의 '신비한 일치'에 의해서도 여실히 증명된다고 말한다. 디오니소스 정신은 독일 정신 안에서 다시금 태어난다. 그러기 위해 독일 정신이 따라야 할 길은 오직 하나, **그리스 민족을 모범으로 삼는 길**이다. "이제 마침내 독일 정신은 자기 본질의 원

디오니소스의 힘은 약화될 수는 있어도, 이 세계로부터 완전히 사라질 수는 없다. 따라서 비극 정신은 소크라테스 이래 완전히 죽은 것이 아니라 유럽 문화의 저변에 여전히 살아 있다. 따라서 니체의 과제는 도식화된 철학의 압제 아래 시달리는 디오니소스적 예술을 되살리는 것이다.

"그렇다. 내 친구들이여. 나와 함께 디오니소스적 삶과 비극의 부활을 믿자. 소크라테스적 인간의 시대는 지나갔다. … 이제 (우리는) 그저 과감하게 비극적인 인간이 되는 일을 행할 뿐이다. 너희는 구원되어야 하니까"(152).

이제, 니체는 예언적 어조로 외친다.

"이 세계관이 언젠가 신비스러운 심연으로부터 솟아올라 다시

천으로 귀향한다. 그리고 그 후 독일 정신은 모든 민족들 앞에서 대담하고 자유롭게, 로마 문명의 보호 없이 큰 걸음을 걸어도 된다. 그러기 위해서는 한 민족에게 의연하게 배울 줄 알면 된다. 즉 그 민족에게 배울 수 있다는 것 자체가 이미 높은 명성을 보장하고 너무나 드문 일인, 그리스 민족에게 배우면 된다"(146-149). 푸코의 중요성은 그가 니체의 **독일중심주의**만이 아니라, **그리스중심주의**도 부정한다는 사실에 있다.

예술로 떠오르지 않을까?"(129-130)

5) 데카르트와 니체

의도와 목적의 측면에서, 푸코의 『광기의 역사』는 니체의 『비극의 탄생』에 정확히 **부합**하는 책이다. 『광기의 역사』에 나타난 '비극적/비판적' 요소들 사이의 이분법은 그 자체로 건강한 균형을 의미한다. 철학적 측면에서, 니체의 소크라테스가 맡은 **악역**을 푸코는 데카르트에게 부여한다. 물론 앞서의 논의에서 밝힌 것처럼, 니체의 디오니소스적 요소에 해당하는 '광기'가 완전히

광기		이성
우주적 경험	비판적 경험	배타적 이성
우주 질서의 직관	도덕적 성찰의 운동	도덕적 비판적 이성
말없는 이미지들	담론의 우주	담론의 특권적 지배
비극적 요소	비판적 요소	철학
비극적이고 우주적인 경험 expérience tragique et cosmique	비판의식 conscience critique	배타적이고 특권적인 비판의식 privilèges exclusifs d'une conscience critique
광인	현자	철학자
15세기 회화 세계의 비극적 광기	15세기 휴머니즘 전통 인간의 비판 의식	17세기 고전주의 '대감금'
보슈·브뤼겔· 티에리 부츠·뒤러	브란트·에라스무스	데카르트

사라진 것은 아니지만 니체가 결정적으로 디오니소스적 광기의 부활을 선언하기 이전까지 광기는 서양문화의 음지로 들어가 억눌린 상태로 지속된다.

푸코에 따르면, 데카르트 이후 유럽의 사유는 다음과 같이 펼쳐진다.

우주적 광기	과도한 배타적 비판적 이성
몽테뉴 · 라 로슈푸코 · 니체 · 푸코	데카르트 이후의 거의 모든 철학자들
롱사르 · 셰익스피어 · 세르반테스 사드 · 횔덜린 · 네르발 로트레아몽 · 아르토 · 루셀	–
고야 · 고흐	–
말기의 프로이트	피넬 · 튜크 에스키롤 · 샤르코 · 자네 · 프로이트 정신의학 · 심리학 · 정신분석 전체
대상	주체
정신병	이성
광인 · 비非/반反자연인 · 비정상인 · 환자	정상인 · 자연인 · 사회인 · 의사

그렇다면, 16세기에 이루어진 **비판적 반성의 특권적 지위**는 어떤 과정을 거쳐 확립된 것일까? 달리 말하면,

"어떻게 광기의 경험이 마침내 비판적 반성에 의해 몰수되어, 그 결과로 고전주의 시대의 문턱에서 이전 시대에 환기되었던 모든 비극적 이미지가 어둠 속으로 흩어지게 되었을까?"(40; 86-87)

우선, 푸코에 따르면, 1500년대 곧 16세기 초에도 여전히 명료하게 관찰 가능하던 광기 경험의 균형은 16세기가 전개되면서 서서히 파괴되기 시작하여, 17세기 중반 고전주의가 도래하면서 결정적으로 파괴된다.[한편, 푸코의 시대구분론에서, 르네상스와 고전주의를 가르는 두 가지 사건은 1641년에 출간된 데카르트의 『성찰Meditationes』과 1656년에 발표된 '대감금Grand Renfermement'에 관련된 프랑스 국왕의 조례이다.(푸코는 이러한 구분을 강력히 주장하는데, 가령 『말과 사물』에서 고전주의 시대의 도래를 알리는 미술작품으로 선택된 벨라스케스의 「시녀들」은 1656년 작품이다.) 『성찰』과 '대감금'이라는 두 '사건'은 모두 1625-1675년 사이에 일어난 일이다. 그리고 이 시기는, 푸코에 따르면, 르네상스로부터 고전주의로 넘어가는 이행의 시기이다.] 이제, 16세기 중반 이래, 특히 17세기 중반 이후 고전주의의 도래를 거치면서,

"요컨대 광기의 비극적 형상들이 점차로 어둠 속에 묻히는 동안, 광기에 대한 비판 의식은 끊임없이 더 분명하게 드러나게 되

었다. 광기의 비극적 형상들은 오래지 않아 완전히 사라질 것이다. … 광기에 대한 비극적이고 우주적인 경험expérience tragique et cosmique은 비판의식의 배타적 특권privilèges exclusifs d'une conscience critique에 의해 은폐된다. 그래서 광기의 고전주의적 경험, 그리고 이를 거친 광기의 근대적 경험은 마침내 광기의 실증적 진실에 이를 전체적 형상으로 간주될 수 없고, 철저하기에는 너무 함부로 제시되는 단편적 형상이며, 결여되어 있는 모든 것 때문에, 다시 말해서 은폐되게 하는 모든 것 때문에 균형을 상실한 집합이다"(39-40; 84-85).

16세기 중반에서 17세기 중반에 이르는 시기에 일어난 일은 당시까지 존재하던 광기 경험의 균형을 파괴하고 비판의식 또는 인식의 우위를 확립한 유럽 역사의 결정적 사건이다. 이 사건은 '근대철학의 아버지 데카르트'라는 말에서 잘 드러나는 것처럼, 일반적으로 넓은 의미의 '근대'의 도래를 알리는 계기로 알려져 있지만, 푸코는 데카르트를 고전주의적 사유의 시조로 본다.(말년의 푸코는 『주체의 해석학』에서 이 단절의 의미를 더욱 확장하여 **데카르트적 순간**moment cartésien이라고 명명하는데, 이는 데카르트가 고대 그리스 이래 '자기 배려'와 '자기 인식' 사이에 존재하던 이른바 '소크라테스의 균형'을 파괴하고 인식의 우위를 확립했다는 의미를 갖는다.)

푸코는 이러한 데카르트 이후 유럽 사유의 '잘못된' 흐름을 거스른 최초의 인물로 **니체**를 든다. 약간의 변형은 있지만, 푸코의 『광기의 역사』는 기본적으로 니체의 길을 따라 걷는 책이다. 푸코는 '르네상스적 광기'의 **회복**을 꿈꾼다. 이는 물론, 니체의 경우와 마찬가지로, 광기에 대한 비극적·우주적 경험이 '다행스럽게도' 완전히 사라진 것은 아니기 때문에 가능한 일이다.

> "이것들(광기의 비극적 형상들)의 흔적을 재발견하기가 오래전부터 어려워졌을 것인데, 사드의 몇몇 대목과 고야의 작품에만 이와 같은 사라짐이 완전한 붕괴는 아니라는, 이 비극적 경험이 사유와 꿈의 어둠 속에 어렴풋이 존속한다는, 그리고 16세기에는 근본적 파괴가 아니라 다만 은폐가 진행되었을 따름이라는 증거를 보여 줄 뿐이다. … **은밀한 비극의식**은 광기에 대한 비판의식, 그리고 이 의식의 철학적이거나 과학적인, 도덕적이거나 의학적인 형태들 아래 끊임없이 살아 있었다"(39; 85).

따라서 20세기 중반에 사는 '우리' 곧 유럽인들은 여전히 이렇게 '억압되었지만 그럼에도 불구하고 표면 아래에서 면면히 유지되고 있는' 비극의식을 읽을 수 있다.

"니체의 마지막 말, 반 고흐의 마지막 직관이 다시 일깨운 것은 바로 이러한 **비극의식**이다. 프로이트가 맨 마지막 단계에서 예감하기 시작한 것도 아마 이 비극의식일 것이다. 즉 그가 리비도와 죽음본능의 신화적 싸움으로 상징하고 싶어 한 것은 이 의식의 심한 파열 상태이다. 마지막으로 앙토냉 아르토의 작품에서 표현되기에 이른 것 역시 이 의식이다. 만일 아르토가 20세기 사유의 문제에 관심을 기울였다면, 아르토의 작품은 틀림없이 가장 긴급한 문제, 그리고 문제를 제기하는 자로 하여금 현기증에서 벗어나게 할 가능성이 가장 적은 문제를 20세기의 사유에 제기했을 것이다. 아르토가 자신의 작품을 통해 줄기차게 공언한 것은 세계의 엄청난 광기, 태양과 같은 광기, 찢긴 의식 속에서 끊임없이 실현되는 '불의 악마와 같은 존재의 삶과 죽음'이 우리(유럽)의 문화 밖으로 떠밀린 날부터 우리 문화의 중심인 **비극의식**이 상실되었다는 점이다.

이와 같은 극단적 발견 때문에 오늘날 우리는 16세기부터 지금까지 전개되어 온 광기 경험의 특별한 형상과 그 의미의 기원이 이러한 부재, 이러한 어둠, 그리고 이 어둠을 가득 채우고 있는 모든 것에서 비롯된 것으로 결국 판단하게 된 것이다. 합리적 사유를 이끌어 광기를 정신병으로 분석하도록 하는 올바른 엄정성이란 것은 수직적 차원에서 재해석되어야 한다. 그렇게 된다면, 우리는 합리적 사유의 여러 형식 아래 이 비극적 경험이 더 완벽하게 또한 더 교묘하게 가려져 있다는 것, 그렇지만 이 비극적 경험이 합리적 사유에 의해 완전히 축소되지는 않았다는 것을 드러낼 수 있을 것이다. 속박의 마지막 단계에 이르면 필연적으로 **폭발**이 일어난다. **니체 이후에 우리는 이 폭발을 목격하고 있다**"(37-40; 81-86).

이러한 묘사에서 쉽게 추측할 수 있는 것처럼, 『광기의 역사』는 르네상스 이래 은폐되어 온 비극의식과 우주적 경험의 회복을 위해 작성된 책이다. 억압되었으나 완전히 사라진 것은 아닌 서양문화의 핵심, 비극의식은 비판의식의 밑바닥에 여전히 존재하고 있다. 그리고 니체 이후에 '우리 유럽인들'은 그 폭발을 목격하고 있다. 이런 관점에서 책을 읽을 때에만, 우리는 푸코의 다음과 같은 말을 이해할 수 있다.

"우리는 어째서 마귀 들린 사람의 경험과 16-18세기에 이르는 동안 이에 대해 행해진 축소를 미개한 낡은 세계에 대한 인본주의적이고 의학적인 이론의 승리가 아니라, 예전에는 세계 파열의 흉조를 지녔던 다양한 형태들이 비판의 경험 속으로 전유專有된 현상으로 해석해야 하는가를 다른 연구에서 입증할 예정이다"(39; 84).

예고된 '다른 연구'는 집필되지 못했지만, 이러한 문장은 푸코의 기본적인 생각을 보여 준다. 푸코가 인용한 아래 아르토의 문장은 『광기의 역사』 전체의 문제의식을 보여 주는 상징적 문장이다.

"아르토로 하여금 "르네상스 시대의 휴머니즘은 인간의 확대가 아니라 인간의 축소였다"고 말하게 하는 이 흐름은 어떻게 형성되었을까?"(40; 87)[14]

---

14 원문은 다음이다. L'Humanisme de la Renaissance ne fut pas un agrandissement, mais une diminution de l'homme. 이로부터 한걸음만 더 나가면, 이는 다음과 같은 인식으로 이어질 것이다. "보슈의 유명한 의사를 잊지 말자. 그는 자신이 치료하고자 하는 자보다 훨씬 더 미친 사람이다"(37; 82).

적어도 광기를 바라보는 인식이라는 관점에서, 데카르트 이래 유럽 문명의 역사는 인간의 확대가 아니라, 축소이며 환원이다. 결국 데카르트는 분리 불가능한 이성과 광기를 분리하여 이성을 광기가 아닌 것으로 설정했다. 이를 형식화하면, 다음의 문장으로 요약 가능하다. 이른바 A의 '본질'은 **A가 아닌 것이 아닌 것**이다. 이성의 본질은 '이성이 아닌 것(광기, 꿈 등)이 아닌 것'이다. 이렇게 이성은 이성이 아닌 것과 불가분의 관계를 맺는다. 이성과 이성이 아닌 것은 **동시적·상관적으로만** 탄생하고 또 죽는다. 이성과 이성이 아닌 것은 쌍둥이이다. 이성이 그리는 광기의 모습은 '광기에 대한 이성의 독백'일 수밖에 없으며, 실은 이성의 그림자이다. 그러니,

> "세계에서 생겨나는 그 모든 형상은 또한 마음속의 괴물들을 보여 주는 것이 아닐까?"(37; 82)

이성이 **자신의 '바깥'으로 대상화시켜** 그려 내는 광기의 모습은 실은 **자신의 모습**에 훨씬 더 가깝다. 내가 보는 타인과 세계는 보이는 타인과 세계만큼이나 **보는 나**를 더 많이 알려 주지 않는가?

6) 광기의 네 가지 형상

푸코는 '광기에 대한 고전주의적 경험'을 이해하는 데 필수적인 사항들을 다음과 같은 두 가지 변화의 과정을 통해 정리한다 (40-47; 87-97).

"① 광기는 이성과 관련된 형태가 된다. 광기와 이성이 영속적으로 가역적可逆的, réversible 관계를 맺는다. 이 가역적 관계로 인해 모든 광기에는 이성이 있고 모든 이성에는 광기가 있다. 광기의 이성이 광기를 판단하고 광기를 통제하며, 이성의 우스꽝스러운 진실이 이성의 광기 속에서 이성에 의해 발견된다. 이성과 광기는 각자 다른 하나의 척도이며, 이 같이 서로를 밝혀 주는 움직임 속에서 둘 다 서로를 인정하지는 않지만 하나가 다른 하나의 존립근거로 작용한다(41; 87). 칼뱅의 경험에서, 신의 무한한 이성에 비할 때 광기는 인간의 고유한 척도이다(41; 88). 인간사에서 벗어나 신에게 다가가려는 움직임 역시 광기이다. 16세기는 다른 어떤 시대보다도 더 「고린도 서書」가 더할 나위 없는 위엄으로 빛난다. '나는 미친 사람으로서 말하노니, 이는 내가 누구보다 더 미쳤기 때문이다'(42; 90). 니콜라우스 쿠자누스는 신의 지혜라는 크고 한없이 깊은 광기에 비하면 사소한 광기일 뿐인 허약한 이성을 상실하는 가운데 사유의 움직임을 따라 이미 상세하게 말한 바 있다. 이제 (신의 무한한) 지혜에 비하면 인간의 이성은 광기일 뿐이었고, 인간의 얄팍한 지혜에 비하면 신의 이성은 광기의 본질적 움직임 안에 놓여 있다. 15세기에 고조되었던 극심한 위험은 이런 식으로 그리스도교 사상의 도도한 영향 아래 해소된다. 광기는 이성에 결부되어 한없는 순환 과정 속에 들어가고, 광기와 이성은 서로를 긍정하고 부장한다. 이제 광기는 세계의 어둠 속에서 절대적으로 실재하는 것이 아니라 이성과의 상관성 아래에서만 실재할 뿐이다"(43-44; 91-92).

푸코에 의해 요하네스 타울러(1300-1361)로부터 니콜라우스 쿠자누스(1401-1464), 제바스티안 프랑크(1499-1542)에 이르는 독일 신비주의 사상가들, 에라스무스(1466-1536)와 같은 르네상스 휴머니스트들, 장 칼뱅(1509-1564)과 같은 종교개혁가들로 대변되는 첫 단계에서 광기는 이제 그리스도교의 논리 안으로 포섭되면서 이성의 상관항, 일종의 쌍둥이로 이해된다. 이런 단계를 지나면 다름과 같은 단계가 온다.

"② 광기는 심지어 이성의 형식들 중 하나가 된다. 광기는 이제

… 이성에 통합된다. 광기는 이제 이성의 영역 자체 안에서만 자신의 의미와 가치를 갖는다(44; 92). 몽테뉴와 샤롱을 넘어 파스칼의 성찰이 나타난다. '사람들은 그토록 필연적으로 광적이어서, 미치지 않으려는 것이 광기의 또 다른 술책에 의해 미친 짓으로 비칠 정도이다.' 에라스무스와 함께 시작된 오래된 작업은 이러한 술책 속에서 수렴되고 재정리된다. 한편에는 이성에 고유한 광기를 거부하는 '어리석은 광기folle folie'가 있는데, 이는 광증으로 전락한다. 다른 한편에는, 이성의 광기를 맞아들이는 '현명한 광기sage folie'가 있는데, 이는 실질적으로 광기의 위험으로부터 보호받는다. 그리하여 이제 광기의 진실이 바로 이성의 승리와 빈틈없이 일치하는 것이 되고, 광기에 대한 이성의 결정적 제어가 이루어진다"(46-47; 96-97).

에라스무스로부터 시작하여 몽테뉴(1533-1592)와 피에르 샤롱(1541-1603)을 거쳐 파스칼(1623-1662)에 이르는 이러한 흐름은 '아마도 16세기 말에서 17세기 초에 이르는 다양한 문헌들을 거치며 광기가 다양하게 표현되는 현상의 비밀'일 것이다. 요컨대 이러한 움직임은 **바로크 시대**를 표상한다(47; 97). 이러한 특성은 세르반테스(1547-1616)의 『돈키호테』, 마들렌 드 스퀴데리(1607-

1701)의 작품들, 셰익스피어(1564-1616)의 『리어왕』과 장 드 로트루(1609-1650), 은자隱者 프랑수아 트리스탕(1601-1655)의 극작품 등과 같은 문학에서 두드러진다(47; 97-98). 푸코는 이러한 광기의 형상을 네 가지로 나눈다.

① 우선, **소설적 동일시에 의한 광기**가 있다. 이는 '가장 중요한 광기이면서도 18세기까지도 거의 사라지지 않는 형식들이 될 광기, 가장 지속적일 수 있는 광기'이다. 푸코는 이러한 형상의 광기가 **세르반테스**에 의해 결정적으로 확정되고 이후로도 상당 기간 유지된다고 말한다. 이러한 광기의 형상화에서는 저자로부터 독자들에게 공상적 생각들이 전달되고, 한편에서 일시적 변덕이었던 것이 다른 편에서 지속적 환상으로 바뀌고, 작가의 속임수는 꾸밈없이 그대로 현실의 형상으로 받아들여진다. 겉으로는 꾸며 낸 소설에 대한 간단한 비판만이 존재하는 것처럼 보이지만, 실상은 예술작품에서 드러나는 실재계와 상상계 사이의 관계, 그리고 어쩌면 환상적 허구와 매혹적 착란 사이의 불순한 소통에 대한 불안이 감지된다.

② 다음으로, **헛된 자만自慢의 광기**가 있다. 물론 광인이 하나의 문학적 모델에 자신을 동일시하는 것은 아니다. 광인이 동일시

하는 것은 자기 자신이며, 그것은 상상적 일체감을 통해서이다. 이 광기는 수많은 모습을 가진 다양한 형식의 광기이고, 모든 인간이 마음속으로 자기 자신과 맺는 상상적 관계이다. 이 광기에서 광기의 결함들 가운데 가장 일상적인 것이 생겨난다. 이 광기를 비난하는 것은 모든 **도덕적 비판**의 첫 번째이자 마지막 요소이다.

③ 다음으로, **정당한 징벌의 광기**가 있다. 이 역시 도덕의 영역에 속한다. 이 광기에 의해 정신의 무질서와 더 나아가 감정의 혼란에 징벌이 내려진다. 이러한 광기의 정당성은 그것이 진실을 말해 준다는 점에 있다. 또한 모든 이의 눈에 보이지 않게 감춰진 범죄가 이와 같은 기이한 징벌의 밤에 밝혀지기 때문에, 이 광기는 진실에 부합한다. 가령 맥베드 부인의 헛소리는 오랫동안 '귀먹은 베개'에서만 소곤거린 말을 '알아서는 안 될 사람'에게 드러나게 한다.

④ 마지막으로, **절망적 정념의 광기**가 있다. 과도한 절망에 빠진 사랑, 무엇보다도 죽음의 숙명성에 의해 배신당한 사랑은 발광發표 이외에는 다른 출구가 없으리라. 미친 사랑은 대상이 있는 한 광기라기보다는 사랑이었다. 그러나 착란의 공허 속에서 미친 사랑은 짝 없이 외로이 추구된다(47-49; 97-101).

세르반테스와 함께 이러한 광기를 문학적으로 가장 잘 형상화한 것은 **셰익스피어**이다. "셰익스피어의 작품에서 광기는 죽음과 살해로 이어지고, 세르반테스의 작품에서 형식들이 정돈되는 기준은 상상계에서 비롯되는 온갖 자기만족과 자만이다. 셰익스피어와 세르반테스는 둘 다 ―그들의 시대에 전개되는 비이성에 대한 **비판적**이고 도덕적인 경험의 증인이라기보다는― 15세기에 생겨난 광기에 대한 **비극적** 경험의 증인일 것이다"(49-50; 102). 세르반테스와 셰익스피어의 작품에서 광기는 언제나 극단적 자리, 광기란 어쩔 도리가 없는 것이라는 점에서 극단적 자리를 차지한다. 어떤 것도 광기를 진실이나 이성으로 되돌리지 못한다. 광기는 오로지 파멸, 더 나아가 죽음으로만 통해 있다. 그러나 세르반테스와 셰익스피어의 세계는 사라져 가는 중이고, 이후 수백 년 동안 어둠에서만 명맥을 유지하게 될 것이다(50; 102). 그 결과, 광기는 실제의 징벌이 아니라 징벌의 비유이고, 따라서 거짓된 외양이며, 범죄의 겉모습, 또는 죽음의 환각에만 연결될 수 있을 뿐이다. 이제 광기는 자신의 극적 진실성을 상실한다. 광기는 **오류**erreur의 차원에서만 징벌이거나 절망이다. 진실은 광기 속에서 광기에 의해 밝혀진다. 광기는 오류 아래에서 진실의 비밀스러운 작업을 되찾는다. 광기는 '착각'의 가장 순수하고 가장 완전한 형식이다. '광기의 바람風'은 바로크식 '**눈속임**'의 표본이다. 전기 고전주의 문학의 희비극 구조에서 광기는 커다란 눈속임이다. 이러한 현실과 환각의 전환이 가져오는 것은 광기의 **연극적** 의미이다. 연극은 **환각**illusion이라는 연극의 진실, 즉 엄밀한 의미에서 광기의 모습을 펼쳐 보인다(51; 103-107).

7) 광기에 대한 고전주의적 경험

이제 광기의 고전주의적 경험이 탄생한다. 화폭의 중심에 나타나는 것은 광인들의 배가 아니라, **로피탈 제네랄**이다. "15세기의 지평에서 고조된 대대적 위협은 완화되고, 보슈의 그림에서 확연히 눈에 띄는 음산한 지배력은 격렬함을 상실했다. 마침내 광인들의 배가 사람들과 사물들 한가운데 요지부동으로 정박하여 잡아 매이고 움직이지 않게 고정된다"(53; 107). 광인들의 배가 자신의 운을 다한 후, 고작 100여 년이 지나자, 곧바로 '광인 로피탈 제네랄'이라는 문학적 주제가 나타나는 것이다. 그리고 "이 무질서의 세계 전체는 완벽한 질서 속에서 이성 '예찬'을 수행한다. 어느새 이와 같은 로피탈 제네랄에의 '**수감**'이 '승선'의 뒤를 잇는다"(53; 108). 그리고, "새로운 제약이 태어나고 있는 중이다"(55; 111).

2. 대감금

이 장은 광기에 대한 고전주의적 경험의 중심을 이루는 '대감금Grand Renfermement'을 다룬다. '대감호大監護'라고도 번역되는 이 사건은 실제의 역사적 사실이다. 1656년 파리에 **로피탈 제네랄** L'hôpital général을 설치하라는 왕의 칙령이 내려지고, 당시 파리 인구의 1%에 해당되는 엄청난 숫자의 사람들이 이곳에 수감된다는 것이 사건의 개요이다. 앞서 언급한 것처럼 푸코는 르네상스가 끝나고 **고전주의**가 시작된 두 가지 분기점으로 1640년에 출간된 데카르트의 『성찰』과 1656년에 발표된 '대감금'을 든다. 한 가지씩 살펴보자.

1) 광기, 데카르트적으로 사유하는 주체의 부정

푸코에 의하면, 데카르트에게 있어 사유 가능조건은 **미칠 가능성의 부정**이다. 이에 앞서 내가 정리한 공식에 따라 적어 보면, 이성은 '이성이 아닌 것의 부정 곧 여집합'이다.[15] 구체적으로는, 이

---

15 '여(餘)'란 '나머지'이고, 이 경우 A의 본질은 '전체집합에서 A가 아닌 나머지를 뺀 것(A=U-A)'으로 규정될 수 있다.

성은 우선적으로 '꿈과 오류와 광기가 아닌 것'이다. 그러나 광기는 꿈과 오류 또는 환각과는 다른 어떤 것이다.

"데카르트는 회의를 진전시키는 과정에서 꿈과 모든 형태의 오류 가까이에서 광기와 마주친다. … 광기로 말하자면, (꿈과 모든 형태의 오류와는) 사정이 다른데, 이는 '그와 같은 일'이 광인의 사유에서조차 거짓일 수 없기 때문이 아니라 생각하는 '자아', 곧 내가 미칠 수 없기 때문이다. … 진리의 영속성 덕분으로 사유가 오류에서 벗어나거나 꿈에서 빠져나올 수 있었던 것과는 달리, 광기로부터 사유를 보호하는 것은 진리의 영속성이 아니라, **미칠 가능성의 부정**impossibilité d'être fou이다. 광기의 불가능성은 사유 대상이 아니라 생각하는 주체의 본질이다. … 광기는 바로 **사유의 불가능 조건**condition d'impossibilité de la pensée이다. … 데카르트의 회의 체계에는 한편의 광기와 다른 한편의 꿈과 오류 사이에 근본적 불균형이 있다. 진리와 관련하여, 그리고 진리를 찾는 자와 관련하여 이 양편의 상황은 달라진다. 꿈이나 환각은 진리의 구조 자체 속에서 극복된다. 그러나 광기는 회의하는 주체에 의해 배제된다. 회의하는 주체가 생각하지 못한다는 것, 그가 존재하지 않는다는 것은 **있을 수 없는 일**이기 때문이다"(56-57; 113-115).

데카르트에 있어, 광기는 꿈과 오류와는 다른 지위를 갖는다. 회의한다, 의심한다는 것은 생각하는 것이므로, 생각하는 주체가 미쳤다는 것은 데카르트에게는 불가능한 일이다. 미친 주체는 생각할 수 없다. 미친 주체는 생각하지 않으므로 존재할 수 없다. 따라서 **생각하는 주체는 미칠 수 없다.** 이제 미치지 않았다는 것은 이성의 사유 조건 그 자체이다. 따라서 광기는 이성으로부터 분리된다. 이제 광기는 **배제**exclusion의 영역에 놓인다. 광기는 이성의 **바깥**이다.

"데카르트는 이 확실성을 굳건히 유지한다. 이제 광기는 데카르트와 아무런 관계가 없다. … 광기는 사유의 경험으로서 오직 광기일 뿐이게 되고, 따라서 데카르트의 기획에서 배제된다. … 데카르트의 회의에 의해 광기는 비이성적인 것은 생각하지도 따라서 존재하지도 않는 것으로 취급되며, 따라서 의심하는 자의 이름 아래 추방당한다. … 데카르트가 회의를 진전시키는 과정은 … 이성 자체인 고전주의적 사유의 영역에 대해 광기가 바깥에 놓인다는 것을 보여 준다. 이제 광기는 추방당한다. '인간'이 어느 때건 미칠 수 있다 해도, '사유'는 진리를 인식해야 할 입장에 놓인 주체의 절대적 실천으로서 무분별할 수가 없다. 하나의 **분**

할선이 그어지는데, 그것은 사리에 어긋나는 이성, 이치에 맞는 비이성의 경험, 르네상스 시대에 그토록 익숙해진 그 경험을 이윽고 불가능하게 만들 것이다. 몽테뉴와 데카르트 사이의 시대에 하나의 사건, 즉 라티오ratio의 도래와 관련되는 어떤 것이 발생한 것이다"(57-58; 114-117).

이성은 광기와 관계가 **전혀** 없다. 데카르트의 논리에서, 이성은 '이성이 아닌 것이 아닌 것'이므로, 이성은 꿈과 오류와 환각 그리고 광기가 아닌 것이다. 그러나 광기는 여타의 것들과 달리 근원적인 이성의 바깥, **타자**로서 설정된다. 왜냐하면 '나는 생각한다. 그러므로 존재한다'는 데카르트의 논리에서, 생각하지 못하는 주체, 곧 미친 주체는 존재할 수 없기 때문이다. 따라서 존재하는 주체는 생각하는 주체이고, 생각하는 주체는 미친 주체일 수 없다. 따라서 생각하는 주체가 미치지 않았다는 것은 우연한 사실이 아니라, 생각하는 주체 그 자체의 불변적 본질이자 가능조건이다. 그러므로 생각하는 주체는 미칠 수가 없다. 생각하는 주체와 광인의 차이는 단순한 양적 정도의 차이가 아니라, 근본적인 **질적 차이**이다. 따라서 이성적 인간은 결코 미칠 수가 없으며, 실제로 전혀 미치지 않았다. 이성적인 인간은 미칠 수 없고 미친 사람이 이성적일 수 없다. 이제 이러한 논리 안에서, 이성과 광기는 한 사람 안에 공존할 수 없다. 어떤 인간은 오직 이성적인 인간이거나 또는 미친 사람일 수 있을 뿐이다. 광기와 이성은 **양립불가능**하다. 광기는 이성이 아니고, 이성은 광기가 아니다. 미친 사람은 이성적인 인간이 아니며, 이성적 인간은 미친 사람이 아니다. 이성·사유·존재의 일치를 가정하는 데카르트 철학에서 광기는 비이성적인 것이자, 사유할 수 없는 것, 존재할 수 없는 것이 된다. 이제 광기는 존재하지 않는 것, 비非존재가 되었다.

2) 구빈원도 병원도 아닌, 수용시설로서의 로피탈 제네랄

이론의 차원에서 일어난 광기의 배제와 현실의 대감금이 **동시대적인 사건**이라는 사실은 우연이 아니다. 대감금의 이해와 관련하여 우선 중요한 것은 '로피탈 제네랄'의 성격을 명확히 밝히는 것이다. 푸코의 묘사는 다음처럼 시작된다.

"17세기에 거대한 수용시설들이 새로 건립되었다는 것은 잘 알려져 있지만, 파리시의 주민 중에서 1퍼센트 이상의 사람들이 몇 달에 걸쳐 거기에 갇혀 있었다는 것은 잘 알려져 있지 않다. …

1656년이라는 연대가 이정표의 구실을 할 수 있다. 이 해에 왕(루이 14세)은 파리에 로피탈 제네랄을 설립하라는 칙령을 내린다. 얼른 보기에는 한 가지 개혁, 기껏해야 행정기구의 재편이 문제일 뿐이다. … 이 칙령에 의해 기존의 여러 기관은 하나의 통일적 행정기구로 통합된다. 이 모든 기관은 이제 '성별, 거주지와 나이, 사회적 신분과 출신을 막론하고, 어떤 직업에 있건, 몸이 성하건 불구이건, 환자이건 회복기에 있는 사람이건, 치유될 수 있건 회복이 불가능하건' 파리의 가난한 사람들에게 할당된다. 스스로 찾아오는 이들, 왕권 또는 사법기관에 의해 보내진 이들을 받아들이고 그들에게 잠자리와 음식을 제공하는 것이 그곳의 일이다. 또한 그곳에 들어올 자격이 있지만 자리가 없어서 들어올 수 없었던 이들의 생계, 바른 품행, 일반적 질서에도 관심을 기울여야 한다. 이와 같은 배려는 **종신 원장**의 책임인데, 그들의 권한은 이 로피탈 제네랄의 수용시설뿐 아니라 파리시 전역에 걸쳐 이들의 사법권이 미칠 수 있는 모든 사람에게 행사된다. '그들은 **로피탈 제네랄 안에서건 밖에서건 파리의 모든 가난한 사람에 대해 허가, 지시, 행정, 거래, 치안, 재판, 체벌 및 징벌의 권한을 갖는다**'"(59-60; 118-120).

처음부터, 한 가지는 명백하다. 로피탈 제네랄은 그 이름이 주는 인상과 달리 기본적으로 가난한 자를 위한 구호시설도, 병원도 아니다. 로피탈 제네랄은 일차적으로 '그 책임자가 피수용자들, 곧 파리의 가난한 사람들 전체에 대해 수용소의 내부만이 아니라 외부에서도 허가, 지시, 행정, 거래, 치안, 재판, 체벌 및 징벌 등 가히 막강한 총체적 권한을 갖는' 특수한 행정기관, 곧 **수용시설**이다. 로피탈 제네랄은 수용소장의 권한으로 담당 의사를 둘 수도 있지만, 이것은 차라리 예외적인 경우이다. 간단히 말해,

"로피탈 제네랄은 기능이나 목적에 비추어, 어떤 의료 관념에도 연결되지 않는다. 로피탈 제네랄은 **질서**, 그 동일한 시대에 프랑스에서 조직되는 **군주제 및 부르주아 질서의 결정기관**이다. 로피탈 제네랄은 왕권과 연결된 **시민통제의 권력기관**으로 자리매김된다. … 게다가 이 구제기관들은 원호援護, assistance와 동시에 억압의 기능을 수행한다. 따라서 가난한 사람들을 구제하는 것이 목적이면서도 거의 모든 곳에 감방과 유치 구역이 설치되어 있다. … 중세에 나환자의 격리가 이루어진 것과 어느 정도 비슷하게, 고전주의 시대에는 수용이 구상된 것이다. 유럽세계에서 나환자가 사라짐에 따라 비는 장소는 새로운 인물의 차지였다. 그들은 '피수용자'이다. … 수용활동 역시 단순하지 않다. 여기에서

도 정치, 사회, 종교, 경제, 도덕에 관련된 여러 가지 의미가 발견된다. 실제로 이러한 현상은 유럽 전체의 현상이다. … 이것들은 고전주의 시대만큼이나 보편적이며, 고전주의 시대의 출현과 동시대적이다. … 몇 년 사이에 하나의 전체적 조직망이 전 유럽으로 확산되었다"(61-66; 118-129).

"로피탈 제네랄은 의료기관이 아니다. 로피탈 제네랄은 기존의 권력기구들과 나란히 사법기관의 외부에서 결정을 내리고 판결을 내리고 집행하는 준 사법 기구, 일종의 행정단위이다. … 거의 절대적인 지배력, 항소가 불가능한 재판권, 어떤 것보다 우선하는 집행권이 로피탈 제네랄에 부여되었다. 로피탈 제네랄은 왕이 내치와 사법 사이, 법의 한계 지점에 세우는 기묘한 권력 기구, 즉 **제3의 억압기관**tiers ordre de la répression이다"(60-61; 120-121).

이 표현을 잘 기억해 두자. 로피탈 제네랄은 '사법과 내치 사이에 존재하는 제3의 억압기관'이다.

3) 내치와 고전주의 시대

푸코가 로피탈 제네랄을 '제3의' 억압기관이라고 부른 것은 로피탈 제네랄이 내치와 사법의 사이에 존재하는 행정기관이기 때문이다. 사법은 쉽게 이해할 수 있으나, 내치는 조금 낯선 개념일 수 있다. 그런데 이 **내치**內治, police의 개념이야말로 로피탈 제네랄, 나아가 『광기의 역사』, 넓게는 이후 『감시와 처벌』로 이어지는 푸코의 권력 관련 논의를 이해하는 데 필요불가결한 핵심적 역사 개념이다. 오늘날 대한민국의 우리는 내치로 번역된 원어인 불어가 police이므로 오늘날 영어의 police, 일본어로 경찰警察이라 번역된 행정의 특정 부분을 연상할 수도 있으나, 15-16세기 이래 사용된 내치의 개념은 이보다 훨씬 폭넓은 것이다. 푸코는 1975년의 저작 『감시와 처벌』에서도 내치를 언급한다. 이후에도 푸코는 1977-1978년 콜레주 드 프랑스 강의 『안전·영토·인구』, 1978-1979년 『생명관리권력의 탄생』 등에서 내치의 개념을 언급한다. 특히 『안전·영토·인구』가 내치의 개념을 상세히 다루고 있는데, 이 강의에서 푸코는 '여러 힘이 경쟁하는 자에서 새로운 **통치술**art de gouverner이 갖는 특징적인 거대한 기술적 총체' 중 '내치'를 두 번째로 들면서,[16] 내치 개념이 역사적으로 몇 가지

---

16 첫 번째는 '당시 이미 유럽의 균형이라고 불리고 있던 것을 유지하기 위해 필요충분한 절차로 이뤄진 총체', 요컨대 '국가들 간의 여러 힘의 구성이나 상쇄를 조직하고 정비하는 기술'이다. 그 조직과 정비는 '다국 간의 항구적 외교'와 '직업으로서의 군대조직'이라는 '두 가지 도구'를 준비하는 것으로 이루어진다(Michel Foucault, *Sécu-*

변형을 겪었다고 말한다. 푸코가 다루는 것은 17세기 이후 본격화되는 이른바 '내치로서의 폴리스police'의 개념인데, 푸코는 우선 15-17세기에 이르는 '폴리스' 개념의 전사前史를 다음처럼 세 개의 시기로 구분한다.

"(이 시기) '내치'로서의 폴리스에 대해서 세 가지 점을 지적하고자 합니다. 첫 번째는 물론 이 단어의 의미에 대해서입니다. '폴리스'라는 단어는 15-16세기에 이미 빈번하게 발견되는데, 당시 이 단어는 몇 가지 점을 지시하고 있었습니다. 먼저 단적으로 공적 권위에 의해 지배되고 있는 공동체나 단체의 형식이 '폴리스'라고 불리고 있습니다. 뭔가 정치적 권력이나 공적 권위 등의 것이 행사되고 있는 인간사회를 일컫습니다. '국가, 영국領國, 도시, 폴리스' 같은 표현과 열거를 자주 볼 수 있습니다. 가족은 폴리스라든지, 수도원은 폴리스라는 용법은 사용되지 않습니다. 왜냐하면 공적 권위가 행사된다는 특징이 결여되어 있기 때문입니다. 그렇지만 이것은 일종의, 제대로 정의되어 있지 않은 사회, 공적인 것

rité, Territoire, Population. Cours de Collège de France. 1977-1978[이하 STP], Gallimard/Seuil, 2004, p.320; 미셸 푸코, 『안전·영토·인구. 콜레주드프랑스 강의 1977~1978』, 오트르망 옮김, 난장, 2011, 422쪽).

입니다. '폴리스'라는 단어를 이런 의미로 사용하는 것은, 대체로 17세기 초까지 이어집니다. 두 번째 역시 15-16세기의 일이지만 그야말로 공적 권위 아래에서 그런 공동체를 지배하는 여러 행위의 총체를 '폴리스'라고 불렀습니다. 그래서 '폴리스와 레지망 police et régiment'이라는 거의 전통적이라고도 말할 수 있는 표현이 발견됩니다. 마지막으로 '폴리스'의 세 번째 의미는 단적으로 적절한 통치의 결과, 실정적이고 평가의 대상이 되는 결과를 가리킵니다. 대략적으로 이상이 16세기까지 발견되는 다소 전통적인 세 가지 의미입니다"(STP, 320-321; 『안전·영토·인구』, 422-423).

그러나 17세기 중반에 접어들면서 '폴리스'의 개념에 근본적인 변화가 일어난다.

"17세기 이래로 적절한 국가질서를 유지하면서 국력을 증강할 수 있는 수단들의 총체가 '폴리스'라고 불리기 시작하는 것입니다. 바꿔 말하면, 폴리스는 국내질서와 국력증강 사이의 동적이지만 안정적이고 제어 가능한 관계를 확립할 수 있게 해 주는 계산과 기술을 가리키게 되는 것입니다. 원래부터 이런 대상과 영역을 거의 아우르는 단어, 적절한 국가질서와 국력증강과의 관계

를 나타내는 단어가 하나 있습니다. … 그것은 '장려함splendeur'이
라는 단어입니다. 내치는 국가의 장려함을 확보해야 한다는 것
입니다. … 장려함이란 무엇일까요? 그것은 질서의 가시적인 아
름다움인 동시에 자기를 표명하고 현시하는 힘의 위광이기도 합
니다. 내치의 이론가들 중 가장 위대한 인물의 저작에서 이런 유
형의 정의가 더욱 분석적인 방식으로 발견됩니다. 바로 요한 폰
유스티Johann Heinrich Gottlob von Justi(1720-1771)라는 독일인이 그
인물입니다. 폰 유스티는 18세기 중반 『내치의 일반적 요소들』에
서 (내치를) 이렇게 정의합니다. 내치란 '국내에 관련된 법이나 통
제'의 총체이며, '국력을 견고하게 하고 증강하는 일에 전념하고,
국력의 선용에 전념하는 것'이라고 말입니다. 국력의 선용이 내
치의 대상이라는 것이죠"(STP, 321; 『안전·영토·인구』, 423-426).

단적으로, 17세기 중엽, 곧 고전주의 시대 이래의 내치는 '국
내의 모든 일을 총체적으로 관장'하는 것, 역으로 말하면 '외교
와 국방이 아닌 모든 것'에 관련된 것이다. 폰 유스티의 『내치의
일반적 요소들Grundsätze der Policey-Wissenschaft』(1756)에 등장하는 다
음과 같은 정의는 이를 잘 보여 준다. "넓은 의미에서의 내치에
는 국내에 관한 모든 장치가 포함된다. 그것은 보다 지속적으로

국력을 견고하게 하고 증강시키기 위한 장치이다. 그것을 통해 국력이 선용되고 신민의 행복이 갖춰지게 된다. 즉 그것들의 관리방식에 의해 국가의 행복이 결정되는 한에서 통상과 학문, 도시 경제, 그리고 농업경제, 공업관리, 삼림 등이 내치에 포함된다."[17] 이러한 포괄적인 정의는 역사적으로 '내치'의 개념으로부터 오늘날 행정·내무·경찰(치안)·보건·복지, 나아가 재정·산업·통상·조세 등의 영역이 직간접적으로 파생되어 나온 이유를 설명해 준다. '내치'는 당시 형성되고 있었던 유럽 근대국가의 (외교와 국방을 제외한) 전 영역을 통제·관리하려는 전면적 통치기구의 이념적 표현이다.

로피탈 제네랄은 국가의 '장려함'을 위해 설치된 내치기관이며, 무엇보다도 그 장長이 수용자들에 대한 사법과 행정의 전권을 갖는 수용시설이다. 로피탈 제네랄의 목적은 피수감자, 보다 넓게는 국민의 통제와 관리를 위한 수용시설, 푸코의 표현을 따르면, '이미 구성된 권력 기구들과 나란히, 재판소 밖에서 결정하고 판결하며 집행하는 반사법조직이자 일종의 행정단위', 달리 말해, '사법과 내치 사이에 존재하는 제3의 억압기관'이다. 그

---

17 STP, 337; 『안전·영토·인구』, 426.

리고 이는 우연이 아니다. 로피탈 제네랄의 설치를 명한 프랑스 1656년의 조례는 내치 행정관의 설치를 명한 조례와 동시에 포고되었다. "대규모의 구제기관, 수용시설, 종교 활동과 공공질서의 유지, 구제와 처벌, 자선과 내치 계획이야말로 **고전주의 시대의 본 모습**이다. 즉, 고전시대만큼 보편적이고, 고전주의 시대의 출현과 거의 동시대적이다"(64; 126). 이는 다시 한 번 우연이 아니다. 사실상 이들 현상과 고전주의 시대의 성립은 양자 사이의 선후, 또는 인과관계를 따질 수 없는 동시적·상관적 현상이다. 고전주의 시대의 본질은 수용이다. 이런 의미에서 내치기관이자 수용기관으로서의 로피탈 제네랄은 고전주의의 상징 자체이다.

4) 종교적 경험에서 도덕적 개념으로

수용기관으로서의 로피탈 제네랄이 당대 유럽 사회의 가져온 인식의 변화는 심대한 것이다. 로피탈 제네랄에 감금된 이들의 면면을 보자. 매매춘 여성, 부랑자, 사기꾼, 마녀, 무신론자, 광인 등 오늘날의 눈으로 보면 이들은 감금되어서는 안 되거나, 혹은 설령 감금·수용된다 해도 같은 기관에 가두어서는 안 되는 이들이다. 광인과 범죄자, 부랑자를 같은 기관에 수용해도 되는 것일까? 로피탈 제네랄에 강제 수용된 이들의 공통점은 무엇일까? 이들의 공통점은 단 하나, **한 사회가 규정하는 '정상'의 바깥으로 규정되는 자들**이라는 점이다. 그러나 푸코의 논의는 조금 더 섬세하다. **한 사회는 자신의 바깥을 규정함으로써 자신의 안쪽을 만들어 낸다.** 나는 '내가 아닌 것이 아닌 것'이다. 달리 말해, **한 사회는 자신의 타자를 규정함으로써 상관적 존재로서의 자기 동일자 곧 정체성을 만들어 낸다.** 유럽 근대 사회는 로피탈 제네랄에 수용된 자들로 대표되는 자신의 '타자들'을 발명함으로써 자신의 정체성, 곧 자신을 발명했다. 전체로부터 타자를 배제하는 행위와 자신의 본질을 발명하는 행위는 동전의 양면과도 같다. 동일자와 타자는 동시적·상관적으로 구성된 **쌍둥이들**이다. 이러한 논리는 '내가 정상이므로 나와 다른 네가 비정상'이라는 논리보다는, 차라리 '네가 비정상이므로 나는 비정상이 아니라'는 논리에 가깝다. 푸코는 데카르트의 『성찰』이 바로 이런 논리를 따르고 있다고 본다. 데카르트의 논리는 이렇다. **나는 미치지 않았다. 그러므로 나는 이성적이다.** 달리 말하면, 나는 비정상이 아니다. 그러므로 나는 정상이다. 나아가, 이 논리는 이렇게 변주된다. 그는 미쳤다. 그러므로 그는 이성적이 아니다. 광기와 이성은 서로의 여집합으로 설정되었다. 데카르트 논리의 필연적 귀결은 다음이다. 이성적인 자는 미칠 수 없다. 미친 사람은 이성적이지 않다. **광기/이성**의 구분이 **광인/이성적인 자**의 구분으로 확장·변형되었다. 푸코는 우리에게 묻는다. 이러한 확장·변형은 타당한 것일까? 이성적인 사람은 미친 생각을 할 수 없을까? 미친 사람은 합리성을 전혀 가지지 않을까?

이러한 인식의 논리는 쉽게 도덕에 관련된 논리로 확장될 수 있다. 다음과 같은 경우를 생각해 보자. 가령, 내가 참으로 선하고 정의로운 자라고 말하기는 쉽지 않으나, 네가 악하고 부정의한 자라고 말하는 것은 상대적으로 훨씬 쉽다. 나는 '악하고 부정한 네가 아닌 자', 달리 말해 '(상대적으로) 선하고 정의로운 자'이다. 이는 기본적으로 인식으로부터 도덕이 파생되는 논리처럼 보이지만, 실은 인식과 도덕이 함께 생성되는 논리, 서로를 따르는 논리라고 말해야 한다. 그리고 유럽의 고전주의 시기, 수용의 시대에 횡횡한 것은 **분리 불가능한 방식으로 얽혀 있는 '인식/도덕'의 동시적 확장**이다.

이러한 "수용방안의 실천은 빈곤에 대한 새로운 처방이자 새로운 각오이고, 더 넓게는 인간의 삶에 있을 수 있는 비인간적인 것에 대한 인간의 또 다른 관계 설정을 가리킨다"(67; 130-131). 이미 르네상스 시대는 가난의 신비로운 특성을 제거했다. 루터

Martin Luther(1483-1546), 그리고 칼뱅Jean Calvin(1509-1564)의 **예정설**豫
定說, prédestination이 지배하는 새로운 세계에서 가난은 극복의 대
상이 아니라, 벌이다. 이제, "가난은 징벌을 가리킨다"(68; 131).
나아가, 자선에 대한 루터의 거부는 상당한 영향력을 미쳤을 것
이다. 이 시대 새롭게 나타난 그리스도교의 새로운 형식, 적어도
루터의 프로테스탄트교는 가난을 극복해야 할 대상으로도, 구
제의 대상으로 바라보지 않는다.(칼뱅주의는 상대적으로 자선에 좀 더
관대하다.) 이런 상황에서,

"구제의 과업을 맡게 되는 것은 이제 교회가 아니라 도시와 국가
이다. … 도시와 국가에서 가난하고 무능력한 사람들 전부를 다
시 책임짐으로써, 빈곤에 대한 새로운 이해방식이 생겨난다. 즉,
고통의 찬양이나 가난과 자선에 공통된 구원에 관련되지 않는 비
장한 느낌의 경험이 생기게 된 것이다. 이 경험은 인간에게 사회
에 대한 새로운 의무만을 부여할 뿐이고 비참한 처지의 사람들
에게 드러나는 무질서의 결과와 질서의 장애를 동시에 보여 준
다. 그러므로 이제는 빈곤을 완화시키면서 빈곤을 고양하는 것
이 문제가 아니라, 아주 간단히 빈곤을 제거해 버리는 것이 문제
가 되는 것이다. 있는 그대로의 가난에 관계되는 자선은 가난과

마찬가지로 **무질서**이다. (따라서 이제) 빈곤에 대한 배려는 사법관에게 맡겨져야 하고, 사법관은 주州들을 나누고 소교구들을 합치며 (수용이) 강제되는 로피탈 제네랄을 설립해야 할 것이다. … 이제 빈곤은 굴욕과 영광의 변증법적 관계가 아니라, 무질서를 죄의 범주에 포함시키는 **질서와 무질서의 특정 관계** 속에 놓이게 된다. … 사람들은 빈곤을 신성화하는 **종교적 경험**expérience réligieux에서 빈곤을 정죄하는 **도덕적 개념화**conception morale로 슬그머니 넘어간다"(69-70; 133-135).

국가가 종교를 대체하고, 무질서가 죄를 대체한다. 스스로를 질서와 동일시하는 도덕이 속죄의 종교를 대체한다. 종교가 영혼에 관심을 가지듯, 국가는 신체에 관심을 갖는다. 이러한 생각은 훗날 과르디아Guardia의 다음과 같은 말 속에서 그 상징적 표현을 얻는다. "**건강이 구원을 대치한다**la santé remplace le salut."

가톨릭 교회 역시 1656년 루이 14세가 포고한 로피탈 제네랄의 설치와 대감금을 승인한다. 1670년에 작성된 사제 뱅상 드 폴의 서한에 따르면, 이제 모든 그리스도인은 가난한 사람을 "동정심의 원인인 물질적 빈곤 때문이라기보다는 혐오감을 자아내는 **영적인 비참** 때문에 **국가의 쓰레기 같은 존재**"(71; 137-138)로 바라본다. 그에 따라, 자선의 위상도 변화한다. 중요한 것은 이제 빈곤이 이전 시대와는 달리 영적 비참이자, 도덕적 결함, 무질서의 원인이자 결과로서 조명된다는 것이다. 핵심은 가난한 자가 도덕적 주체, 곧 부도덕한 자로 간주된다는 사실이다. 푸코는 묻는다.

"자선은 법에 의해 뒷받침되는 **국가적 책무**로, 가난은 공공의 질서를 해치는 **범법행위**로 변화되는 것이 아닐까? … 모든 수용자는 윤리적 가치 평가의 대상이 됨으로써 실로 인식이나 연민의 대상이기 이전에 **도덕적 주체**로서 취급된다. … 그리스도교도에 대해 빈곤이 여전히 자선의 계기라고 해도, 그리스도교도는 이제 **국가의 질서와 예측에 따라서만** 빈곤문제에 개입할 수 있다. 빈곤에 의해서는 빈곤 자체의 결함만이 입증될 뿐이며, 빈곤이 나타나는 것은 **죄의식**의 범위 내에서이다. 빈곤을 줄이는 것은 무엇보다도 빈곤을 **회개悔改**의 영역으로 편입시키는 것이다"(71-74; 137-140).

이러한 빈민구제의 국가 전담, 공적 조직화는 빈곤을 종교적 영역에서 죄의식의 영역, 곧 도덕적 지평으로 옮겨 놓는다. 이것은 가난을 바라보는 근본적 관심·관점의 변화이다. 이제 가난한 사람은 도덕적으로 악한 자, 국가와 사회에 해를 끼치는 자이다. 그리고, 푸코에 따르면, 이러한 빈곤의 격하, 곧 **빈곤의 사회화**야말로 고전주의 시대 광기의 감금을 가능하게 만들어 주는 첫 번째 주요한 고리이다.

"광인이 신성한 사람이라면, 그것은 무엇보다도 광인이 중세의 자선과 관련하여 빈곤의 모호한 세력권에 포함된 존재이기 때문이다. … 17세기에 광기가 '신성을 잃은' 듯한 것은 우선 빈곤이 **도덕의 지평**에서만 지각됨으로써 빈곤의 위세가 실추되었기 때문이다. 이제 광기는 로피탈 제네랄의 벽들 사이에서만, 모든 가난한 사람 옆에서만 환대를 받을 것이다. 18세기 말에도 여전히 우리는 광기를 로피탈 제네랄의 벽들 사이에서 발견하게 된다. 광기에 대한 새로운 이해방식이 생겨났다. 이 이해방식은 더 이상 종교적인 것이 아니라 **사회적인** 것이다. 중세의 인간적 풍경 안으로 광인이 친숙하게 나타난 것은 광인이 다른 세계로부터 온 사람이기 때문이었다. 이제 광인은 도시민들의 질서에 관련된 '내치' 문제의 바탕 위에서 뚜렷이 부각되는 존재가 된다. 예전에 광인이 사회에 받아들여진 것은 그가 다른 곳에서 왔기 때문이다. 그러나 이제 광인이 배제되는 까닭은 그가 바로 이곳에서 생겨난 존재이기 때문이다. 그리고 가난한 사람, 궁핍한 사람, 부랑자 사이에 끼기 때문이다. … 광인은 **사회공간의 배치**ordonnance de l'espace social에 혼란을 불러일으킨다. 이제부터 광기는 빈곤의 권리와 영광을 잃고, 가난 및 무위도식과 더불어 아주 무미건조하게 국가의 내재적 변증법의 논리 속에서 출현한다"(74; 140-142).

변화한 것은 광기도 광인도 아니다. 광기와 광인의 위상, 광기와 광인을 바라보는 시선, 곧 광기와 광인이 주어진 **사회공간의 질서**이다. 이러한 변화의 이유는 자선도 온정도, 심지어는 의학적 진보도 아니다. 그것은 우선 단적으로 노동의 필요성이다. 유럽의 17세기 중엽에는 중세 봉건제가 무너지고 **초기 자본주의**의 형식과 윤리가 생성되고 있었던 것이다.

"17세기 전 유럽에서 공통된 징후가 발전되는 대대적인 수용현상은 내치의 문제인데, 고전주의 시대에 내치라는 이 낱말은 매우 구체적인 의미, 즉 '일하지 않고 살아갈 수 없는 모든 이에게 노동을 가능하고 동시에 불가피한 것으로 만드는 조치들 전체'라는 의미를 띤다. 수용을 불가피하게 만드는 것은 **노동의 절대적 필요성**이다. 단지 무위도식에 대한 정죄만이 강조되는 곳에서 우

리는 인류애에 입각하여 질병을 퇴치하려는 온정의 징후를 읽고
자 할 것이다. '감금'의 초기 상황과 로피탈 제네랄의 창설이 명시
된 1656년 4월 27일의 칙령을 재론해 보자. 이 기관의 임무는 '**모
든 무질서의 원천으로서의 구걸과 무위도식'을 막는 것**이라 단호히 규정
된다. … 수용은 임금 하락, 실업, 화폐의 품귀현상, 아마도 에스
파냐 경제 위기에서 서구세계 전체에 영향을 미치는 경제 위기에
대한 17세기의 반응들 가운데 하나이다. … 위기의 시대가 아닐
경우, 억압의 기능에 더하여 유용성의 기능이 덧붙여진다. … 그
러나 콜베르가 로피탈 제네랄에 부여하고 싶어 했던 경제적 의미
는 18세기 이래 지속적으로 소멸하게 된다. 결국 이 의무노동 시
설은 무위도식의 특권적 장소로 변화되고 마는 것이다. "이 무질
서의 원인은 무엇인가?" "그것은 무위도식이다. 무위도식을 막을
수 있는 수단은 무엇인가? **노동**이다"(75-82; 142-152).

그러나 푸코가 노동의 필요성을 위해 무위도식을 단죄하는 사
회경제적 해석에서 멈추었더라면 그는 그저 착실한 또 한 명의
마르크스주의자로 머물렀을 것이다. 푸코는 그러나 곧이어 정
통 마르크스주의 담론을 넘어서는 또 다른 해석을 제시한다. 그
것은 **도덕적 통제**의 담론이다. 고전주의 시대의 노동은 경제적

효용성이 아닌 **도덕적 효과**를 노린 정책의 결과이다.

"노동에 고유한 것으로 여겨지는 그 빈곤 퇴치의 효과로 말하자면, 고전주의적 사유에서는 그것이 노동의 생산력이라기보다는 오히려 노동의 어떤 **도덕적 매력**에서 기인한다. 노동의 효율성이 인정되는 것은 노동의 토대가 **윤리적 선험성**에 있기 때문이다. … 수용시설에서 노동은 이처럼 윤리적 의미작용을 보여 준다. 즉, 게으름이 반항의 절대적 형식으로 여겨졌기 때문에, 일이 없는 사람들에게 노동은 유용성도 이득도 없는 노역으로, 막연한 여가 활동의 형식으로 강요된 것이다. … 고전주의 시대에 들어와 역사상 처음으로 광기는 무위도식에 대한 윤리적 단죄를 통해 인식되고, 노동 공동체로 확고해진 사회의 내재적 존재로 인식된다. 이 노동 공동체는 윤리적 분할의 권한을 획득하여, 사회에 불필요한 모든 형식을 마치 다른 세계에 속하는 것인 양 배척할 수가 있다. … 로피탈 제네랄은 **윤리적 지위**를 갖는다. 그 원장이 맡고 있는 것은 바로 이 **도덕적 책무**로서, 원장들에게는 억압의 사법적 물질적 도구 전체를 사용할 권한이 주어진다. … 노동의 의무는 윤리의 실천과 동시에 도덕의 보증이라는 의미를 띠게 된다. 노동은 금욕, 처벌, 마음가짐의 표지와 같은 가치를 갖게 된다. 일할 수 있고 일하고 싶어 하는 수인은 석방될 것이다. 이는 그가 또 다시 사회에 유용하게 되었기 때문이 아니라, 그가 **인간생활의 위대한 윤리계약**에 또 다시 속하게 되었기 때문이다"(82-87; 153-159).

이제 인간은 신학적 존재이기 이전에 도덕적 존재가 되었다. 도덕적 존재란 그가 사회적 존재라는 말이다. 물론 당대의 형식은 종교가 도덕과 사회를 보증하는 것으로 간주되어 있었지만, 핵심은, 그것이 종교이든 도덕이든 또 혹은 사회이든, 이 모든 것이 자연과 사회의 **유일한 올바른 해석**, 곧 '**사실**'에 근거한 것으로 제시되어 있다는 점이다. 이 '사실'이 이제 '**본질**'을 규정한다. 달리 말해, 변화한 것은 인간의 본질, 세계의 본질이다. 곧 **사물의 질서가 변화한 것이다.**(물론 오늘날의 우리는 이를 사물의 질서가 아닌, **사물의 질서를 바라보는 그들의 관점**이 변화한 것이라 말하겠지만, 그들에게 양자 사이에는 아무런 차이도 존재하지 않았다.) 이러한 인식이 가져온 핵심적 변화는 당대 '내치'의 관점에서 이해되어야만 하는 **도덕의 행정화**, 곧 **도덕을 국가와 사회가 관리해야 할 현상으로 바라보는 시각**이다.

"행정결정에 의해 도덕이 맹위를 떨치는 속박의 장소가 이처럼 생겨난 것은 중요한 현상이다. 역사상 처음으로 도덕적 의무와 민법 사이의 놀라운 종합이 이루어지는 **도덕성의 기관**이 설립된다. 이제는 국가 질서가 감성感性의 무질서를 용납하지 않는다. … 도덕률은 **사회의 종합적 차원에서** 시행될 수 있다. **도덕이 상업이나 경제처럼 관리된다.**

미덕도 하나의 국사國事이고, 미덕을 유지하기 위해 명령을 내리고 미덕이 확실히 존중되도록 하기 위해 국가기관을 수립할 수 있다는 관념, 부르주아지의 관념이자 나중에 공화주의자들의 이념이 될 이 중요한 이념은 이런 식으로 절대왕정의 제도 속으로, 오랫동안 절대왕정의 전횡에 대한 상징으로 남아 있던 제도 속으로 파고든다. … 17세기에 부르주아지가 의식적으로 꿈꾸기 시작하는 도덕국가, 대번에 벗어나고 싶어 할 이들을 위해 마련된 도덕국가(,) … 부르주아 국가의 그늘에서 탄생하는 **이 기묘한 선善의 공화국**은 악에 속한다고 의심받는 모든 이에게 강제로 부과된다. … 이러한 기관들에서는 질서가 미덕에 꼭 들어맞을 수 있다는 것을 증명하려는 시도 같은 것이 있게 마련이다. 이런 점에서 감금에는 **국가 형이상학**과 동시에 **종교 정치학**이 감추어져 있다. … 고전주의 시대에 수용시설은 —완벽한 국가 건설을 위한 세속의 종교적 등가물로 이해되었던— 그러한 '내치' 개념의 가장 치밀하게 형상화된 상징이다"(87-90; 159-163).

이와 같은 고전주의 시대의 '새로운 이해방식', 곧 "맹위를 떨치는 비이성에 대한 이성의 승리가 사전에 마련되어 있는 상황에서 이성은 순수한 상태로 군림한다. … 이제 광기는 갇히고 고립되었으며, 수용의 요새에서 이성에, 도덕규범에, 그리고 도덕규범의 획일적 어둠에 묻혀 버렸다"(90; 164).

3. 교정적 세계|le monde correctionnaire

사법과 행정 사이에 존재하는 제3의 억압적 **내치** 기관으로서의 로피탈 제네랄의 목표는 사회 구성원 전반을 대상으로 하는 **도덕적 교정**이다. 1961년의 푸코는 아직 이런 용어를 사용하지 않지만, 이후 푸코는 이렇게 말하게 될 것이다. 내치는 정상을 발명하고, 모든 것을 정상화한다. 1970년대 초중반 이래 '중후기 푸코'의 적敵은 단적으로 **정상화**normalisation라고 말할 수 있다. 규격화, 규칙화, 획일화 등으로도 번역되는 이 용어는 한마디로 모든 것을 자신에 맞추어 교정하는 기준이다. 말하자면, 정상화는 자신을 기준으로 모든 것을 재단하는 **프로크루스테스**Procrustes

의 **침대**이다. 프로크루스테스는 그리스 신화에 나오는 악당으로, 자기 집에 들어온 손님을 침대에 눕히고 침대보다 키가 크면 다리나 머리를 자르고, 작으면 사지를 잡아 늘여서 죽였다. 프로크루스테스는 테세우스Theseus에게 똑같은 방식으로 머리가 잘려 죽었다. 푸코는 정상화 메커니즘의 목을 자르는 정치철학의 테세우스이다. 내치의 일환으로 수용을 시행한 기관 로피탈 제네랄은 무엇보다도 하나의 **사회 메커니즘**mécanisme social이다. 이 사회적 메커니즘은 **사회적 감수성**sensibilité sociale의 변화와 동시적·상관적으로 구성된다. 결국,

> "한마디로 이러한 (추방bannissement) 활동은 **소외**를 창출했다고 말할 수 있다.
> 이 점에서 이러한 추방과정의 역사를 되짚어 보는 것은 **소외의 고고학**l'archéologie d'une aliénation을 연구하는 것이다"(94; 168).

이 문장의 소외에 해당되는 불어는 aliénation이다. 이 aliénation이라는 단어를 프랑스어 사전에서 찾아보면 다음과 같은 다양한 의미가 나온다.

aliénation 여성명사

1. [법] (재산·권리 따위의) 양도(=cession)

2. [의학·심리] (일시적 또는 지속적인) 정신 이상aliénation mentale, 이
   성의 상실aliénation d'esprit.

3. (개인에 대한 집단적인) 반감aversion, 적대감hostilité

4. (권리 따위의) 포기abandon, 상실perte

5. [철학] (사회·공동체로부터의) 소외, 자기 상실.

『광기의 역사』에서 이 용어는 위 2번 및 5번의 의미로 사용되
었다. 이 용어는 의학적으로는 정신이상 및 착란déraison을, 철학
적으로는 소외疎外를 의미한다. 위의 문장에서 이 용어는 이 두
가지 의미 모두로 사용되었다. 이 책을 읽는 당시 프랑스의 지
성인들은 모두 이 단어가 헤겔이 사용한 독일어 Entfremdung
의 프랑스어 번역임을 알고 있었다. aliénation은 déraison이자
Entfremdung이다. 달리 말하면, aliénation은 의학적 착란이자,
철학적 소외이다. 적어도 1961년의 푸코는 두 개념을 같은 것으
로 바라보았다. 푸코는 후에 이러한 동일시를 하나의 오류, 혼동
으로 바라보게 된다.[18] 여하튼 1961년의 푸코는 정신이상, 착란
을 소외로 바라본다. 따라서 푸코는 『광기의 역사』가 이러한 소

외의 역사적 과정을 파헤치는 고고학을 수행하는 책이라고 말한다. 푸코에 따르면, 이러한 소외의 과정을 통해 구성된 것이 고전주의 시대의 새로운 광기 경험expérience de la folie이며, 그 핵심에는 **수용**internement의 실천이 놓여 있다.

"고전주의 시대의 도덕이라는 상상적 지형地形 속에서 수용의 공간이 창안됨으로써 육신에 대한 죄péchés contre la chair와 이성에 대한 과오faute contre la raison에 공통된 본향本鄕과 속죄의 장소가 고전주의 시대에 마련된 것이다. 광기는 죄와 인접하기 시작하고, **오늘날 정신병자가 운명으로 느끼고 의사가 본래적 진실로 파악하는 죄책감과 비이성(착란)의 연결 관계**parenté de la déraison et de la culpabilité는 아

---

18 이는 이후의 푸코가 『광기의 역사』를 전적으로 긍정하지는 않는 이유들 중 하나가 된다. 만약 착란이 소외라면, 그것은 극복되어야만 할 어떤 것일 수밖에 없다. 그러나 『광기의 역사』는 광기를 극복되어야 할 것으로 보지 않으며, 실은 그렇게 보아서는 안 된다는 주장을 펼치기 위해 작성된 책이다. 『광기의 역사』는 오히려 광기를 보존되어야 할 것, 또는 되살려야 할 것으로 바라본다. 따라서 이러한 용어의 혼동은 『광기의 역사』에 나타난 푸코 자신의 논리와도 배치되는 근본적 오류로 인지될 수밖에 없다. 푸코에게 1961년의 『광기의 역사』는 '전체적으로 미숙한 부분이 있고 부분적 오류가 있지만, 절판시키지는 않은 책'이다. 반면 1954년의 『정신병과 인격』은 '전적으로 부정되어 절판시킨 후 다시 쓴 책'이다. 그 '다시 쓴 책'이 책의 2부를 전면적으로 다시 쓴 1962년의 『정신병과 심리학』이다.

마 이 인접부에서 여러 세기에 걸쳐 맺어졌을 것이다. … **징벌과 치료의 이 같은 혼동**confusion du châtiment et du remède, **처벌 행위와 치료 행위의 이러한 유사 동일성**quasi-identité du geste qui punit et de celui qui guérit이 합리주의에 의해 가능해졌다는 것은 정말로 기이한 일이다. … 이런 식으로 억압은 육체의 치유guérison des corps와 영혼의 정화purification des âmes에서 이중적 실효성을 거둔다. 수용은 징벌과 치료châtiments et thérapeutiques라는 그 유명한 도덕적 치유책 remèdes moraux을 이런 식으로 가능하게 만든다. … **의학과 도덕 사이의 친족관계**parenté entre méicine et morale라는 주제는 아마 그리스 의학만큼 유구한 것일지 모른다"(100-101; 176-178).

오늘날의 우울증, 조현병 또는 정신질환을 앓고 있는 환자들 중 죄책감과 자책에 시달리고 있지 않은 사람을 찾기란 실질적으로 불가능한 일일 것이다. 따라서 죄책감과 자책은 실로 증상의 일부로 간주되고 있다. 이는 죄책감과 자책이 이러한 질환의 **필연적인** 구성요소로 간주되고 있다는 말, 그것이 이 병의 **본질**에 속하는 **불변의 상수**라는 말이다. 그러나 푸코는 이를 질환의 자연적 본성이 아니라, 질환의 인식과정에서 덧붙여진 우발적 사태, 유럽 사회의 **문화적 변수**, **역사적 구성의 결과**로 바라본다. 사실 『광기의 역사』 전체가 바로 이러한 주장을 논증하려는 거대한 기획이고, 1961년 플롱출판사에서 출간된 『광기와 비이성』의 초판이 '문명과 망탈리테Civilisations et mentalités' 총서에 포함된 것은 우연한 일이 아니다.

이어지는 페이지들에서 푸코는 광기와 성 현상sexualité 사이의 다양한 관계, 곧 동성애homosexualité, 남색男色, sodomie, 감수성感受性, sensibilité, 사랑과 비이성 및 광기의 관계를 간략히 다룬다. 이는 근본적으로 분할과 거부, 금지와 금기, 구속과 속박이라는 정치적 문제이다. 성은 근본적으로 도덕과 결부되어 있고, 모든 도덕적 문제가 그렇듯이 정치적 문제이다. 성과 도덕과 정치는 분리 불가능한 삼위일체를 이룬다(101-103; 178-181).

"(유럽의 경우) 근대는, 고전주의 이래, (플라톤 이래의 고대와는) 다른 선택의 여지를 확고하게 마련한다. 즉, 선택의 폭이 이성적 사랑과 비이성적 사랑 사이로 좁혀진다. 동성애는 후자에 속한다. 그래서 점차로 동성애는 광기의 성층成層들 사이에 자리를 잡고, 근대의 비이성 안에 배치된다. 우리의 시대에 결정이 끊임없이 되풀이되는 선택의 요구가 동성애로 인해 모든 성적 욕망sexualité (성 현상)의 중심에 놓이게 된다. 정신분석은 자신의 순진한 눈 아래 모든 광기가 혼란된 성적 욕망에 뿌리박고 있음을 간파했다. 그러나 이는 우리(유럽) 문화가 고전주의를 특징지은 선택을 통해 성적 욕망을 비이성의 분할선 위에 놓아 두었음을 의미할 뿐이다. 예로부터 언제나, 그리고 필시 모든 문화에서 성적 욕망은 속박 체계와 밀접히 관련되어 왔다. 그러나 오직 우리(유럽) 문화에서만, 그것도 비교적 최근 시기에 성적 욕망은 이성과 비이성 사이에서, 그리고 오래지 않아 당연한 귀결과 점진적 악화의 길을 따라 건강과 질병, 정상과 비정상 사이에서 그토록 엄정하게 분할되었다"(103; 180-181).

고전주의 시대에 이는 **가족** 범주의 새로운 경계설정을 통해 이전과는 다른 의미를 갖게 된다. "성 윤리가 가정 도덕에 대대적으로 흡수되는 현상은 이 시대(고전주의 시대)에 목격된다"(104; 182). 고전주의 시대에 이르러,

"서양의 유구한 사랑의 형식들은 가족에서, 가족 내에 생겨나는 새로운 감수성으로 대체된다. 가족의 질서와 가족의 이익에 합치하지 않는 모든 것은 **비이성의 질서**ordre de la déraison에 속하는 것으로서 이 감수성에서 배제된다. … 19세기에 이르면 개인과 가

족의 갈등은 사적인 일로 변할 것이고 심리적 문제의 형태를 취하게 될 것이다. 이와는 반대로 수용의 시대에는 가족이 **공공질서**ordre public와 관련된 문제였고, 가족 문제는 곧 일종의 **보편적 도덕규범**moral universel의 문제였으며, 따라서 모든 국가는 엄격한 가족 구조에 관심을 기울였다. 누구라도 가족에 해를 끼치는 자는 비이성의 인간이 되었다"(105-106; 183-185).[19]

『광기의 역사』가 펼치는 핵심적 주장 중 하나는 고전주의 시대에 일어난 이러한 광기의 비도덕화가 이후 근대 시기에 정신의학이 광기를 바라보는 기본 틀을 형성했다는 주장이다.

"고전주의 시대는 광기를 중심으로 일종의 **유죄성**culpabilté의 분위기를 형성하면서 일단의 단죄될 행동 모두를 하나의 범주로 묶었다. 정신병리학은 정확히 말해서 고전주의와 나란히 이루어진 이 모호한 예비 작업 덕분으로 성립된 것이므로, 좋은 패를 들고서 정신병에 섞인 이 유죄성을 재발견하게 된다. 그만큼 광기에 관한 우리의 과학 및 의학 지식은 은연중에 이에 선행된 **비이성에 대**

---

19 인용자 강조.

한 윤리적 경험의 성립에 바탕을 두고 있는 것이 사실이다"(106; 185).

고전주의 시대는 이전까지는 차라리 신성의 영역에 속하던 광기를 도덕성의 영역으로 새로이 설정했다. 문제가 달리 설정되면 답이 달라지듯이, 진단이 달라지면 처방도 다를 수밖에 없다. 광기에 대한 새로운 문제설정problématisation이란 광기에 대한 도덕적 문제설정, 곧 광기를 부도덕한 것, 또는 부도덕한 결과를 가져오는 근원으로 설정하는 것이다. 푸코에 따르면, 이는 유럽 문화에 근본적 변형을 가져온 사건이다. "사실상 예전에 성스러운 것이었던 것을 도덕영역으로 편입시키는 활동을 토대로 하여 인간학을 구축한 것은 아마도 지난 3세기에 걸친 서양 문화의 변화에 고유한 현상일 것이다"(109; 189). 이러한 현상의 핵심에는 광기에 대한 도덕적 문제설정이 있으며, 그 핵심은 죄의식의 내면화이다. "금기가 신경증으로 변환되는 과정의 중간단계가 있는데, 이 단계에서는 도덕적 책임, 곧 윤리적 관점에서 행해지는 죄의식의 내면화가 이루어진다"(111; 192). 광기의 도덕적 문제설정은 그 결과로 죄의식의 내면화를 가져오는데, 이때의 도덕은 고전주의 시대에 이미 질서의 관점에서 국가의 관리·통제를 받는 대상이다. 이러한 일련의 사실들과 국가가 관리하는 행정시설인 로피탈 제네랄에 의한 광기들의 강제 수용은 동시적으로 · 상관적으로 일어난 일이다. 신성모독을 행한 자들 역시 로피탈 제네랄에 감금된 사실은 사태의 이러한 측면을 잘 보여 준다.

"신앙은 질서의 한 요소이다. 이러한 명분 아래 신앙에 대한 감시 가 행해진다. … 무신론자나 불경한 사람에게 수용의 기능은 진 리에의 충실한 애착을 위한 도덕의 쇄신이다. 수용시설이 진리 를 위한 일종의 유치구역으로 기능하게 만드는 데 필요한 엄격한 도덕적 속박의 적용이 엿보인다"(113; 195).

광기의 도덕화가 주어主語를 갖는다면 그것은 차라리 **질서**일 것이다. 광기의 도덕화 과정은 **광기의 질서에로의 편입 과정**이다. 광기의 질서는 이성의 질서에 의해 질서가 아닌 것, 질서가 없는 것, 질서에 방해가 되는 것으로 규정되어 단죄된다. 광기의 도덕 화는 이성적 질서에 의한 **광기의 단죄 과정**에 다름 아니다. 이러 한 과정은 자연에 대한 해석의 독점 과정과 같은 과정이다. 나는 이를 이렇게 표현하겠다. **자연에 대한 해석의 독점이 권력 정당화의 근본 형식이다.** 광기가 질서가 아닌 이유는 광기가 유일한 자연적 질서 그 자체인 이성의 질서와 **다른 것**이기 때문이다.

"17세기에 이성과 비이성의 커다란 근본적 단절이 실현되면서 이성과 비이성의 통일성은 깨진다. 수용은 이와 같은 단절의 제도적 표현일 뿐이다"(114; 197).

이제 이 세상을 사회의 다수, 또는 차라리 지배자들과 **다르게 보는** 사람들 모두가 단죄의 대상이 된다.(사회의 지배자들은 정치적 지배자만이 아니라, 사회의 다수의견을 형성하는 사람들이므로, 이 지배자들은 소수일 수도 다수일 수도 있으나, 어떤 경우에도 이들은 세계에 대한 **배타적 해석권력**을 움켜쥐고, 자기와 다른 자들을 심판하는 자이다.) 사회의 지배자들과 달리 세상을 보는 사람들은 이제 비이성적이고, 비신앙적이며, 비정상적인 존재들로 낙인찍힌다. 그들은 세계를 '올바로' 바라볼 수 있는 '자연적 이성'을 상실한 인간들이기 때문이다. 그들은 자연으로부터, 이성으로부터 벗어났다. 그들은 한 마디로 정상이 아니다, 미쳤다. 광인으로 대변되는 비정상인들이란 **나와 다른 사람**, 보다 정확히는 **우리와 다른 사람들**을 의미하는 지칭이다. 그런데 정상적이고 이성적인 '우리'는 어떻게 비정상적이고 비이성적인 '그들'을 알아볼 수 있을까?

"그러나 어떤 지평 위에서 비이성이 지각되는 것일까? 물론 사회

현실의 지평 위에서인 것은 분명하다. 17세기부터 비이성은 더 이상 세상 사람들의 커다란 강박관념이 아니며, 또한 더 이상 이성의 모험을 구성하는 자연적 차원도 아니다. 비이성은 인간적 현상의 모습을 갖추고 있으면서, 사회인들의 장場에서 자연적으로 생겨난 **변종**變種의 모습이다. 예전에 사물들과 인간의 언어, 인간의 이성과 인간의 대지에서 필연적 위험요소였던 것이 이제는 인간의 형상을 갖는다. 더 정확히 말하면 인간이 아니라 인간들이다. 비이성적 인간들은 **사회가 식별하고 분류하는 유형들**이다. 즉 방탕한 사람, 낭비하는 사람, 동성애자, 마법사, 자살하는 사람, 자유사상가가 있다"(117; 202).

얼핏 보면, 고전시대 로피탈 제네랄에 감금된 사람들 사이에는 어떤 공통점도 존재하지 않는 것처럼 보이지만, 그들 사이에는 분명한 공통점이 있다. 그들은 여하한 이유로든 사회의 지배적 해석에 동의하지 않는 사람들, 사회가 설정한 지배적 정상성 범주의 바깥에 존재하는 사람들이다. 이러한 특성이 질서의 관념 아래 조명되는 도덕성의 관념과 결합될 때, 이는 **규범**規範, norme 의 문제가 된다. 광인, 비이성적 인간은 우주의 유일한 자연적 질서와 동일시되는 사회의 질서와 동일시되는 **사회적 규범의 관점 아**

래에서만 인식되고 분류된다. 광인은 달리 인식되지 않는다, 달리 인식될 수 없다. 광인은 처음부터 그렇게만 인식되도록 설정된 존재이기 때문이다. 이해를 위해 한 가지 예를 들어 보자. 한국에서 고등학교를 나오고 대학을 다니지 않은 사람이 있다고 할 때 누군가가 다음과 같이 물어보았다고 하자. "그 사람은 학교 어디 나왔어?" 이때 평범한 사람들은 이 사람에 대하여 다음과 같이 말할 것이다. "고등학교만 나왔지." 또는 "고등학교밖에 못 나왔지." 한국사람이라면, 말하는 이도, 듣는 이도 이것이 '대학교를 가야 하는데 못 갔다'는 의미를 갖고 있음을 이해할 것이다. 이것이 **담론효과**이다. 현재의 한국어에서는 '고등학교를 나왔다'는 사실이 사실 자체로 인식될 수 없으며 오직 처음부터 '고등학교밖에 못 나왔다'고 말하게 되는 언어이다. 현재의 한국어는 차별을 생산하고 재생산하는 하나의 **차별-기계**로서 기능하는 언어라고 말할 수밖에 없다. 미혼未婚(심지어는 비혼非婚조차도 그러하다), 미혼모, 미망인未亡人 같은 단어를 떠올려 보라. 이는 이미 단순한 사실 판단이 아닌, **규범적 판단**의 영역이다. 이러한 예는 그 외에도 무수히 많다. 광기는 그 자체로 인지될 수 없으며 오직 '이성의 여집합'으로서만 인식될 수 있을 뿐이다. 광인은 정의상 전혀 이성적일 수 없는 인간이다. 이성/광기의 분할은 '전혀 미치지 않았거나/완전히 미쳤거나' 또는 '완전히 이성적이거나/전혀 이성적이지 않았거나' 사이에 존재한다. 유럽인 푸코는 이렇게 말한다.

"우리(유럽) 문화에서 비이성이 이미 사전에 파문의 대상이 됨에 따라서만 인식의 대상으로 등장할 수 있었다는 것은 중요한 문제가 아닐까?"(120; 204).

인식의 대상이 된다는 것은 이미 인식의 특정한 틀, 특정 프레임에 의해서만 가능하다. '인식의 틀 없이는 인식 자체가 처음부터 불가능하다'는 칸트의 말, 보편적 인식 틀을 강조하던 칸트의 말은 이제 푸코와 만나 이른바 질서와 규범의 이름으로 행해지는 감시와 처벌의 메커니즘으로 작동하게 된다. 인식의 대상이 된다는 것은 이미 해부와 판단의 대상, 감시와 처벌의 대상이 된다는 것이다. 타인과 자신의 심리에 대한 분석은 그 자체로 일종의 심문審問이다. "객관성objectivité은 비이성의 고향, 그러나 징벌 같은 것이 되었다"(119; 204).[20] 이성에 의한 비이성의 대상화는 비

---

20 이때의 프랑스어 objectivité는 맥락에 따라 대상성(대상임), 중립성, 공정성, 사실성 등으로도 번역될 수 있는 용어이다.

이성의 예속화asservissement de la déraison에 다름 아니다(119; 205). 17세기 중반, 고전주의의 성립과 동시대적으로 설정되었던 이와 같은 문제틀problématique이 무너지는 것은 18세기 말에 근대가 성립되면서이다. 보다 정확히 말하자면, 광기에 대한 고전주의의 이해, 문제설정이 파괴되어야만 광기에 대한 근대의 새로운 이해가 설정될 수 있었다. 푸코의 세계에서, 고전주의의 파괴와 근대의 성립은 동시적·상관적 사건으로서 이해된다. 정신의학의 영역에서 이는 수용소에 수감된 광인들의 쇠사슬을 풀어 준 피넬과 튜크의 '해방' 이후의 일이다. 그러나 "17세기 중반 대감금에서 18세기 말 피넬과 튜크의 '해방'까지 150년 동안 '광기'라 불렸던 것에 대한 지평 구실을 했던 것은 고전주의 시대에 설정된 이와 같은 비이성이라는 경험이다"(122; 208).

4. 광기의 경험

프랑스에서 로피탈 제네랄이 창설되고 독일과 영국에서 최초의 수용소가 개설된 17세기 중반부터 18세기 말에 이르는 고전주의 시대는 **감금의 시대**이다. 고전주의 시대에는 방탕한 사람, 낭비벽이 심한 사람, 탕아, 신성모독자, '자살하려고 애쓰는' 사람, 자유사상가가 감금당한다.²¹ 오늘날의 관점에서 보면, 이들은 감금당해서는 안 되거나, 혹은 설령 감금당한다 해도, 같은 곳에 감금되어서는 안 되는 사람들이다. 이들을 감금한 것, 더구나 구분되어야 할 사람들을 같은 곳에 감금한 것은 고전주의 시대 사람들의 무지와 오류일까? 푸코는 아니라고 말한다. 이어지는 문장은 푸코의 『광기의 역사』가 펼치는 가장 핵심적 주장들 중 하나이므로 주의 깊게 음미해 보아야 한다.

"이 문제를 제기하기 위해서는 우리의 회고적 시선 때문에 어쩔 수 없이 발생하는 모든 왜곡을 받아들여야 한다. 우리가 광기의 가장 일반적이고 가장 미분화된 수용의 형태를 적용한 것은 광기의 실증적 징후에 계속해서 눈을 감아 버림으로써 광기의 **본질** nature을 인식하지 못했기 때문이라고 생각한다. 그리고 우리는

---

21 이어지는 문장은 다음이다. "파리에서 로피탈 제네랄에 수용하기 위해 체포한 사람 중 약 1/10은 '미치광이', '정신장애자', '발광한 정신'의 소유자, '완전히 미쳐 버린' 사람이다. 그들과 다른 사람 이들 사이에 차이의 표시는 전혀 없다. 등록부를 쭉 훑어보면, 그들이 동일한 이해방식으로 평가되고 동일한 조처로 배제된다고들 말할 것이다. 환자냐 아니냐, 정신병자냐 범죄자냐, '품행불량'으로 로피탈 제네랄에 들어온 자와 같으냐, 아니면 '아내를 학대했고' 여러 차례 자살하려고 한 자와 같으냐를 결정하는 일은 의학의 고고학(archéologies médicales)에 맡겨 놓자"(124; 211).

스스로 이 '몰이해méconnaissance'를, 또는 적어도 우리에게 몰이해 인 것이 무엇을 내포하는지를 알아보려 하지 않을 것이다. 사실 상 실질적인 문제는 정확히 **우리의** 구별을 확증하지 않는 것, 그 리고 우리라면 돌보았을 사람들과 우리라면 정죄했을 사람들을 동일한 방식으로 추방하는 그 판단의 내용을 결정하는 것이다. 그러한 **혼동**을 정당한 것으로 받아들이게 한 오류를 찾아내는 것 이 아니라, 이제는 우리의 판단방식에 의해 단절된 **연속성**을 정확 하게 따라가 보는 것이 중요하다. … 고전주의 시대에는 오직 수 용만이 있었을 뿐이고, 그 모든 조처에는 한 극단에서 다른 극단 까지 모두 동질적인 경험이 숨어 있는 것이다"(124-125; 212).

오늘 우리에게 로피탈 제네랄의 수용은 오류로 보인다. 오늘 날 광인과 범죄자, 무신론자와 매매춘 여성, 마녀와 부랑자, 동 성애자와 자유사상가, 성병환자와 가정폭력을 행하는 자를 함께 가둔다는 것은 상상할 수 없는 일이다.[22] 그렇다면 유럽 고전주 의 시대인들은 아직 인간과 사회, 자연과 질병에 대한 (우리와 같

---

22 "고전주의 시대에 광인은 비이성이라는 일반적 이해(의 틀) 속으로 사라진다"(135; 227).

은) '올바른' 인식을 갖지 못한 인간들이란 말인가? 실은, 냉정한 말이지만, 그럴 수도 있을 것이다. 푸코가 만약 이런 생각으로 이 책을 썼다면, 『광기의 역사』는 광기에 대한 올바른 인식에 점점 더 다가가는 인간의 역사, 곧 **정신의학적 인식에 있어서의 진보의 역사**가 될 것이다. 그러나 푸코는 그렇게 생각하지 않는다. 푸코는 고전주의 시대의 인식과 오늘날의 인식은 진보 곧 **우열**의 문제가 아닌, 단지 **다른** 인식의 문제일 뿐이라고 말한다. 이것은 좀 과한 주장이 아닐까? 이렇게 본다면 모든 것은 상대주의에, 그것도 강한 의미의 완전한 상대주의에 **빠지게** 되지 않을까? 그렇다면 푸코는 어떤 근거로 이런 주장을 펼치는 것일까? 푸코가 말하는 다른 인식, 곧 인식의 차이란 인식론적 장의 변형에 관한 주장이다. 변형되는 것은 주어진 특정 지역, 특정 시대의 인식을 생산하는 인식론적 장 전체이다. 변형되는 것은 간단히 말해 **기준 자체**이다. 시대마다 진위 판별의 기준이 바뀔 때, 달리 말해, 바뀌는 것이 기준 자체일 때, 이 시대들 또는 기준들을 가로지르는 보다 상위의 기준이 있을까?

이처럼 기준들을 가로지르는 보다 상위의 기준을 **메타기준** meta-criterion 또는 **보편적 기준** universal criterion 이라고 불러 보자. ('보편' 이란 바로 이런 의미의 '유일성'과 '필연'을 가정하는 개념이다.) 기준 자체가 바뀔 때(또는 바뀌는 것처럼 보일 때), 앞서의 논의와 관련하여 누군가가 펼칠 수 있는 가능한 주장은 다음 두 가지 중 하나일 것이다. 기준 자체가 바뀌므로, 이 기준들 사이의 일반적 우열을 논할 수 없다. 이것이 푸코의 주장이다. 또는 다음과 같은 주장이 가능하다. 물론 기준들 자체가 바뀌는 것처럼 보인다. 그러나 실은 이 바뀌는 것처럼 보이는 기준들의 배후에 존재하는 보다 상위의 기준이 존재하고, 이 기준은 바뀌지 않는다. 아마도 이 글을 읽는 독자들의 상당수는 평소 후자의 주장에 더 공감하고 있었을 것이다.(또는 '전자가 옳을 수는 없다'는 생각에 가까웠을 것이다.) 푸코의 주장은 보통 역사상대주의historical relativism라 불리는 주장처럼 보인다. 그러나 역사적 '절대/상대'의 이분법 자체를 동시적·상관적으로만 구성되는 하나의 쌍으로 바라보는 푸코는 엄밀히 말해 역사적 상대주의에 속하지 않는다.(푸코의 입장에서 보면, 이는 현재 비판적 검토의 대상, 곧 그것의 진위 여부 자체가 쟁점이 되고 있는 주장이 '옳다'는 것을 미리 가정하는 **논점 선취의 오류**에 불과하다.)

푸코의 주장은, 이어지는 유럽 르네상스와 고전주의와 근대의 시기에 광기를 바라보는 역사는 의학적 진보의 역사가 아니라, 단지 이전 또는 이후와 달리 광기를 바라보는 **차이의 역사**라는 것이다. 이 차이는 **관점**의 차이이자, **구조**의 차이이다. 광기는 각각의 시대마다 상이한 관점과 관심 아래, 상이한 방식의 인식 구조 안에서 상이한 기능을 수행했다. 푸코의 궁극적 관심은 오늘날 당연한 것으로 가정되는 광기의 이른바 '자연적·본질적' 특성들이 실은 역사적·정치적 구성물이며, 따라서 변경 가능한 것들임을 밝히는 것이다. 역사를 가로지르는 광기의 보편적·자연적, 생물학적·생리학적 특징이란 없다. 광기의 본질을 이루는 하나의 '보편적 상수universal constant'는 없다. 특정 시대, 특정 지역의 지배적 광기 인식을 규정하는 **역사적 변수들**historical variables만이 있을 뿐이다.(푸코는 물론 더 나아간다. 푸코에 따르면, 사람들로 하여금 역사적 상수들을 가로지르는 보편적 상수가 존재한 것처럼 믿게 만드는 핵심 근거는 '보편성'의 관념이다. 푸코가 말년의 대담에서 밝힌 것처럼, 푸코의 모든 저작은 바로 이 보편성이 '결코 보편적이지 않으며, 오직 역사적 구성물일 뿐'이라는 주장의 증명에 바쳐져 있다. **보편성은 결코 보편적이지 않으며, 오직 정치적일 뿐이다.**) 이 변수들은 주어진 시대와 공간 안에서는 일정 정도 마치 상수처럼 작용한다. 『광기의 역사』는 장소를 유럽으로 한정하여 1500년 이래 1960년대까지를 르네상스, 고전주의, 근대라는 세 개의 시기로 대별하여, 각각의 시대에 존재했던 역사적 상수들을 탐구하려는 책이다. 이 역사적 상수들을 푸코는 1966년의 『말과 사물』에서 **에피스테메**épistémè라고 부르게 될 것이다. 각각의 시대는 광기를 인식하는 자신의 고유한 변수들을 가지고 있다. 보다 정확히 말하면, 광기라는 보편적 대상이 초역사적·초공간적으로 존재하는 것이 아니라, 각각의 시대와 사회가 자신의 광기를 구성한다. 각각의 시대들 그리고 사회들만큼의 **광기들**이 존재한다.[23] 푸코는 1961년 『광기의 역사』 출간 직후 이루어진 대담에서 이렇게 말했다.

"광기는 야생sauvage의 상태로는 발견될 수 없습니다. 광기는 오직 특정 사회 안에서만 존재할 수 있습니다. 광기는 광기를 배제하고 포획하는 배척의 특정 형식들, 광기를 고립시키는 감수성의 특정 형식들 바깥에서는 존재할 수 없습니다. … 각각의 사회는,

---

23 말하자면, folia, dementia, madness, craziness, 狂氣, 狂 그리고 '미침'이란 말은 그저 동일한 하나의 대상을 지칭하는 다른 지칭들에 불과할까? 우리는 『광기의 역사』만이 아닌, 『광기의 문화』라는 책을 쓸 수 있을 것이다. 프랑스어 *L'Histoire de la folie*를 『광기의 역사』라고 번역할 수 있는 것일까? 가령, 『황제내경(黃帝內經)』과 『금궤요략(金匱要略)』, 『상한론(傷寒論)』 그리고 허준의 『동의보감(東醫寶鑑)』과 이제마의 『동의수세보원(東醫壽世保元)』에 있어서의 '狂'의 의미는 어떻게 다를까? 이들 사이의 인식의 차이가 (단순한 의학적 진보의 역사가 아닌) 우주관·세계관·인간관·질병관 및 사회·역사·정치관의 문제와 분리불가능하게 얽혀 있다는 것이 『광기의 역사』의 핵심적 주장이다. 『광기의 역사』의 영역본 제명은 *Madness and Civilization* 곧 『광기와 문명』이다.

결국, 자신에 걸맞는 광기를 가집니다."[24]

그렇다면 고전주의 시대 광기의 역사적 상수들은 어떤 것들일
까? 광인들을 감금한 이들의 서류에 가장 자주 등장하는 어휘,
그것은 무엇보다도 광폭狂暴함furieux, fureur이다. 이것은 그저 단순
한 형용사가 아니다.

"우리가 나중에 알아차릴 터이지만, '광폭함'은 법률학과 의학의
기술적 용어이고, 매우 정확히 광기의 형태를 가운데 하나를 가

---

24 DE I, 'La folie n'existe que dans une société'(1961), p.197. 이어지는 대담의 나머지 부
분에서 푸코는 『광기의 역사』를 다음처럼 요약한다. "우리는 이렇게 말할 수 있을
겁니다. 중세 그리고 르네상스에는 광기가 하나의 일상적 또는 미학적 사실로서
사회적 지평 안에 나타납니다. 그리고 17세기 이후, 수용(대감금) 이후, 광기는 침묵
과 배제의 시기를 지납니다. 광기는 자신이 셰익스피어와 세르반테스의 시대에 가
지고 있던 (신적) 현현(顯現)과 계시의 기능을 상실했습니다.(가령, 맥베스 부인은 미
치면서 진실을 말하기 시작했습니다.) 광기는 혼돈된 것, 거짓말을 하는 것이 되었습니
다. 마지막으로, 20세기는 광기를 세계의 진실과 관련된 하나의 자연현상으로 환
원하는 방식으로 새롭게 포획합니다. 이러한 실증주의적 포착방식으로부터, 한편
으로는, 모든 정신과 의사들이 광인과 관련하여 표명하는 경멸적 박애주의와, 다
른 한편으로는, 네르발로부터 아르토에 이르는 시(詩)에서 볼 수 있는 거대한 서정
적 항의의 목소리, 대감금 이후 광기가 박탈당했던 깊이와 계시의 능력을 광기의
경험에 되돌려주려는 노력에 다름 아닌 항의의 목소리가 나타납니다"(같은 곳).

리킨다. … 이 낱말이 겨냥하는 것은 **무질서**désordre, 행동과 감성의 무질서, 품행과 정신의 무질서, 일종의 미분화된 무질서의 영역, 가능한 정죄定罪 이쪽에서 나타나는 위협적 격분의 영역 전체이다"(125; 212).

광폭함은 질서를 파괴하므로 감금되어야 한다. 그렇다면 로피탈 제네랄에 수용된 사람들은 당시 실제로 어떤 행정적 절차를 거쳐 수감되었던 것일까? 1667년 3월 프랑스에서는 로피탈 제네랄과 관련된 일반 업무를 수용하는 직책인 **내치 감독관**lieutenant de police직이 신설된다. 당시 대부분 파리 지역에서 이루어진 수용은 이 내치 감독관의 요청에 근거해서 이루어진다. 이에는 대신大臣이 함께 서명副署해야 한다는 유예사항이 붙어 있으나, 이는 요식 행위일 뿐 실제로 내치 감독관의 요청이 거부되는 경우는 거의 없었다. 1692년 이후, 가장 빈번하게 나타나는 수용의 근거는 명백히 왕의 **봉인장**封印狀, lettre de cachet이다(147; 237). 봉인장이란 감금 대상이 될 사람의 가족이나 주변사람이 국왕에게 수용을 청원하고 이에 대한 국왕의 윤허가 내려지면 그 대상자가 국가 행정기관에 의해 감금되는 제도적 장치이다. 이제 광기는 범죄, 무질서, 추문醜聞, scandale에 가까워진다. 광기의 존재 여부를 결정하고 격리시킬 수 있는 것은 실제로는, 과학 또는 의학이 아니라, 이러한 추문, 특히 **도덕적 추문에 민감한 의식**이다. 당시 봉인장의 발부 서류를 읽는 오늘날의 우리들이 광기 여부의 판정에 국가의 대표자보다 교회의 대표자가 더 많이 관여하는 듯한 인상을 받게 되는 것은 바로 이러한 이유 때문이다.[25] 금치산자

---

25 푸코는 역사학자 아를레트 파르주와 봉인장에 관한 연구를 수행하여 그 결과를 『가족의 무질서. 18세기 바스티유 문서에 나타난 봉인장』이라는 연구서의 형태로 발간했다(Arlette Farge et Michel Foucault, *Le Désordre des familles. Lettres de cachet des Archives de la Bastille au XVIIIe siècle*, Première parution en 1982, Edition revue en 2014, Collection Folio histoire (n° 237), Gallimard, 2014). 원서 뒷 표지에 실린 글의 요지는 다음이다. "구체제 하에서 봉인장은 이제까지 일반적으로 정적을 제거하기 위해 정당한 법적 절차 없이 수행된 권력의 자의적 적용을 위한 것으로 인식되어 왔다. 그러나 바스티유 문서들을 검토해 보면 봉인장은 전혀 다른 또 하나의 기능을 수행한다. 봉인장은 별도의 사법적 절차 없이 공장의 노동자, 매매춘 여성, 도둑, 사기꾼을 감금하는 기능을 수행한다. 나아가, 바스티유 문서에는 가족의 (강제구금 요청) 문서들이 존재한다. 이 문서들은 공공질서의 일부를 이루는 가족의 질서와 평안을 파괴하는 배우자 혹은 아들을 구금해 달라는 요청을 담고 있다. 아를레트 파르주와 미셸 푸코는 바스티유 문서에 대한 전혀 다른 독해를 제안한다. 봉인장은 군주의 분노만이 아니라, 이에 필적하는 인민 계층의 감정을 보여 준다. 이 문서들은 부모·자식 사이, 가족의 갈등에서 보이는 사적 삶의 섬세한 맥락과 가족의 무질서를 증언한다."
http://www.gallimard.fr/Catalogue/GALLIMARD/Folio/Folio-histoire/Le-Desordre-des-familles
대한민국에서도 '변형된 봉인장 제도'라 할 정신보건법 제24조 1, 2항이 2016년 9월 29일 헌법재판소에서 **헌법불합치 판정**을 받았다. 동 조항은 '보호의무자 2인의 동의와 정신과전문의 1인의 판단'이 있을 경우, 당사자의 동의 없이 대상자를 정신

禁治産者의 선고에는 의학이 아니라, 사법당국으로 대변되는 국가

병원에 강제 입원시킬 수 있는 제도였다. 이에 대해서는 〈법률신문〉에 실린 김재춘 변호사의 '2016 분야별 중요판례 분석―15. 의료법' 중 정신보건법 관련 부분을 참조하라. 관련 기사의 전문은 다음과 같다. "정신보건법 보호입원 관련 조항 위헌 결정(헌법재판소 2016. 9. 29. 선고 2014헌가9 결정). ① **사건개요:** 보호의무자 2인의 동의와 정신과전문의의 진단에 따라 정신의료기관에 입원조치된 신청인은, 정신질환자를 본인의 의사에 반하여 보호입원시킬 수 있는 정신보건법 제24조가 신체의 자유 등을 침해한다며 위헌법률심판제청을 신청하였다. 이에 해당 법원은 위헌법률심판을 제청하였다. ② **결정요지:** 현행 보호입원 제도가 입원치료·요양을 받을 정도의 정신질환이 어떤 것인지에 대해 구체적인 기준을 제시하지 않고 있는 점, 입원의 필요성에 대한 판단 권한을 정신과전문의 1인에게 부여함으로써 위 제도가 남용될 위험성이 큰 점, 사설 응급이송단의 정신질환자 불법적 이송, 감금 또는 폭행과 같은 문제가 빈번하게 발생하고 있는 점, 보호입원 기간 및 정신질환자의 권리를 보호할 수 있는 절차와 위법·부당한 보호입원에 대한 충분한 보호가 이루어지고 있다고 보기 어려운 점 등을 종합하면, 위 조항은 침해의 최소성 원칙에 위배된다. 또한, 위 조항은 정신질환자의 신체의 자유 침해를 최소화할 수 있는 적절한 방안을 마련하지 아니함으로써 지나치게 기본권을 제한하고 있으므로 법익의 균형성 요건도 충족하지 못한다. ③ **평석:** 위 조항에 근거한 보호입원은 정신질환자가 입원치료 여부를 스스로 결정할 수 없고 신체의 자유를 인신구속에 버금가는 수준으로 제한하기 때문에, 보호입원이 정신질환자 본인에 대한 치료와 사회의 안전 도모라는 긍정적인 측면이 있다 하더라도 신체의 자유 침해를 최소화할 수 있는 절차적 방안이 마련되어 있어야 한다는 판단이다. 다만 이 경우에도 전문가의 판단이 존중될 수 있는 제도적 마련 역시 필요할 것이다." 그러나 이에 대한 같은 신문의 보도 기사를 보면 다음과 같은 조항이 붙어 있다. "헌재는 다만 단순 위헌을 선고하면 보호입원이 필요함에도 법적 근거가 없어 보호입원을 할 수 없는 법적 공백 상태가 발생하는 점을 고려해 입법자가 개정할 때까지 해당 조항을 잠정 적용하도록 했다."(이순규 기자의 기사 〈[판결] 헌재 "본인 동의 없는 정신질환자 강제입원… 헌법불합치"〉, 2016년 9월 29일) 〈법률신문〉에는 이후 후속입법 조치 관련 기사가 현재와 가족의 의견이 결정적이다. 고전주의 시대의 수용에 관련된 법 해석의 관행에서는 정신이상자에 대한 의학의 영향력이 조금도 허용되지 않았으며, 오히려 수용과 광기는 '**전全사회의 이름 아래**' 관리·통제된다. 광기의 판정과 수용은 '사회적이고 거의 공적인 실천'이다(143; 238-239).

이러한 논의의 핵심은 다음이다. 이후 근대로 들어오면서 광기에 대한 면책 규정이 법적으로 확립되면서, "법적 주체로서의 인간은 정신이상의 정도에 따라 그 책임을 면책받지만, 사회적 존재로서의 인간은 광기로 인해 죄의식의 인접부로 끌려 들어간다. 그러므로 광기의 분석은 법에 의하여 한없이 섬세해질 것이고, 이런 관점에서 보자면, 정신질환의 의학이 정신이상 alienation의 법적 경험을 바탕으로 하여 성립되었다는 말은 타당하다"(144; 240). 이처럼, 사회인의 수용이 법적 주체에 대한 금지를 통해 조정된다는 것은 역사상 처음으로 정신이상의 인간이 무능력자인 **동시에** 광인으로 인정된다는 것을 의미한다(146;

까지 올라와 있지 않다. 후속 입법을 촉구한다.

참고로, 국내의 장애인 인권 증진을 위한 미디어 〈비마이너〉에서 '푸코'를 검색하면 박정수 연구원의 푸코의 문제의식과 연관하여 국내 정신의학의 상황에 관련된 다양한 문제점·이슈들을 다룬 시리즈 글이 뜬다. 일독을 권한다.

243). 이러한 논의를 통해 푸코가 파괴하려는 것은 말하자면 **정상인-자연인의 신화**이다.

"19세기의 정신병리학은 (그리고 어쩌면 우리 시대[20세기]의 정신병리학까지도) **자연인**homo natura 혹은 모든 질병 경험 이전의 정상인 homme normal을 기준으로 하여 설정되고 평가된다. 사실 이러한 정상인의 개념은 창안물이고, 정상인을 위치시켜야 하는 곳은 자연의 공간espace naturel이 아니라 **사회인**le socius을 법적 주체sujet de droit와 동일시하는 체계이며, 따라서 광인이 광인으로 인정되는 것은 ―광인이 질병으로 인해 정상상태의 가장자리 쪽으로 옮겨졌기 때문이 아니라― 광인이 우리(유럽) 문화에 의해 수용의 사회적 명령과 권리주체의 능력을 판별하는 법률적 인식 사이의 접점에 놓여 있기 때문이다. 정신병에 관한 '실증' 과학, 그리고 광인을 인간의 반열에 올려놓은 그 휴머니즘적 감정은 일단 이러한 종합이 이룩되고 나서야 가능했다. 이 종합은 이를테면 과학적이라고 자처하는 우리(유럽) 정신병리학 전체의 구체적 **아 프리오리**a priori를 형성한다"(147; 244).

푸코의 모든 논의가 귀착하는 지점은 다음과 같다. 정상인/비정상인은 동시적·상관적으로 탄생한 쌍둥이들이다. 비정상인을 정상인이 치료하는 것이 아니다. 비정상인을 치료하는 주체가 정상인이 되고, 정상인에 의해 치료대상으로 규정되는 자가 비정상인이 된다. 비정상인/정상인은 동시에 태어난 상관자들, 쌍둥이들이다. 이는 정신의학의 영역에서 의사-환자의 쌍에 대응되는데, 이는 넓게 보아 '사회인/비非·반反사회인'의 쌍에 해당된다. 이 모든 대립의 근거는 자연에 대한 해석의 독점, 곧 자연인/비자연인의 쌍, 곧 자연과 사회의 질서에 따르는 자들과 그렇지 못한 자들 사이의 대립이다. 그 궁극형식이 데카르트와 로피탈 제네랄로 상징되는 이성/비이성의 쌍이다. 그리고 이러한 대립은 유럽 고전주의 시대의 대분할 이후 유럽인들의 의식에 너무나도 뿌리 깊게 자리 잡은 나머지, 의사는 물론 환자마저도 자신을 비정상, 비이성, 비합리, 비자연의 존재로 바라본다. 그 결과, 대략 다음과 같은 일이 일어난다. 비정상인들에게는 콤플렉스가 생겨난다. 내가 정상이 아니므로 나는 열등하다는 의식, 다른 사람들보다 나아지기 위해서는 일단 다른 사람들과 같아져야 한다는 의식이 생겨난다. 기본적으로 타인과의 비교에서 성립하며, 타인들 곧 다수의 지배적 존재들과의 비교에서 성립하는 자기의식인 이러한 열등의식은 자신이 정상이 아니라는 콤플렉스의 원인이자 결과이다. 그들은 다수와 다르므로 동조자를 얻지 못한다. 따라서 스스로를 문제라고 인식한다. 이러한 현상을 지칭하기 위해 **정상 콤플렉스**complex of normality라는 용어를 사용할 수 있을 것이다. 정상 콤플렉스의 기본 형식은 다음과 같은 것이다. '나는 다른 사람들과 다르므로 정상이 아니다. 그러므로 그들과 같아져야 한다. 그런데 잘 되지 않는다. 그러므로 나는 (역시) 문제가 있다. 따라서 이러한 상태를 벗어나기 위해 정상인을 모델로 삼아 내 삶을 거기에 맞추어야 한다.' 쉽게 알 수 있듯이, 이는 실은 이른바 '사회적 적응'에 다름 아닌데, 이 적응의 모델이 정상인, 사회인, 자연인으로 가정되는 **의사**이다.(때로 의사-아버지로도 나타난다.) 푸코의 『광기의 역사』가 파괴하려는 것은 정상인, 사회인, 자연인의 모델로 기능하는 **의사의 이미지**, 보다 정확히는 **의사-환자라는 쌍**이다. 푸코는 이러한 이미지가 형성된 역사적·사회적 조건들을 드러냄으로써 그것의 필연성과 불가피성을 파괴한다. 이 모든 논의의 핵심에는 자연의 일부로 간주되는 질병, 곧 광기에 대한 **해석의 독점**이 놓여 있다. 광기는 이성과의 대비에 의해서만, 곧 처음부터 이성에 비해 열등한 것, 따라서 치료되어야 할 것으로서만 인식된다. 이성에 의한 광기 배제는 광기가 이성과 싸워 보기도 전에 패배하도록 되어 있는 게임의 규칙이다.

푸코의 『광기의 역사』는 필연적, 보편적, 자연적인 것으로 가정되었던 자연에 대한 기존 해석의 우발성 및 그것을 탄생시킨 실제적 힘-관계들을 드러냄으로써, 기존 해석의 독점적 지위를 파괴하고 **게임의 규칙**을 변형시키려는 노력이다.

5. 정신이상자들

"고전주의 시대의 이성이 탄생하는 것은 윤리의 공간 안에서이다"(157; 259). 푸코에 따르면, 이는 우연한 일치가 아니라 고전주의적 이성/광기 분할의 본질적 특성이다. 부도덕의 일종으로 인지되지 않는 광기란 없다, 혹은 거꾸로 말해, 거의 모든 부도덕은 광기의 일종이다. 18세기 초 아르장송 지방의 한 관리도 오늘날 우리에게는 전적으로 다르게 보일 수밖에 없는 한 여성에 대해 이러한 관점을 유지한다. "남편의 이름이 보두앵인 16살의 여성이 … 남편을 전혀 사랑하지 않으며, 자신을 규제할 수 있는 법은 없다고, 누구라도 자신의 몸과 마음을 자유롭게 소유할 수 있다고, 그러나 몸과 마음 중에 어느 하나만 주는 것은 일종의 범죄라고 공언한다." 이 여성을 심문한 내치 감독관은 오늘날 남아 있는 보고서에 이렇게 적는다. "나는 두 차례에 걸쳐 이 여자와 이야기를 나누었다. 여러 해 전부터 온갖 파렴치하고 우스꽝스러운 말에 익숙해져 있는 나조차도 이 여자의 논리에 놀라지 않을 수 없었다. 이 여자의 생각에 의하면 결혼이란 그저 하나의 시도일 뿐이다." 그러나 18세기 초 사람들은 이 여성을 감금해야 하는지 망설인다. 그러나 아르장송의 관리는 결국 이 여성을 결국 다른 정신이상자들과 똑같이 대우해야 한다고 결론짓는다. "나는 이 여성에 대한 수많은 엉뚱한 기행을 보고받고 결국은 그녀가 미친 것임에 틀림없다고 결론지었다"(151-152; 251-252). 푸코에 따르면, 이러한 '질병'은 이후 19세기에 **도덕성 장애**folie morale 라 불리게 될 것이다. 이 여성은 이성적인 인간이 가질 수밖에 없고, 또 가지고 있어야 할 '**정상적' 도덕관념의 심각한 부재**를 보여준다. 결론적으로 그녀는 '도덕적으로 문란'하다. 이제 광기는 **불량한 의지 및 윤리적 과오**와 연관된다(152; 252). 약 150여 년에 이르는 유럽 고전주의 시대 전체를 통하여 강화되어 간 것은 광기와 부도덕의 분리불가능성이다.

유럽 고전주의 시대 광기의 또 다른 특성은 동물성과의 연관이다. "광기의 이해를 인간이 동물과 맺는 관계의 상상적 형식과 연결 짓는 것은 아마 서양문화에 본질적이었을 것이다"(169;

276). 고삐가 풀려 버린 동물성은 **조련**dressage과 **우둔화**abêtissement 를 통해서만 제어 가능하다. 이제, 광기는 의학이 아니라, **교정** 矯正, correction의 대상이다(167; 273-274).[26] "죽음이 시간의 측면에 서 인생의 끝이듯, 광기는 동물성의 측면에서 인생의 종말이 다"(172; 281). 이처럼, "광기가 이해될 수 있는 것은 오직 비이성 과 관련해서일 뿐이다. 비이성은 광기의 매체이다. 오히려 비이 성이 광기의 가능 공간을 규정한다고 말해야 한다"(174; 284). "광 기는 한 지점에 모아진 비이성의 전체이다. 즉, 유죄의 낮과 결 백의 밤이다"(176; 286).

17세기 고전주의 시대의 광기를 이해하는 두 축은 윤리적 부 도덕성 그리고 동물적 광폭함이다. 19세기의 실증주의 정신의 학은 17세기 고전주의의 인식틀을 근본적으로 탈피하지 못했 다. 오히려 19세기 실증주의적 정신의학은 17세기 고전주의적 광기 이해의 틀을 과학성의 이름으로 더욱더 강고한 것으로 만

---

[26] 훗날 1978년의 한 대담에서 푸코는 이를 다음처럼 정리한다. "만약 정신의학이 19세기 이래 그토록 중요한 지위를 차지하게 되었다면, 이는 정신의학이 단순히 정신과 행동의 영역에 새로운 의학적 합리성을 적용해서가 아니라, 이를 넘어 **공공 위생**(hygiène publique)의 형식 아래 기능했기 때문입니다"('L'évolution de la notion d'⟨individu dangereux⟩ dans la psychiatrie légale du XIXe siècle [19세기 법(法)-정신의학에 있어서의 '위 험한 개인' 관념의 진화]'(1978) in DEQ II, 449). 인용자 강조.

들어 놓았다. 20세기 정신의학은 바로 이러한 19세기적 실증주의 정신의학의 세련화된 형태이다.

"우리 시대(20세기)의 정신의학도 마찬가지이겠지만, 19세기의 정신의학이 (일정 부분) 18세기의 관행을 폐지했고 18세기의 지식을 탈피했다 하더라도, 고전주의 시대의 문화 전체에 의해 새롭게 정립된 비이성과의 그 모든 관계를 은밀히 이어받아 변모시켰고 변위變位시켰다. 19세기와 우리 시대에 정신의학을 담당한 이들은 정신의학의 병리학적 객관성에 입각해서만 광기에 대해 말할 뿐이라고 생각했지만, 본래의 의도와는 달리, 그들은 (이전과 마찬가지로) 비이성의 윤리와 동물성의 추문이 여전히 깃들어 있는 광기만을 대상으로 삼았을 뿐이다"(177; 287).

4장
『광기의 역사』 ─ 2부

■ 서론

이제 우리는 적어도 유럽 문화에서 광기 및 광기에 대한 의식이 어떤 단일한 동질성을 갖는 실체가 아니라, 늘 변화하는 복수의 다양한 이미지와 언표들이 빚어내는 하나의 무더기임을 이해한다. 이 무더기 안에서 의미들은 언제나 부서져 내리고, 일관성은 사라진다. 그리고, 푸코에 따르면, 이 **비일관성**non-cohérence, **분산상태**dispersion, **파열된 현존**présence déchirée이야말로 모든 시대의 광기가 갖는 본질적 특성이다(181; 291).

푸코는 끈질기게 따라붙는 광기의 의식을 다음과 같이 네 가지로 구분한다. ① 광기에 대한 **비판적**critique 의식은 합리적인 것, 반성적인 것, 도덕적으로 현명한 것을 바탕으로 광기를 알아보고 가리킨다. 이것은 개념이 고안되기도 전에 전적으로 심판에 몰두하는 의식, '정의하지' 않고 '규탄하는' 의식이다. ② 광기에 대한 **실천적**pratique 의식은 사회적이고 규범적인 의식이며, 처음부터 견고하게 자신의 '옳음'과 타자의 '그름'을 확고히 가정한다. 이러한 의식은 우리 정상성의 범주 바깥을 선택한 당신들은 비정상을 선택한 것이고, 당신들은 따라서 미쳤다고 말하는 의식이다. ③ 광기에 대한 **언표적**énonciative 의식은 '저 사람은 미친 사람이다'라고 일말의 의심도 없이 즉각적으로 말하는 의식이다. 이러한 의식은 자신의 직관을 확신하는 의식, 자신의 신념에 따라 말하는 의식이다. 윌리엄 블레이크William Blake(1757~1827)의 "우리가 광인일 수 없는 이유는 다른 사람들이 광인이기 때문"이라는 말은 바로 이러한 의식을 가리킨다. ④ 광기에 대한 **분석적** analytique 의식은 광기에 대한 '객관적' 형태의 앎을 가능하게 만들어 주는 의식이다. 광기는 광기를 지배하는 시선에 당연히 종속된다(182~186; 292~298).

이는 고전주의 시대의 광기가 오성悟性, entendement의 영역, 보다 정확히는 오성의 결여에 종속되어 있다는 말이다. 오성은 메이지 시대의 일본인들에 의해 지성知性 또는 이해력理解力,

understanding이라고도 번역되었는데, 오성은 무엇인가를 '이해할 수 있는 능력'이다. 광인은 '이해할 능력을 갖지 못한 자'이다. "광기는 한편으로는 완전히 배제되고 다른 한편으로는 완전히 대상화되어, 스스로 또는 광기에 고유한 언어를 통해서는, 결코 **나타나지** 않는다. 광기 안에 모순이 살아 있다기보다는, 광기가 모순의 항목들 사이에서 분할된 채로 존속하는 셈이다. 서양 세계가 이성의 시대에 내맡겨져 있는 동안, 광기는 오성의 분열에 종속되어 있었다"(189; 302). 이처럼, "고전주의 시대에 비이성은 그 자체로 통일인 **동시에** 분열이다"(191; 305).

1. 종種들의 정원에서의 광인

고전주의적 광기의 본질은 그것이 이성의 여집합, 곧 이성의 뒤집힌 그림자라는 사실이다. "광기의 본질은 광기가 **은밀한 이성**이라는 점, 적어도 광기가 이성에 의해, 이성을 위해서만 존재하고, 이성에 의해 사전에 관리되며, 이성 속에서 이미 소외된 상태로서만 세계에 현존한다는 점이다"(195; 311). 광기는 **이성의 하녀**ancilla rationis이다(196; 312). 마찬가지로, "광기는 다른 사람들에 대해 **타자**l'autre이다. 즉 보편적인 것이라는 의미에서의 다른 사람들 사이에서 **예외**적인 것이라는 의미에서 타자이다. 내재성의 모든 형식은 이제 쫓겨난다. … 르네상스 시대의 사유에서 이성과의 내정 유사성이 이성의 중심부에 지나치게 가깝고 위험하게 실재함을 형상화하는 인물이었던 광인은 이제 **다른 사람들의 외부에서 타자의 차이**la différence de l'Autre dans l'extériorité des autres를 나타내므로, 이중의 안전장치에 의해 세계의 다른 극단으로 떠밀리고 따로 놓이며 더 이상 위협적이지 않은 상태로 유지된다"(199; 316). 단적으로, 광기는 **비이성**이다(202; 321).

한편, 광기, 보다 일반적으로 질병은 18세기에 들어와 **질서의 분류학**이라 불러야 할 동시대 식물학의 모델을 따라 새로운 질서 체계 안에 자신의 자리를 배당받는다.

"18세기 분류학자들의 커다란 관심은 신화의 폭과 끈기를 갖는 지속적 은유에 의해 고조되는데, 그것은 질병의 무질서désordre de la maladie에서 식물의 질서ordre de la végétation로의 전이轉移이다. 이미 사이든햄은 '식물학자들이 식물론에서 기울인 세심한 주의와 정확성을 그대로 본받아 모든 질병을 종류별로 명확히 분류해야 한다'고 말했다. 그리고 가비우스는 '강綱·속屬·종種을 각각의 특별하고 변함없는 분명한 특성에 따라 제시하는 … 자연사 저자들을 본받아 인간의 수많은 질병을 체계적인 질서 속으로' 집어넣기를 권고했다. 이 주제는 (병리학의 영역에서) 부아시에 드 소바주 덕분으로 완전한 의미를 띠게 된다. 식물학자들의 영역은 병리학의 세계 전체를 조직화하게 되고, 질병들은 이성 자체의 질서 및 공간에 따라 분류된다. 식물학적인 만큼이나 병리학적인 **종들의 정원**jardin des espèces을 마련할 계획은 예지력 있는 신의 지혜에 속하는 것이다"(206; 327).

고전주의 시대 식물학의 대가인 칼 폰 린네Carl von Linné(1707-1778)의 저작으로 식물의 학명學名을 부여한 책의 제목은 놀랍게도 『자연의 체계*Systema Naturæ*』(1735)이다. 린네는 자신이 부여한 학명이 자연을 이해하는 자신의 특정 가설 체계가 아닌 **자연의 체계** 자체라고 믿었던 것이다. 린네의 이 말은 이보다 이른 시기에 만유인력의 법칙을 담고 있는 아이작 뉴턴Isaac Newton (1642-1726/27)의 저서 『자연철학의 수학적 원리*Philosophiæ Naturalis Principia Mathematica*』(1687)에 등장하는 '**나는 어떤 가설도 만들지 않는다**Hypotheses non fingo'는 말과 동일한 세계관에서 나온 말이다. 오늘날 보면 황당한 말이지만, 뉴턴은 자신이 구성한 법칙이 세계를 인식하는 자신의 작업가설, 곧 관념체계가 아니라, 대상 세계의 법칙 자체라고 믿었다. 린네와 뉴턴은 고전주의적 사유의 일반적 특성을 명확히 보여 주는 두 가지 사례이다. 따라서 고전주의 시대의 인간들은 자신이 자연법칙을 '발견'했다고 믿는다. 고전주의적 사유의 이러한 특성은 푸코가 1966년의 『말과 사물』에서 고전주의 시대의 에피스테메를 **재현再現작용**représentation으로 설정한 것에서도 잘 나타난다. '재현'이란 언어가 대상 세계를 있는 그대로 거울처럼 '반영'한다는 의미이다.(고전주의적 인간은 사실상 신이 창조한 세계의 법칙을 있는 그대로 이해할 수 있는 지성적 존재이므로, 실질적으로 신의 자리를 대신 차지하게 된다. 이러한 논의를 끝까지 밀고 나가면 세계의 기계론적 법칙만으로 신 없이 세계를 이해하려는 무신론이 탄생한다.)

이제 광인은 자연의 체계 자체를 구현한 종들의 정원에 자신의 자리를 배치받는다. 광기 역시 식물학의 모범을 따르는 병리학의 분류표 안에서 세세히 구분된다. 이어지는 부분에서 푸코는 17세기 초에서 18세기 중·후반에 이르는 플라테르, 존스턴, 부아시에 드 소바주, 린네, 바이크하르트의 일람표들이 보여 주는 일반적 특성 하나를 추출해 낸다.

"(이 분류들은) 정신의 능력과 정신을 진실의 지배 아래 놓이게 하는 최초의 경험에 관한 질문에서 출발했으나, 광기가 나누어지는 구체적 다양성에 접근하고 일반적 형태의 이성을 문제시하는 비이성에서 멀어지며 실제적 인간의 특성을 띠는 표면에 다가감에 따라, 광기가 그만큼 많은 '성격'으로 다양화되고 질병학이 '도덕적 인물묘사'의 진열실처럼 보이거나 거의 그렇게 보인다는 것을 알아차릴 수 있다. 광기가 구체적 인간과 합류할 때, 광기의 경험이 도덕과 마주치는 것이다"(213; 336).

광기의 병적 형식들에 대한 탐색이 **도덕생활의 타락**에 대한 발견으로 귀결된다. "수용과 분류의 기원은 전적으로 다른 것이었지만, 그리고 18세기의 어떤 질병학도 로피탈 제네랄이나 형무소의 세계와 결코 마주친 적이 없었지만, 수용의 동기는 분류의 주제와 **정확히 겹친다.** 그러나 사유가 과학적 사변을 통해 광기와 광기의 구체적 모습을 접근시키려 할 때부터 마주치게 되는 것은 필연적으로 **도덕적 비이성의 경험**이었다"(214; 337). 이것은 우연일까? 푸코에 따르면, 물론 아니다. 이어지는 페이지들에서 푸코는 지금은 잊힌 아놀드, 소바주, 윌리스, 콜롱비에와 두블레,『백과전서』, 컬렌, 드 라 로슈, 비리데, 보쉔, 특히 티소와 폼의 뒤를 잇는 프레사뱅과 같은 병리학자들의 예를 들면서 이들이 서양의학의 역사에서 무엇인가 새로운 관념을 도입했다고 말한다.

"의학의 역사에서 최초로, 환자에 의해 악이 제시되고, 의사에 의해 악의 제거가 제안되는 이중의 투사와 이론적 설명이 일치하게 된다. 그때 탄생하는 것은 의사와 환자가 최초로 대화를 시작하게 되는 상징과 이미지의 세계 전체이다.
그때부터 18세기를 따라 의학이 발전하는 가운데 **의사-환자라는 짝패**couple médecin-malade가 의학의 핵심적 요소가 되어 간다"(348).

이러한 의사-환자의 짝패가 도입한 것은 광기와 광인을 이어주는 매개로서의 **정신병**maladie mentale 개념의 발명이며, 이 정신병의 개념이 도입되면서 이전의 비이성은 저절로 사라지게 된다(224-225; 350-351). 이어지는 장에서 푸코는 이러한 대체 과정을 면밀히 분석한다.

2. 착란délire의 선험성

『광기의 역사』를 읽는 데 필요불가결한 이해는 '시간과 공간을

초월하는 자연적 실체로서의 광기'란 존재하지 않는다는 푸코의
주장이다.

"하나의 세기에서 다른 세기로 넘어가면서, 우리는 **같은 질병들**을
같은 이름으로 말하지 않을 수도 있다. 그러나 이때 우리는, 근
본적으로, **같은** 질병에 대해서 말하는 것이 아니다. 17-18세기에
'광기folie'에 대해 말하는 이는 엄밀한 의미의 '정신의 병maladie de
l'esprit'에 대해서 말하는 것이 아니며, 육체와 영혼이 **함께** 문제시
되는 어떤 것에 대해 말하고 있는 것이다"(231-232; 361).

고전주의 시대와 오늘의 우리(유럽인들)는 가장 기본적인 **인식
의 장**이 다른 것이다. 인식의 장 또는 **구조**가 다르면 개별적 요소,
현상의 의미가 달라진다. 간단히 말해 그것들은 상이한 배치 속
에서 상이한 의미를 부여받는다. 17-18세기의 서양의학이 동시
대의 한의학과 다르듯이, 서양의학 내에서도 고전주의 시대의
의학과 현대의 의학은 다르다. 인식론적 지층이 다른 것이다. 앞
서 말한 것처럼, 이후 1966년의 『말과 사물』에서 푸코는 각각의
인식론적 장, 구조에서 가장 기본이 되는 인식의 요소를 **에피스
테메**라 부르게 될 것이다. 에피스테메는 주어진 특정 시대와 공

간의 특정 배치 안에서 개별적 지식들을 가능케 하는 무의식적 지층을 구성하는 핵심요소이다.(이는 푸코의 스승인 알튀세르의 중층 결정 작용에서 최종심급으로 기능하는 유물론적 층위를 '관념'의 에피스테메로 바꾸어 놓은 것처럼도 보인다.) 한마디로 에피스테메는 특정 시대 특정 인식의 기준을 제공하는 틀quadrillage이다.(이런 면에서 에피스테메는 칸트적 인식가능조건의 '구조주의' 버전이다.) 따라서 의학과 철학, 물리학과 신학, 과학과 문학은 분리불가능하게 연결되어 있다. 푸코에 따르면, 마르크스주의의 주장처럼 토대가 먼저 변화하고 상부구조가 따라가는 것이 아니라, 토대와 상부구조가 **함께** 변화한다.

이어지는 부분에서 푸코는 데카르트의 정념론이 고전주의 시대 광기의 이해에 미친 영향을 십여 쪽 이상에 걸쳐 상세히 기술한다. 논점은 데카르트적 인식 구조 안에서 이성의 여집합으로 설정된 광기는 **정념**情念, passion의 영역에 속하게 되었으므로, 데카르트 이후 전개된 고전주의적 정념론의 이해가 동시대 광기의 이해에 결정적 영향을 끼친다는 것이다. 다만 유의해야 할 것은 정념의 이해가 선행하고 광기의 이해가 이를 뒤따르는 것이 아니며, 이성과 광기의 경우처럼, 정념과 광기의 이해는 **동시적·상관적으로** 형성된다는 점이다. 보다 크게 보자면, 광기의 이해는 영혼과 육체, **인간과 세계(의 이른바 '본질'과 '의미')**를 바라보는 관점과 불가분하게 연관되어 있다(239-250; 372-386).[27]

"광기의 가능성은 정념의 현상 자체에서 생겨난다.

고전주의 시대 이전에 매우 오랫동안, 그리고 아마도 우리 자신이 아직 벗어나지 못했을 세기들이 이어지는 동안, 정념과 광기는 서로 가까운 거리에 놓여 있었다. … 고전주의적 성찰은 … 정념의 본질을 근거로 하여 광기의 망상을 설명할 뿐만 아니라, **정념의 결정론이 광기에 부여된 자유**, 즉 이성의 세계로 스며들 자유와 결코 다르지 않다는 것, 그리고 영혼과 육체의 문제시되지 않는 결합으로 인해 정념 속에서 인간의 유한성이 드러난다면, 이와 동시에 정념은 상실의 무한한 움직임을 인간에게 열어 놓는다는 것을 알아차린다.

광기는 단순히 영혼과 육체의 결합에 의해 주어진 가능성의 하나가 아닐뿐더러, 무조건 정념의 결과들 가운데 하나인 것도 아

---

27 "데카르트 이전에, 그리고 데카르트가 철학자와 생리학자로서 영향을 미치지 못하게 되고 나서도 오랫동안, 정념은 계속해서 육체와 영혼 사이의 접촉면이었고, 영혼과 육체가 상호적으로 부과하는 한계인 동시에 영혼과 육체의 소통 장소이면서, 영혼과 육체의 활동성과 수동성이 서로 마주치는 지점이었다"(244; 381).

니다. 광기는 영혼과 육체의 통일성에 근거를 두면서도 이 통일성으로부터 돌아서고 이 통일성을 다시 문제시하며, 정념에 의해 가능하게 된 것이면서도 정념 자체를 가능하게 한 것을 자체의 고유의 움직임에 의해 위태롭게 만든다. 광기는 법칙이 위태롭게 되고 뒤집히며 왜곡되는 통일성의 그러한 형태들 가운데 하나이고, 그리하여 이 통일성을 명증하고 이미 주어진 것으로, 또한 부서지기 쉽고 상실이 예정된 것으로 드러내는 것이다"(246; 381-382).

어느 시대 누군가의 '광기에 대한 이해가 바뀌었다'는 말은 인식 대상인 광기만이 아니라, 인식주체인 인간과 인식의 내용 자체가 모두 동시적·상관적으로 변화했다는 말이다. 광기에 대한 인식의 역사인 광기의 역사는 인간의 역사, 세계의 역사, 문명의 역사이다. 후에 푸코는 이를 대상화, 주체화, 인식형성이라 부르는데, 이들은 분리된 세 가지 과정이 아니라 묶여 있는 하나의 과정이다. 푸코는 이들을 묶어 **문제화 또는 문제 설정**probléatisation이라고 불렀다.(구체적으로 각 시대는 자신의 문제화 방식들, 곧 **실증성들** positivités을 갖는다.) 푸코의 탐구대상은 주어진 특정 시대·사회를 구성한 문제화 방식들, 실증성들이다.

이제, 고전주의 시대 의학에서 광기는 **착란**délire이라는 용어 아래 통합되어 인식된다.

"고전주의적 의미에서의 광기는 정신이나 육체의 결정된 변화 보다는 오히려 손상된 육체, 기묘한 행동과 말 아래 실재하는 **착란의 담론**을 가리킨다. 고전주의 시대에 광기에 대해 내릴 수 있는 가장 단순하고 가장 일반적인 정의는 바로 착란이다. '이 낱말 은 **리라**lira 곧 밭고랑에서 파생했고, 따라서 **델리로**deliro는 문자 그 대로 밭고랑에서, 이성의 올바른 길에서 벗어나는 것을 의미한 다.'[28] … 착란은 질병이 광기로 규정되기 위한 필요충분조건이 다"(255; 394).

이어지는 광기와 언어의 관계에 관한 부분은 여러 가지 측면 에서 매우 흥미로운 부분이다. 이 부분은 푸코에 대한 **라캉**의 영 향을 보여 주면서도 미묘한 차이를 보여 주기 때문이다. 사실 『광기의 역사』는, 그리고 푸코의 모든 책들은 정신의학과 정신

---

28 제임스의 『의학대사전』 불역판으로부터 인용(James, *Dictionnaire universel de médecine*, trad. fr., Paris, 1746-1748, p.977).

분석, 심리학 일반에 대한 강력한 반감을 표명하고 있다. 이후에도 간헐적이지만 푸코는 라캉에 대한 지속적이고도 명백한 반대 의사를 표명하고 있다. 하지만 그럼에도 불구하고 푸코와 들뢰즈를 포함한 이른바 프랑스 '포스트구조주의' 세대가 라캉으로부터 받은 영향은 결코 무시될 수 없는 것이다.[29] 라캉은 프랑스 포스트구조주의 세대의 **아버지의 이름/거부**le nom/non du père이다. 라캉의 영향력은 언어, 언어작용langage 및 구조의 사고를 통해 작용한다. 이는 단적으로 광기가 언어기능이 발생시키는 **효과**라는 말이다. 이런 관점을 염두에 두고, 좀 길지만, 다음 단락을 읽어 보자.

"**언어작용은 광기의 첫 번째이자 마지막 구조이다.** 언어작용은 광기를

---

29 "'플라톤주의'는 여기서 다소 직접적으로 서구 철학사 전체를 대변하며, 플라톤주의로 흡수되곤 했던 반플라톤주의까지 포함한다"(자크 데리다, 『문학의 행위(*Act of Literature*)』(1992), 정승훈·진주영 옮김, 문학과지성사, 2013, 188쪽)는 데리다의 말처럼, 반(反)플라톤주의를 플라톤주의의 일종으로 볼 수도 있다. 아버지 자체는 없으며 오직 이 아버지와 저 아버지만이 존재할 뿐이다. 이 아버지에게 반항하는 자식과 저 아버지에게 반항하는 자식이 다른 자식들이 되듯, 인간은 자신이 영향받지 않은 존재에게는 반항하지 않는다. 반항은 반항의 대상으로부터 자신이 영향받았음을 증거하는 행위이다. 반(反)라캉주의는 라캉에게 영향받은 이들이 라캉으로부터 벗어나고자 노력하는 원심력 작용이다.

구성하는 형식이고, 광기의 성격이 언명되는 모든 순환은 바로 언어작용에 토대를 두고 있다. 광기의 본질이 마침내 담론의 단순한 구조를 통해 규정될 수 있다고 할지라도, 광기는 순전히 심리적인 성격의 것으로 축소되지 않고 영혼과 육체의 총체성에 대한 실마리를 갖추게 되며, 이 담론은 정신에 고유한 진실 속에서 정신이 붙드는 침묵의 언어이자, 동시에 육체의 움직임으로 눈에 보이게 되는 유기적 결합이다. 우리가 보기에 광기에서 표면화하는 것을 살펴본 영혼과 육체 사이의 병행관계, 상보성, 직접적 소통의 모든 형태는 이 언어작용에만 종속되어 있을 뿐이고, 또 이 언어작용의 영향력에 의해 좌우된다. 부서지고 스스로에 등을 돌릴 때까지 지속되는 정념의 움직임, 이미지의 분출, 그리고 이미지의 분출과 눈에 띄게 병행하던 육체의 동요, 이 모든 것은 우리가 복원하려고 하는 바로 그 순간에 이미 이 언어작용에 의해 은밀히 생동하고 있었다. 이미지에 의해 빚어지는 환상 속에서 정념의 결정조건 전체가 초월되었고 흩어졌고, 그 대신에 확신과 욕망의 세계 전체가 이미지에 의해 끌려들어 왔다면, 이는 착란의 언어작용, 이를테면 정념을 모든 한계에서 해방시키고 단언의 강압적인 무게 전체로 풀려 나오는 이미지에 들러붙는 담론이 이미 현존해 있었기 때문이다.

광기의 모든 순환현상이 시작되고 완결되는 것은 육체와 동시에 영혼, 언어작용과 동시에 이미지, 문법과 동시에 생리학에 속하는 이 착란 속에서이다. 광기의 모든 순환현상을 처음부터 조직하는 것이 착란의 엄밀한 의미이다. 착란은 광기 자체인 동시에, —광기의 모든 현상을 넘어— 진실 안에서 광기를 구성하는 침묵하는 초월성transcendance silencieuse이다"(255-256; 394-395).

광기를 구성하는 것은 언어작용, 보다 정확히는 착란이라는 언어작용 또는 담론이다. 착란은 언어작용/이미지, 육체/영혼, 문법/생리학의 결합체이다. 착란은 광기 그 자체인 동시에, 광기의 구성을 가능케 하는 가능조건 곧 초월성이다. 그런데 이 초월성은 '침묵하는' 초월성이다. 침묵하는 초월성이란 무엇일까? 푸코는 그 답을 고전주의적 이성의 특징적 반대항인 꿈과 오류에 대한 검토로부터 이끌어 낸다. 나아가,

"마지막 문제가 남아 있다. 무엇의 이름으로 이 근본적 언어작용-langage fondamental을 착란으로 간주할 수 있을까? 이 언어를 광기의 진실이라고 한다면, 어떤 점에서 이 언어작용은 정신이상자insensé의 진정한 광기이자 타고난 존재양상일까? 우리가 이성의

규칙에 그토록 충실한 형태들에서 살펴본 바 있는 그러한 담론에서 비로소 이성의 부재 자체를 가장 명백한 방식으로 곧장 드러내 그 모든 징후가 확정되는 이유는 무엇일까?"(256; 395-396)

이는 '핵심적 물음, 그러나 고전주의 시대가 그 답을 직접적인 방식으로 형성할 수는 없었던 물음'이다. 이 물음에 접근하기 위해서는 '광기의 본질적 언어작용에 직접적으로 맞닿아 있는 경험', 곧 **꿈**과 **오류**를 간접적으로 검토할 필요가 있다(396). 17세기의 인식에서 광기와 꿈은 '동일한 본질'을 갖는 것들이다. 이탈리아 의사 작키아Paolo Zacchia(1584-1659)는 "정신이상자는 잠자는 사람의 경우와 다르지 않다"고 했고, 스코틀랜드의 의사 핏케언Archibald Pitcairn(1652-1613)은 "착란은 자지 않는 사람들의 꿈이다"라고 말한 바 있다. 이는 착란이 깨어 있는 상태의 꿈이자, 깨어 있는 사람들이 저지르는 오류라는 말이 된다. 이제 광기는 꿈에 이어 오류와도 밀접히 연관된다. 고전주의적 사유를 집대성한 『백과전서Encyclopédie』에 등장하는 '광기' 항목의 저 유명한 정의를 보라. "자신감을 갖고, 자신감에 뒤이어 오는 굳건한 확신 속에서" 이성으로부터 벗어나는 것, "바로 여기에 이른바 미쳤다는 것이 존재하는 듯하다." 이처럼 오류는 꿈과 더불어 정신이상의 고전주의적 정의에 언제나 존재하는 요소이다. 17-18세기에 광인은 그다지 환상이나 환각 또는 동요하는 정신의 희생물이 아니다. 광인은 '속임을 당하는abusé' 것이 아니라, '잘못 생각한다se trompe'. 질병분류학의 창시자 소바주François Boissier de Sauvages de Lacroix(1706-1767)는 이렇게 말한다. "우리는 현실적으로 이성을 잃었거나 지속적으로 현저한 오류에 사로잡혀 있는 이들을 광인이라 부르는데, 광인의 상상력, 판단력, 욕망 속에서 나타나고 그러한 부류의 성격을 형성하는 것은 바로 영혼의 이 '항구적 오류'다"(256-259; 396-400).

광기는 깨어 있는 이들의 꿈, 곧 **오류**이다. 따라서 광기는 '**진실**과 인간의 관계가 혼란되고 흐려지는 바로 거기에서' 시작된다. 작키아스가 말하듯, 정신장애는 "지성이 참된 것을 거짓된 것으로부터 구별하지 않는다는 사실에 의해 성립한다." 광기는 진실을 파악할 수 있는 능력의 부재, 무능력, 무분별, **눈멂**aveuglement이다. 눈멂은 고전주의 시대의 광기가 갖는 본질에 가장 가까운 용어들 중 하나이다(259-260; 400-401).

"그것(착란의 담론)은 말을 했지만, 눈먼 밤에 말을 한 것이다. 그것은 **잘못 생각(착각)**했으므로 꿈의 느슨하고 혼란스러운 텍스트 이상의 것이자, 또한 잠의 **모호함** 속에 잠겨 있었으므로 틀린 명제 이상의 것이다. 광기의 원리인 착란은 꿈의 일반적 통사법 중에서도 틀린 명제들의 체계이다"(260; 401).

따라서, "광기는 이성이 아닌 것non-raison이므로, 광기에 대한 이성적 파악은 언제나 가능하고 또 필요하다." 이러한 광기를 **비이성**déraison이라는 말 이외에 무엇이라 부를 수 있을까? 그런데 고전주의 시대의 비이성은 병든 이성, 파멸한 이성, 또는 소외된 이성이 아니라, 너무 강한 빛에 눈이 먼 이성, 곧 **현혹된 이성**raison éblouie이다. 이는 단순한 하나의 비유가 아니라, 고전주의적 이성/비이성 전체를 아우르는 세계관이다.

"현혹은 대낮의 밤, 찬란한 빛이 지나치게 넘쳐나는 중심에 퍼지는 어둠이다. 현혹된 이성은 태양 쪽으로 눈을 뜨지만 **어떤 것도** rien 보이지 않는다. 다시 말해서 **보지 못한다.** 정확히 진실과 빛이 근본적 관계를 맺고서 고전주의적 이성을 구성하는 것처럼, 착란과 현혹은 광기의 본질을 이루는 관계 안에 있다. … 비이성과 이성의 관계는 현혹과 눈부신 빛 자체의 관계와 동일하다. 이것은 은유가 아니다. 우리는 고전주의 시대의 문화 전체를 북돋우는 중요한 우주론의 중심에 이른 셈이다. 의사소통과 내적인 상징 체계의 측면에서 그토록 풍요롭고 천체天體들의 교차되는 영향력에 의해 전적으로 지배되는 르네상스 시대의 '우주'는 이제 사라졌으며, 이 와중에서 '자연'은 보편성의 지위를 얻지 못했고, 인간에 의해 서정적으로 인정받지도 인간을 계절의 리듬에 따라 인도하지도 못했다. 고전주의 작가들이 '세계'로부터 이끌어 내는 것, 그들이 '자연'에 대해 이미 예감하는 것은 지극히 추상적이지만, 가장 생생하고 가장 구체적인 대립, 곧 **낮과 밤**의 대립을 형성하는 법칙이다. 이것은 ―더 이상 행성의 필연적인 시간이나 계절의 서정적 시간이 아니라― 빛과 어둠의 보편적이지만 절대적으로 분할된 시간이다. 이는 사유가 수학에 따라 완전히 제어하지만 ―데카르트 물리학은 빛의 보편수학 같은 것이다―, 이와 동시에 인간의 삶에서 중대한 비극적 중단을 묘사하는 형식, 곧 라신의 연극적 시간과 조르주 드 라 투르의 공간을 동일하게 강압적으로 지배하는 형식이다. 낮과 밤의 순환은 고전주의 세계의 법칙이다"(262-263; 404-405).

낮과 밤의 대립이 고전주의적 사유를 가로지르는 법칙이다. 그리고 낮과 밤은 결코 만나지 않는다. 낮은 밤이 아닌 것으로,

밤은 낮이 아닌 것으로 정의되어 있기 때문이다. 낮과 밤은, 아마도 파르메니데스의 구분을 따라, 대등한 두 실체가 아니다. 밤이 낮의 결여일 뿐, 그 역이 아니다. 낮은 밤의 결여가 아니다. 광기가 이성의 결여일 뿐, 이성이 광기의 결여인 것은 아니다. 따라서,

> "모든 변증법과 모든 화해를 배제하고, 따라서 인식의 단절 없는 통일성과 동시에 비극적 삶의 타협 없는 분할에 근거를 제공하는 법칙, 이것은 황혼 없는 세계, 어떤 감정의 토로도, 서정성에 대한 배려도 없는 세계를 지배하고, 모든 것은 각성상태 아니면 꿈, 진실 아니면 어둠, 존재의 빛 아니면 어둠의 무無이게 되어 있다. 이것은 진실을 가능하게 하고 진실을 결정적으로 봉인하는 불가피한 질서, 차분한 분할을 규정한다"(263; 405).

이 불가피한 질서, 이 차분한 분할이 고전주의 시대를 특징 짓는다. 이성과 광기 사이에는 결정적 분할선이 그어졌다. 이성과 이성의 결여인 광기는 서로 만날 수 없다. 이는 **정의상의**définitionnel 분할이자, **결정적인**définitif 분할이다. 따라서,

"고전주의 시대에 비극의 인간homme de tragédie과 광기의 인간 homme de folie은 서로 얼굴을 마주하고 있을 뿐, 양자 사이에는 가능한 대화도 공통 언어도 없다. 왜냐하면 비극의 인간은 섬광의 시간, 빛의 진실, 그리고 밤의 깊이가 서로 합쳐지는 존재의 결정적인 말만을 할 수 있을 뿐이고, 광기의 인간은 낮의 수다와 기만적 그림자를 상쇄시키는 아무래도 좋은 중얼거림만을 그러모으기 때문이다.

광기는 어둠의 환상이 갖는 허망함과 빛의 판단이 갖는 비非존재 사이의 균형지점을 가리킨다.

마치 광기가 비극적 행위로부터 사라지는 시기, 그 후로 이백 년 이상 동안 지속될 비극의 인간과 비이성의 인간 사이의 분리가 일어나는 시기에 사람들이 광기에 대한 최후의 형상화를 요구하기라도 한 듯하다. … 광기의 진실, 광기의 부재하는 진실, 밤의 한계에서 나타나는 낮의 진실인 광기의 진실이 광기에 의해 가장 분명하게 말해질 수 있는 것은 정확히 광기가 사라지는 순간 속에서이지 않을까? … 나타남이 사라짐일 수밖에 없으므로 어쨌든 순간적 진실. 섬광은 이미 진행된 어둠 속에서만 보이는 법이다"(263-265; 405-408).[30]

고전주의 시대에 광기는 이처럼 **이미 제압된 상태로만** 인식된다. 이제 광기는 인식되지 않을 수조차 없다. 니체를 따르는 푸코는 인식이 **이미 그 자체로** 포획임을 말하고 있다. 모든 것은 아예 인식되지 않거나, 또는 인식될 경우, 특정 관점과 필터를 통해서만 인식된다. 인식이 포획이다. **포획이 아닌 인식이란 없다.** 인식이 이미 권력작용이 낳은 **효과**이다. 광인에 대한 이성적 인간의 인식은 이미 그 자체로 광기의 대상화이자, 자신의 주체화이다. 고전주의 시대 '착란'의 개념은 (오늘날의 '정신병' 개념처럼) 광인과 이성인이라는 두 상관항을 이어 주는 매개이다. 이성적 인간이 광인을 있는 그대로 파악하여 착란을 인식하는 것이 아니다. 이들은 모두 동시에 탄생하고 동시에 죽는 쌍둥이들이다. 이처럼 고전주의 시대의 광기는 사라지면서만 나타난다. 고전주의 시대의 광기는 사라지기 위해서만 나타난다, 지배당하고 제압당하기 위해서만 인식된다. 무엇인가가 인식의 대상으로 선택

---

30 푸코에 따르면, 우리가 **지식의 고고학**(archéologie du savoir)에 의해 단편적으로 터득할 수 있었던 이 사실은 동시대 라신(Jean Racine, 1639-1699)의 비극 「앙드로마크(*Andromaque*)」(1667)가 보여 준 '섬광' 속에서도 포착된다(같은 곳). 이는, 오늘날의 용어로 말하면, 광기라는 의학 또는 **자연과학**과 서정성으로 대변되는 **문학** 사이의 **동시성·상관성**을 전제하는 『광기의 역사』 이후 푸코 사유의 기본적 특성을 보여 준다.

되었다는 사실 자체가 이미 인식주체의 관심intérêt, interest의 반영이다. 용어의 번역어들이 말해 주는 것처럼, 이러한 관심은 이미 관점과 이익, 이해관계와 무관할 수 없는 것이다. 이제, "고전주의 시대의 언어는 침묵 속으로 빨려 들어가고, 광기는 비이성의 언제나 물러나는 현존 속으로 사라질 수 있었다"(267; 411).

'착란의 초월성'이란 제명이 붙은 이 장을 마치면서, 우리는 드디어 이제 **수용**이 무엇인지 더 잘 이해할 수 있다.

"광기를 중립적이고 획일적인 배제의 세계 속으로 사라지게 하는 이 행위는 의료기술의 발전에서나 휴머니즘 사상의 진보에서 정체의 시기를 표시하는 것이 아니었다. … 수용收容, internement은 광기를 소멸시키고 사회질서 안에서 자리를 찾지 못하는 인물을 사회질서로부터 몰아내는 것을 그다지 목표로 삼지 않았으며, 수용의 본질은 위험의 축출이 아니다. 수용은 다만 광기가 본질적으로 무엇인가를, 다시 말해서 광기가 비존재의 드러냄une mise à jour du non-être임을 표시할 뿐이고, 이러한 발현을 나타내면서 광기를 무無라는 광기의 진실에 되돌려 줌으로써 광기를 제거해 버리는 것이다. 수용은 비이성, 다시 말해서 이성이 없는 부정성否定性으로서 경험된 광기에 가장 정확히 상응하는 실천이고, 거기에서 광기는 **아무것도 아닌 것**rien으로 인정된다. … 현상의 표면에서, 그리고 **성급한 도덕적 종합 속에서** 수용은 광기의 은밀하고 분명한 구조를 보여 주는 것이다"(410-412).

오늘날 우리에게 유럽 고전주의 시대에 광인들을 수용한 사실, 나아가 광인들을 범죄자, 무신론자, 매매춘 여성, 마녀 등과 같이 수용한 것은 근본적 오류처럼 보인다. 그러나 고전주의 시대의 인식에서 수용은 우연히 광기와 연결된 것이 아니다. 고전주의 시대에 일어난 대감금, 곧 수용은 광기의 **인식과** 분리 불가능한 사회적·제도적 **실천**이다. 수용은 **광기를 광기로 구성하는** 본질적 실천이다. 고전주의 시대에 수용은 광기를 인식의 오류, 도덕성의 결여와 연결시킨다. 고전주의 시대에 광기는 '비이성'으로 인식되었으며, 따라서 정상적인 사회의 '바깥'으로서 **감금의 대상**이 되었다.

3. 광기의 형상들

그러므로 광기는 **부정성**négativité, 그러나 '현상의 충만함 속에서, 종들의 정원에 신중하게 배열된 풍요로움에 따라 주어지는 부정성'이다. 이번 장의 목표는 '고전주의 시대를 따라 지속되어 온 주요한 광기의 형상들을 차례로 다시 다룸으로써, 어떻게 그것들이 비이성의 경험 내부에 자리 잡았는가, 어떻게 그것들이 거기에서 제각기 고유한 일관성을 획득했는가, 그리고 어떻게 그것들이 광기의 **부정성**을 **실증적**positive 방식으로 나타내기에 이르렀는가를 보여 주려는' 것이다(269; 415-416).

그런데, 이 획득된 실증성은 광기의 갖가지 형태에 대한 차원·성격·강도가 모두 다르다. 푸코가 검토하는 고전주의 시기 실증성의 형태들은 ① 정신장애, ② 조광증과 우울증, ③ 히스테리와 심기증의 세 가지 계열이다. 이들 중 후대에 가장 중요한 역할을 맡게 되는 것은 물론 히스테리와 심기증의 계열이다. 이는 잘 알려져 있다시피 **히스테리 분석**이 이후 프로이트에 의한 정신분석의 발명과 관계되어 있기 때문이다. 이 부분의 기술은 『고전주의 시대의 광기의 역사』라는 박사학위 논문의 제명에 걸맞는 아카데믹한 담론분석으로 이루어져 있는데, 아래에서는 그 요점만을 간단히 정리해 보고자 한다.

① **정신장애**démence, dementia. 고전주의 시기 정신장애 개념의 공통분모는 '이성의 부재 또는 이성의 미미한 작동, 사물의 현실성과 관념의 진실에 대한 이성의 접근 불가능성'이다. 정신장애는

단적으로 이성의 결여, 곧 '비이성déraison에 대한 가장 일반적인 동시에 가장 부정적인 형태의 경험'이다. 이 경우 광기는 '일반적인 견지에서 이해된 광기, 광기가 지닐 수 있는 부정적인 것 전체, 예컨대 무질서, 사유의 붕괴, 오류, 환각, 비이성, 비非-진실을 통해 경험된 것'이다. 정신장애는 '극단적 우연성인 동시에 완전한 결정론'이다. 한편, 정신장애에 대한 고전주의의 의학적 인식은 정신장애와 달리 '늘 고열을 수반하는 광란frénésie'과의 구별을 통해 이루어지는 이해, 그리고 '어리석음, 저능, 백치, 우둔' 등의 개념과 연결되는 이해의 두 계열을 따라 이루어진다(270-280; 416-431).

② **조광증躁狂症, manie과 우울증憂鬱症, mélancholie.** 푸코는 오늘날까지도 정신의학의 주요한 질병분류에 남아 있는 두 질환에 대한 고전주의적 묘사를 충실히 재현한다. 고전주의, 곧 '근대 정신의학'이 설립되기 직전의 시기에 조광증과 우울증은 각기 운동 정기esprits animaux의 두 형식인 열기와 한기, 메마름과 축축함, 가벼움과 무거움에 관계된 것으로 그려진다. 한편, 이 부분의 묘사에서 보다 중요한 것은 푸코가 이후 자신이 꾸준히 천착하게 될 하나의 결정적 주제, 곧 **인식론적 장의 변형**에 대한 —아마도 최초의— 명료한 기술을 제공하고 있다는 사실이다.

"(오늘날) 우리가 우리의 지식을 통해 조광증과 우울증에서 알아보는 모습을 이후 실제로 조광증과 우울증이 갖게 된 것은 우리가 여러 세기에 걸쳐 조광증과 우울증의 실제적 징후에 '눈을 뜨는' 방법을 터득했기 때문이거나, 우리가 인식을 투명할 정도로 정화했기 때문이 아니다. 그것은 광기의 경험에서 이러한 개념들이 어떤 특정한 질적 주제들을 중심으로 통합되어 의미심장한 일관성과 통일성을 부여받았고, 그 결과 마침내 **지각 가능하게** 되었기 때문이다"(291-292; 446).

변화한 것은 질병 묘사의 특정 영역에 대한 부분적 대상 혹은 기법이 아니다. 변화한 것은 지각 구조 자체이다. 지각 구조의 변화가 이전에는 지각 불가능하던 것은 지각 가능한 것으로 변형시킨다. 지각 구조의 변형은 지각 행위만이 아니라, 지각 대상 자체를 창조한다.(지각 주체들은 이를 지각 대상을 '발견했다' 또는 '있는 그대로 묘사했다'고 믿겠지만.) 달리 말해,

"17-18세기에 이미지들의 작용에서 영향을 받아 구성된 것은 —개념 체계나 심지어 증후 전체가 아니라— **지각 구조**structure perceptive이다. … 중요한 것은 관찰을 통한 설명적 이미지의 구축

으로부터 작업이 이루어진 것이 아니라는 점, 반대로 이미지가 애초부터 종합의 역할을 확보했다는 점, 이미지의 체계화하는 힘이 특정한 **지각의 구조**를 가능케 했으며, 이 **지각의 구조** 속에서 마침내 증후가 의미심장한 가치를 띠고 진실의 가시적 현존으로서 조직될 수 있게 되었다는 점이다"(295; 453).

지각 구조의 변형이 대상을 대상으로서 창조하고 특정 방식으로 지각되게 해 준다. 이러한 묘사에서 우리는 푸코가 말하는 '지각 구조'가 칸트적 '인식가능조건'의 '구조주의' 버전임을 알 수 있다. 변화한 것은 지각 구조의 특정 부분이 아니라, 지각 구조 자체이다. 푸코는 이 지각 구조를 1963년의 『임상의학의 탄생』에서, 그리고 결정적으로 1966년의 『말과 사물』에서는 인식론적 장, 에피스테메라는 이름 아래 탐구하게 될 것이다. 따라서, 지각 구조(에피스테메)의 변화에 따라 변화하는 것은, 말하자면, **모든 것**이다.(마찬가지로, **기준** 자체가 변화하는 것이 지각 구조의 변화이므로 여러 에피스테메 사이에는 비교가 불가능하다. 따라서, 이들 사이의 진보와 퇴보를 말할 수 없다. 주어진 특정 에피스테메 안에서는 **동질성**만이, 이런 에피스테메들 사이에는 **차이**만이 지배하기 때문이다.) 지각 구조는 무엇인가를 지각하게 만들어 주는 것이자, 지각하지 못하게 만드는 것이다(281-295; 432-453).

③ **히스테리**hystérie와 **심기증**心氣症, hypochondrie. 푸코는 히스테리와 심기증[31]이라는 두 질병의 쌍에 대한 논의를 다음과 같은 두 개의 회의적인 질문으로부터 시작한다.

> "이들 두 질환에 대해서는 두 가지 문제가 제기된다. ① 히스테리와 심기증을 정신병으로, 또는 적어도 광기의 형태로 취급하는 것은 어느 정도로 타당할까? ② 마치 조광증과 우울증에 의해 매우 일찍 구성된 것과 유사한 잠재적 짝패를 이들이 형성하기라도 하는 듯이 히스테리와 심기증을 함께 다룰 당위성은 있는 것일까?"(296; 453-454)

이어지는 푸코의 대답은 부정적이다. 푸코의 반론은 히스테리 연구의 진전이 조광증의 경우와는 달리 의학적 상상력의 견지에서 숙고되는 세계의 모호한 특성들을 통해 이루어지지 않았다는 사실에 기반한다. 히스테리가 고찰된 공간은 다른 성격의

---

31 하이포콘드리아, 자신의 건강에 관련하여, 객관적 상태와 일치하지 않는 지나친 염려를 증상으로 하는 신경쇠약의 일종. 건강염려증으로도 번역된다.

것, '유기체적 가치와 도덕적 가치 사이의 정합성整合性이라는 관점에서 이해된 육체의 공간'이다(302; 462). 그런데, 푸코에 따르면, 정작 이상한 것은 '18세기에 병리학 분야에서 이론이나 실험상의 급변이 일어나지 않았는데도, 자궁의 운동성, 내부 잠재력의 상승이라는 주제가 급작스럽게 변하고 의미가 바뀌며, 육체공간의 동태학이 감수성의 도덕으로 대체된다는 사실'이다. 푸코는 히스테리와 심기증의 관념이 '선회'하여 마침내 광기의 세계 안으로 들어가게 되는 것은 오직 이러한 조건 아래에서일 뿐이라고 주장한다. 푸코는 히스테리와 심기증 관념의 이 같은 '기묘한 선회'를 ① 유기체적·도덕적 침투작용의 동학dynamique de la pénétration organique et morale, ② 육체적 연속성의 생리학physiologie de la continuité corporelle, ③ 신경 감수성의 윤리학éthique de la sensibilité nerveuse이라는 세 단계로 나누어 검토한다(305; 465-466). 푸코에 따르면, 히스테리와 심기증에 대한 고전주의 시대의 지각체계가 최종적으로 도달하는 곳은 늘 이들 질병에 대한 윤리적 지각작용의 층위이다. "의학이론의 언제나 변형될 수 있는 이미지가 휘어지고 굴절되고, 또 커다란 도덕적 주제가 분명히 표명되면서 점차로 최초의 형상을 변질시키는 것 역시 이 윤리적 지각작용perception éthique 속에서이다"(308; 470).

그러나 이러한 지각체계는 결국 파괴된다. 17-18세기를 이어온 고전주의 시대의 지각 구조가 파괴되는 18세기 말이 도래한 것이다. 광기에 대한 인식이 고전주의로부터 근대로의 이행하면서 보여 주는 변화의 핵심은 다음과 같다. 고전주의 시대에 광기는 **눈멂**(무분별)aveuglement, 광인의 무능력에 따르는 자연발생적 결과로서 간주되었다. 광인의 부도덕한 행위는 이러한 무능력과 무분별의 결과로 간주된다. 광인은 부도덕한 결과를 낳을 뿐 부도덕한 동기를 갖는 존재가 아니다. 그러나 18세기 말 19세기 초 이후의 근대에 도달하면서 이러한 인과관계는 역전된다. 광기는 이제 특정한 '도덕적 결함이 초래하는 심리적 효과'로서 인식된다. 푸코의 말을 직접 들어 보자.

"이제 우리(유럽인들)는 19세기 직전에 이르렀다. 즉, 신경섬유의 과민성은 생리학과 병리학으로 편입될 운명을 갖게 되는 것이다. … 신경과민성은 고전주의 시대의 경험에서는 결코 찾아볼 수 없었던 죄의식, 도덕적 제재制裁, 합당한 징벌의 내용을 이러한 광기에 부여한다. 즉 그것은 더 이상 무분별을 광기의 모든 발현현상의 가능조건으로 삼지 않으며, 오히려 광기를 **도덕적 결함의 심리적 효과**effet psychologique d'une faute morale로서 규정한다. 그리고 비이성의 경험에 놓여 있었던 본질적인 것은 이러한 방법을 통해 위태롭게 된다. 이제 무분별(눈멂)이었던 것은 **무의식**으로 간주되고, 오류는 **결함**으로 취급되며, 광기에서 비존재의 역설적 발현을 보여 주었던 모든 것은 **도덕적 죄악의 자연적 징벌**이 된다. 요컨대 물질적 원인의 순환에서 착란의 선험성까지 고전주의 시대의 광기의 구조를 구성했던 그 수직적 위계 전체는 이제 **심리학과 도덕**이 함께 차지하고 뒤이어 서로 경합하게 되는 영역의 표면에서 흔들리고 분류되기에 이른다.

19세기의 '**과학적 정신의학**psychiatrie scientifique'이 가능하게 된 것이다. 정신의학이 자신의 기원이 발견하게 되는 '신경질환maux de nerfs'과 '히스테리hystéries'는 곧 자신의 역설을 수행하게 된다"(314-315; 478-479).

18세기 말 이래 유럽에서 전개된 '과학적 정신의학'의 가능조건은 고전주의 시대에 발판이 마련되고 근대 초기에 실현된 새로운 지각 구조의 체계, 곧 심리학과 도덕의 결합이다. 히스테리를 바라보는 고전주의와 근대 지각체계의 변형은 이러한 과정을 더할 나위 없이 상징적으로 잘 보여 준다(296-315; 453-479).

4. 의사와 환자

중세 이래, 르네상스, 18세기까지도 유럽의 의학적 사유와 실천에는 '통일성', 적어도 우리가 지금 인정하는 '일관성'이 존재하지 않는다. 우선, 만병통치약의 신화가 사라지지 않았다. 만병통치약은 **보편성**universalité의 관념과 관계가 있는데, 이는 물론 세상을 창조한 신의 보편성, 또는 신의 의지 및 작용의 보편성 관념과 연결된다. 창조자인 신의 보편성은 피창조물들 사이에 존재하는 보편성을 보증한다. 일반적으로, 소우주와 대우주 사이에는 고대 이래로 확립된 '복잡한 대응체계를 확립하고 유지하는 연결망 전체'가 존재한다. 이런 면에서 질병에 관한 한 고전주의 시대는 '마지막 중세'라 말할 수 있을 이전 르네상스 시대의 관념을 여전히 부분적으로 유지하고 있다. 실제로 유럽에서 이러한 고대적 관념이 완전히 파기되는 것은 고전주의 시대가 끝나고 근대가 도래하는 18세기 말 이후의 일이다(316-326; 481-493). 한편, 치료cure의 개념에 충만한 의미를 부여한 것 역시 고전주의 시대이다.

"(치료는) 아마도 낡은 관념일 것이다. 그러나 (치료는) 그러나 만병통치약을 대체하기 때문에 이제 곧 진가를 발휘할 관념이다. 만병통치약은 **모든 질병**(다시 말해서 발생할 수 있는 모든 질병의 모든 결과)을 없애게 되어 있었던 반면, 치료는 특정한 **질병 전체**(다시 말해서 결정짓고 결정되는 질병에 포함되어 있는 것 전체)를 없앨 것이다. 그러므로 치료의 계기는 질병을 구성하는 요소와 연관되어야 한다. 그 시대에 질병은 치료행위에 논리적 처방을 규정하고 고유한 움직임으로 치료행위를 결정하는 자연적 단위로 인식되기 시작하는 것이다. 치료의 단계, 치료의 국면, 그리고 치료를 구성하는 계기는 질병의 가시적 본질과 밀접하게 연관되고, 질병의 난관과 일치하며, 질병의 원인들 각각에 대한 추적이 된다. … 그러므로 모든 치료는 실천임과 동시에 치료 자체와 질병에 대한, 그리고 치료와 질병 사이의 관계에 대한 자발적 반성反省, réflextion이다. 이제 결과는 확증된 사실일 뿐만 아니라 경험이기도 하며, 의학이론은 개별적 시도試圖, tentative 안에서 활기를 띤다. 이후 임상의학clinique이라 불리게 될 어떤 것이 나타나고 있는 중이다"(326; 494).

푸코가 1961년 『광기의 역사』를 출간한 이후 가장 먼저 한 일은 바로 이 '임상의학의 탄생'에 관련된 18세기 말 19세기의 전환기, 곧 고전주의 시대가 붕괴되고 근대가 설립되는 시기에 이루어진 **지각 구조의 변형**을 연구하는 책 『임상의학의 탄생. 의학적 시선의 고고학』(1963)을 쓴 것이다. 달리 말해, 『임상의학의 탄생』은 의학의 영역에 있어서의 고전주의로부터 근대로의 이행을 다룬 책이다. 이 책에 이어 노동·생명·언어의 영역에서 르네상스, 고전주의, 근대로의 이행을 연구한 것이 1966년의 『말과 사물. 인간과학의 고고학』이다. 1969년 『지식의 고고학』으로 마무리되는 푸코의 1960년대는 이 시기의 책들 대부분에서 보이는 '고고학'이라는 용어가 잘 보여 주듯이 유럽 학문 형성 및 이행의 고고학을 수행한 시기이다.

그러나 고전주의 시대에 일어난 변화의 정작 중요한 의미는 따로 있다. 이후 정신의학 담론의 중핵을 구성하는 핵심 요소인 **의사**médecin/**환자**malade**의 쌍**이 고전주의 시대에 확립되는 것이다. 이어지는 문장은 다음이다.

"(임상은) 이론과 실천 사이의 일정한 상호관계에 의사와 환자의 직접적 대면이 덧쓰인 영역이다. 구체적 경험의 통일성 속에서 고통과 지식은 서로 부합할 것이다. 그리고 구체적 경험은 의사와 환자의 공통 언어langage commun, 적어도 상상적 소통

communication을 요구한다.

그런데 18세기에 치료의 다양한 본보기가 가장 많이 얻어지고 치료가 의학의 특권적 기술로 인정됨으로써 치료의 지위가 강화된 것은 바로 신경질환maladies nerveuses의 경우에서이다. 마치 광기와 의학 사이의 이러한 교류가 수용으로 인해 끈질기게 거부되다가, 마침내 신경질환과 관련하여, 특별히 우대받는 식으로 확립되는 듯하다.

그러한 치료법들이 급속히 근거 없는 것으로 판단되기는 했지만, 이러한 치료법 안에서 관찰 정신의학psychiatrie d'observation, 입원의 외양을 띤 수용internement d'allure hospitalière, 그리고 피넬에서 뢰레까지, 샤르코에서 프로이트까지 그토록 기이한 어휘를 이용하게 되는 광인과 의사 사이의 이러한 대화의 가능성이 탄생한 것이다"(326-327; 494-495).

이하의 페이지들에서 푸코는 당시 광기의 치료를 조직한 치료법적 관념들 가운데 몇 가지를 ① 강화, ② 정화, ③ 물에 담그기, 세정과 흡수, ④ 운동의 조절이라는 네 가지 유형으로 나누어 고찰한다(327-342; 495-516).[32]

오늘날 당연시되고 있는 약물치료/심리(도덕)치료 사이의 구분은 고전주의 시대에는 존재하지 않았다. 신과 세계, 자연과 인간, 영혼과 육체의 통일성이 이러한 구분의 명료한 분리를 방해하고 있었기 때문이다. 이러한 분리는 정신의학에 있어서의 **처벌에 관계되는 죄의식의 도입**이라는 지각 구조의 근본적 변형이 도입된 19세기 이래의 '근대' 이후에야 유의미한 구분으로서 인식/인정된다.

"약물을 사용하는 치료행위와 심리와 도덕에 의거한 치료행위 사이의 차이, 우리(현대 유럽인들)가 즉각적으로 해독할 수 있는 이 차이는 고전주의 시대에는 유효하거나 적어도 의미심장한 구분으로 엄밀히 말해서 활용될 수 없었다. 이 차이는 공포가 더 이상 운동의 고정 방법이 아닌 **처벌**로 이용될 때에야, 기쁨이 생체의 팽창이 아니라 보상을 의미하게 될 때에야, 격노가 어색한 굴욕에 대한 대가에 지나지 않게 될 때에야, 요컨대 19세기에 유명

32 이 부분에서 등장하는 커피와 비누 및 식초 등의 효능 및 역효과에 대한 묘사, 목욕 치료 및 음악치료 등에 관한 내용을 다루는 고전주의 시대 '의학치료'에 대한 묘사는 오늘날의 관점에서 보면 그저 우스꽝스러운 미신이나 편견으로 보이지만, 매우 흥미로운 문화인류학·풍속학적 연구의 대상을 이룬다. 관심 있는 독자의 일독을 권한다.

한 '도덕적 방법들'이 창안되면서 광기와 광기의 치유가 **죄의식 작용** 속으로 들어갈 때에야 비로소 깊은 의미를 갖는 것으로 실재하기 시작하게 된다. 물질적인 것과 도덕적인 것의 구분은 광기의 문제의식이 **책임 있는 주체**의 물음 쪽으로 옮겨 갔을 때에야 비로소 정신의 의학에서 실질적 개념이 되었다. 그때 규정되는 **순수한 도덕의 공간**은 근대인의 심층과 진실이 탐색되는 그 심리적 내면의 정확한 범위를 보여 준다. … 심리학은 치유의 수단으로서, 그때부터 **처벌을 중심으로** 조직되고, 고통을 완화시키는 노력에 앞서 고통을 엄밀한 도덕적 필요성 속으로 끌어들인다. '위로를 베풀지 말라. 위로는 무익하기 때문이다. 추론에 의지하지 말라. 추론은 설득력이 없다. 우울증 환자들에 대해 슬퍼하지 말라. 당신의 슬픔은 그들의 슬픔을 지속시킬 것이다. 그들에게 즐거운 표정을 짓지 말라. 그들은 당신의 즐거운 표정에 상처를 입힐 것이다. 냉정하라. 필요하다면 가혹해져라. 당신의 이성이 그들의 행동규칙이게끔 하라. 그들에게는 단 하나의 심금心琴, 곧 괴로움의 심금만이 진동할 뿐이니, 용기를 내서 그것을 건드릴 수 있도록 하라'"(346; 521-522).**33**

---

33 강조는 인용자. 인용은 뢰레의 저서 『광기에 대한 심리학적 단상(*Fragments psy-*

끔찍한 폭력이 객관적 사실에 기반한 치료, 의학이라는 이름
으로 정당화된다. 그런데, 푸코에 따르면, 이러한 인식과 실천의
기반이 되는 의학적 사유에 있어서의 '물질적인 것과 도덕적인
것 사이의 이질성'은 연장延長과 사유思惟를 지닌 두 실체(물체와 정
신)에 대한 데카르트의 정의에서 비롯된 것이 아니다. 그것은 오
히려 정신의학 영역에서 일어난 지각 구조 변형의 결과이다.

"데카르트 이후 150년 동안 이러한 분리는 의학적 사유의 문제와
방법의 차원으로 받아들여지지 못했고, 실체들의 구별은 생체적
인 것과 심리적인 것의 대립으로 이해되기에 이르지 못했다. 데
카르트적이건 반데카르트적이건 고전주의 시대의 의학은 결코
데카르트의 형이상학적 이원론을 인간학의 대상이 되게 하지 못
했다. 그리고 분리가 이루어질 때, 그 분리는 데카르트의 『성찰
Meditationes』(1641)에 대한 갱신된 충실성에 의해서가 아니라, **결함**

chologiques sur la folie)』(1834). 벨기에의 정신의학자 조젭 기슬랭(Joseph Guislain, 1797-
1860)은 『정신장애 논고(Traité sur les phrénopathies)』(1833)에서 이러한 '도덕적 방법'의
일환으로 위협, 가혹한 말, 자기애에 가해지는 타격, 은둔, (가령 회전의자, 갑작스런
물세례, 러시의 압박의자 등과 같은) 처벌 및 때로는 식사와 음료를 제공하지 않는 등
'정신진통제'의 목록을 제시한다(346; 522). 이러한 목록은 오늘날 **의학의 이름을 빌린**
사디즘적 가학 취향의 정당화로밖에는 말할 수가 없다.

faute에 부여된 새로운 특권에 의해 이루어진 것이다. 광인에게서 육체의 치료행위와 영혼의 치료행위가 분리된 것은 오로지 **징계**懲戒, sanction의 실천에 의해서였을 뿐이다. 순수한 심리적 의학은 광기가 **죄의식의 영역**으로 양도된 이후에야 비로소 가능하게 되었다"(347; 522-523).[34]

정신의학에서 일어난 지각 구조의 변형은 단적으로 **도덕적 죄책감의 도입**이다. 고전주의 시대 말기 의학 영역에서 일어난 도덕관념의 도입은 다름 아닌 **환자와의 대화**를 통해 이루어진다. 소바주의 말을 들어 보자.

"영혼의 병을 치유할 수 있기 위해서 (의사는) 철학자가 되어야 한다. 실제로 이 병의 원인은 바로 환자가 소중한 것으로 생각하는 어떤 것에 대한 환자의 극단적 욕망이므로, 환자가 그토록 열렬하게 바라는 것이 겉보기에만 소중한 것이지 사실은 화禍의 근원이라는 사실을 확실한 근거에 입각하여 환자에게 입증하고 환자로 하여금 오류에서 벗어나도록 하는 것은 의사의 의무이다"(347; 523).

---

34 강조는 인용자.

의사는 치료를 위해 철학자, 보다 정확히는 윤리학자, **도덕가** moraliste가 되어야 한다. 거의 소크라테스적으로 보이는 이러한 활동은 이전 시대의 신부와 목사가 영혼의 영역에서 수행하던 일을 세속의 영역에서 의사가 대신 수행하는 것처럼 보인다. 이제 이와 관련된 의사의 역할은 다음의 세 가지 기능을 수행하는 것이다.

① **각성**: 의사는 이미 더 이상 단순히 잠자는 광인을 일깨우는 사람이 아니라 도덕가로서 행동하게 된다. ② **연극 연출**: 의사는 환자의 치료를 위해 다양한 방식의 연극을 행할 수 있다. 이러한 연극적 연출의 목표는 연극적 환상을 통해 광인이 현실로 믿고 있는 착란의 현실성을 박탈하고 광인을 현실 속으로 되돌리기 위한 것이다. ③ **직접적인 것으로의 회귀**: 윤리와 의학이 뒤섞인 이와 같은 풍경 속에서 광기로부터의 해방이 꿈꾸어지기 시작한다. 이때의 '해방'은 (인류애에 의해 광인의 인간성이 발견되었다는 식이 아니라) 광기를 자연의 부드러운 속박에 얽어매려는 동시대 정신의학의 욕망 담론으로 이해되어야 한다(348-359; 525-539). 이러한 기능의 수행이 가져오는 최종적 결과는 다음이다.

"이제 광기는 전적으로 병리학의 영역에 놓이게 된다. 이러한 변형은 이어지는 세기들(19-20세기)에서 실증적 지식, 또는 진실이 아니라면 진실을 가능케 하는 것의 도래로서 이해되었지만, 실은 고전주의 시대의 비이성의 경험이 **광기에 대한 엄밀하게 도덕적인 인식**으로 축소되는 현상이고, 이 도덕적 인식은 나중에 19세기가 과학적이고 실증적이며 실험적이라고 내세우게 될 모든 이해방식의 은밀한 핵심으로서 기능하게 될 것이다"(359; 539).[35]

고전주의 시대에 들어오면서 르네상스 시대의 비이성은 이제 **근본적으로** 도덕의 프리즘을 통해 인식된다. 그리고 "18세기 후반기에 이루어진 이러한 변화는 우선 치유의 기법 속으로 서서히 스며들었으나, 18세기의 마지막 몇 년 동안에는 개혁자들의 정신을 사로잡고 광기 경험의 대폭적인 재편성을 유도하면서 매우 급속히 표면으로 떠올랐다. 곧장 피넬은 이렇게 말할 수 있게 된다. "확고부동한 도덕규범을 따르는 것은 심기증, 우울증, 또는 조광증을 예방하는 데 대단히 중요하다"(359; 539). 비이성이 부도덕의 관점에서 포착된다는 것이 광인이 부도덕한 인물로 대상화된다는 것을 의미하는 동시에, 의사가 스스로를 도덕적인 인물로서 주체화하게 된다는 것을 의미한다. 이러한 과정은 너

---

35 강조는 인용자.

무도 철저히 관철되어 광인 스스로가 자신을 부도덕한 인물, 자기합리화를 행하지나 않을까 늘 걱정하고 스스로를 의심하는 인물, 그리하여 이러한 의심의 강박적 순환으로부터 결코 벗어나지 못하는 인물로 규정하게 된다. 광인은 자신이 걸린 질병이 수행하는 자동화 메커니즘의 노예가 된다. 이와 동시에, 환자는 의사 개개인이 갖고 있는 자의적 도덕관념의 노예가 된다. 이러한 일련의 동시적·상관적 연쇄 작용이 가져오는 결과는 다음이다. 고전주의의 정신의학은 죄책감과 자기합리화, 도덕적 강박증의 경향을 광기 자체의 본질적 특성으로 기술하게 된다. 이는 결과를 낳은 원인이라기보다는, **원인을 낳은 결과**, 또는 차라리 **결과와 원인의 동시적·상관적 탄생**이라는 말로 더 정확히 기술될 수 있는 하나의 사태이다.

이어서 푸코는 2부의 최종적 결론을 이끌어 낸다.

"고전주의 시대의 육체적 치료법thérapeutiques physiques과 심리적 치료thérapeutiques psychologiques를 구별하려고 애쓰는 것은 무익한 일이다. 당시에는 심리학이 존재하지 않았다는 단순한 이유 때문이다. … 고전주의 시대를 특징짓는 통합성을 갖는 이 중대한 비이성의 경험이 이후 분리될 때, 광기가 도덕적 직관에 완전히 몰수되어 질병에 지나지 않게 될 때, 우리가 방금 확증한 구별은 다른 의미를 갖게 되고 질병에 속했던 것은 유기체적인 것의 영역에 속하게 되며 비이성이나 비이성의 초월적 담론에 속했던 것은 심리적인 것의 차원으로 넘어가게 된다. 심리학이 탄생하는 것은 정확히 이때인데, 심리학은 광기의 진실로서가 아니라, 비이성이었던 광기의 진실에서 이제 광기는 분리되었으며 그때부터 광기는 자연의 무한한 표면에서 표류하는 하나의 **무의미한**insignificant 현상에 불과하다는 기호로서 탄생한다. 이는 광기의 축소 이외의 어떤 다른 진실도 갖지 않는 수수께끼이다"(359-360; 540-541).

19세기 근대에 들어와서야 생물학biologie이 형성되고 고전주의 시대에는 오직 박물학histoire naturelle만이 존재했던 것처럼, 고전주의 시대에는 심리학psychologie이 존재하지 않았다. 이런 의미에서 우리는 프로이트에게도 '공정해야' 한다.

"(프로이트의) 『다섯 개의 정신분석』과 (자네의) 『심리 치료작업』에 관한 세심한 조사 사이에는 **발견**의 두께 이상의 것이 존재하고, **회귀**의 가장 주도적인 폭력성이 존재한다. 자네는 분할의 요소를 열거했고 목록을 조사했으며 여기저기에서 병합활동을 수행했으며, 아마도 정복을 수행했을 것이다. 프로이트는 광기를

언어작용langage의 층위에서 다시 취급하면서 실증주의에 의해 침묵으로 귀착된 경험의 본질적 요소들 가운데 하나를 재구성했지만, 광기에 대한 심리학적 처치의 목록에 주요한 추가를 수행하지는 못했고 다만 의학적 사유 안에 비이성과의 대화 가능성을 복원시켰을 뿐이다. 치료 행위들 중에서 가장 '심리학적인' 것이 그토록 빨리 자신의 다른 측면(유기체적인 것)으로 기울어졌으며 유기체를 통한 확증에 마주쳤다는 사실에 놀라지 말자. 정신분석의 관건은, 결코 심리학이 아니며, 정확히 근대 세계에서 심리학이 본질적으로 은폐할 수밖에 없었던 비이성의 경험이다"(360; 540-541).[36]

푸코에 따르면, 기존 심리학을 비판하고 나온 정신분석은 근대 이래 유럽 심리학이 은폐한 비이성의 경험을 자신의 방식으로 재전유再專有했을 뿐이다.

---

[36] 등장하는 두 작품은 각기 도라, 꼬마 한스, 쥐인간, 슈레버 판사 및 쥐인간 사례를 다룬 1905-1918년의 글을 모은 프로이트의 저작 『다섯 개의 정신분석(*Cinq psychanalyses*)』과 프로이트와 동년배이지만 프로이트가 영향을 받기도 하고 후에는 논쟁의 대상이 되기도 한 프랑스 정신의학의 대표자 자네(Pierre Janet, 1859-1947)의 저작 『심리 치료작업. 정신치료의 방법론에 대한 임상적·역사적·심리적 연구(*Les médications psychologiques : études historiques, psychologiques et cliniques sur les méthodes de la psychothérapie*』(1919)이다. 두 저작에 담긴 글들은 거의 동시대에 작성되었다.

5장

『광기의 역사』 — 3부

■ 서 론

『광기의 역사』 전반에 걸쳐 드러나는 푸코의 기본적 주장은 다음과 같다. 유럽 고전주의 시대에 설정된 광기에 대한 인식이 이전 르네상스까지 이어져 내려오던 광기의 풍부한 함축을 축소·환원했다. 이러한 광기의 대상화 작업은 근대에도 이어져 정신의학·심리학·정신분석의 이름으로 **의학화·학문화**되었다. 따라서 푸코의 『광기의 역사』가 펼치는 궁극적 주장은 여전히 우리가 속해 있는 근대로부터 근원적으로 탈피하여 광기의 풍부함을 되찾자는 것이다. 물론 이때의 '되찾자'는 표현은 불가역적인 '시간을 되돌리자'는 말이 아니라, '새로운 미래를 발명하자'는 말일 수밖에 없다.

이제 『광기의 역사』는 고전주의를 지나 근대로 접어든다. 이 때의 '근대époque moderne'란 푸코에게 '18세기 말 19세기 초에 시작되어 자신이 글을 쓰는 1960년대 초반까지도 여전히 이어지고 있는 것으로 가정되는 하나의 시대'이다. 그러나, 푸코에 따르면, 이 '근대'는 끝나 가는 중이다. 『광기의 역사』는 이런 면에서 '끝났어야 하나 아직 여전히 살아 있는 근대를 끝내기 위해', 그리고 '수백 년의 압제와 억압을 거쳤지만 여전히 유럽 역사의 저변에 면면히 살아 이어져 오는 광기의 풍부성'을 복원하기 위해 작성된 책이다. 우리는 유럽의 근대가 시작되는 18세기 말까지도 여전히 분열되어 파괴되지 않은 채 충만한 모습 그대로 살아 있는 광기의 모습을, 특히 **예술과 문학의 영역**에서 목격한다. 그것은 저자의 사후 출간된 드니 디드로Denis Diderot(1713-1784)의 소설 『라모의 조카Neveu de Rameau』(1791)에 등장한다. 소설은 우리에게 잘 알려진 18세기 프랑스의 음악가 라모Jean-Philippe Rameau(1683-1764)의 조카를 모델로 하여 화자인 철학자가 예술가이자 냉소적이고 제멋대로인 광인으로 등장하는 라모와 대화를 나누는 방식으로 전개된다.

우선, 라모의 조카는 자신이 광인이라는 것을 분명히 '알고' 있는데, 이것은 그의 가물가물한 확신에서 찾아볼 수 있는 가장 집요한 요소이다. 광기, 광기에 대한 자의식, 또는 라모의 조카가 영위하는 이 **비이성적인(착란적) 실존**existence déraisonnable의 의미는 무엇일까?

"그것은 아주 먼 옛날의 형상, 특히 중세를 환기시키는 익살 광대의 모습을 이어받고 또한 비이성의 가장 근대적 형태, 즉 (19세기) 네르발과 니체와 (20세기) 앙토냉 아르토과 동시대에 나타나게 될 형태를 (미리) 알려 주는 매우 오래전의 실존이다. 18세기에 그토록 이목을 끌면서도 알려지지 않은 변화의 연대기에서 슬쩍 뒤로 물러나는 것일 뿐만 아니라, 이와 동시에 비이성의 커다란 구조, 말하자면 **서양 문화에서 약간은 역사가의 시간 아래 잠들어 있는 구조의 일반적인 형태**를 알아차릴 수 있게 해 주는 것이다. 그리고 아마도 『라모의 조카』는 모순으로 뒤죽박죽인 형상을 통해, **고전주의 시대에 비이성의 경험을 쇄신시킨 격변의 가장 본질적인 측면**을 우리에게 곧장 알려 주게 될 것이다. 그러므로 『라모의 조카』를 **역사의 응축된 패러다임**으로 검토할 필요가 있다. 그리고 「광인들의 배」에서 니체의 마지막 말과 어쩌면 아르토의 울부짖음까지 이르는 중요한 **파선**破線이 이 작품에 의해 한순간의 섬광처럼 그려지므로, 이 작중인물이 무엇을 감추고 있는가, 디드로의 이 텍스트에서 이성·광기·비이성이 어떻게 마주쳤는가, 이것들 사이에 어떤 새로운 관계가 맺어졌는가를 알아보도록 노력하자. 우리가 이 마지막 3부에서 써야 할 역사는 조카의 말에 의해 열린 공간의 내부에 놓여 있지만, 결코 이 공간 전체를 망라하는 것은 아니다. **광기와 비이성을 겸비하고 있는 마지막 인물**인 라모의 조카는 또한 **광기와 비이성 사이에 존재하게 될 분리 작용** séparation**의 계기를 미리 나타내는 인물**이기도 하다. 다음에 이어질 장章들에서 우리는 (이후 칸트의) 인간학에서 처음으로 나타나게 될 현상들에 주목하면서 이러한 분리 운동을 충실하게 뒤따르고자 애쓸 것이다"(363-364; 545-547).

라모의 조카는 근대 이후에 나타나게 될 광인의 모습을 미리 알려 주는 오래된 미래이다. 라모의 조카는 르네상스적 광기와 비이성을 보존한 마지막 인물이자, 칸트의 인간학 이후 나타나게 될 분리작용의 단초를 보여 주는 계시적 인물이다. 라모의 조카는 '서양 문화에서 약간은 역사가의 시간 아래 잠들어 있는 구조의 일반적인 형태'를 알아차릴 수 있게 해 주는 인물, '고전주의 시대에 비이성의 경험을 쇄신시킨 격변의 가장 본질적인 측면'을 우리에게 알려 주는 인물이다. 따라서 우리는 『라모의 조카』를 '역사의 응축된 패러다임'으로서 검토할 필요가 있다.

"이 작품은 로크의 작품 전체, 볼테르의 작품 전체 그리고 흄의 작품 전체보다 훨씬 더 **반反데카르트적인 가르침**을 18세기 중엽에, 데카르트의 발언이 완전히 이해되기도 훨씬 전에, 우리에게 베풀어 준다.

자신의 인간적 현실 속에서, 자신의 이름이 아닌 이름에 의해서만 익명성에서 벗어나는 그 희미한 삶, 이를테면 그림자의 그림자 속에서, 라모의 조카는 모든 진실의 안과 밖을 넘어서고 또 포괄하면서 현실의 존재와 비존재에 관한 착란délire을 실존으로 실현한 경우이다. 데카르트의 기획이 이와는 반대로 자명한 관념의 실재 안에서 진실이 출현할 때까지 임시로 의심을 감내하는 것이었다는 점을 생각할 때, 근대 사유의 **비非데카르트주의**는 아마도 결정적인 측면에서 본유 관념에 대한 (비판적) 논의 또는 존재론적 논증에 대한 비난과 함께 시작되는 것이 아니라, 바로 『라모의 조카』라는 텍스트, 그러니까 (이후 19세기 초·중엽의) 횔덜린과 헤겔의 시대에 가서나 이해될 수 있었던 전복顚覆 안에서 드러나는 그러한 실존에서 시작된다는 것을 분명히 알아차릴 수 있다"(368; 552-553).

라모의 조카는 로크와 볼테르 그리고 흄의 작품 모두를 합친 것보다 훨씬 더 반데카르트주의적, 비데카르트주의적이다. 라모는 "비이성이 이성의 '바깥에' 있는 것이 아니라 정확히 이성 '안'에서 이성에 의해 포위되고 소유되며 사물화되는 것일뿐더러, 이성에 대해 가장 내적이고 또한 가장 투명하며 가장 분명히 나타난다"는 사실, 결국은 "이성이 비이성을 소유하는 움직임 자체 속에서 스스로 소외된다(미친다)s'aliène"는 사실을 우리에게 알려 준다(365; 549). 라모는 고전주의적 이성의 비밀을 드러낸다. "이성은 자신이 광기를 소유하는 방식에 따라서만 광기를 인식할 수 있고, 바로 그런 한도 내에서 비이성은 이성의 근거가 된다"(365; 548). 비이성은 고전주의적 이성의 **가능근거**이자, **존재근거·인식근거**이다.

이제, 착란délire은 광기의 핵심에서 새로운 의미를 갖는다. 착란은 더 이상 오류erreur의 공간이 아니라 **아이러니**ironie의 수사학 속에서 정의된다(369; 553-554).

"라모의 조카가 내보이는 착란은 프로이트와 니체를 예고하는,

필요와 환각의 몽환적이고 비극적인 대립으로서, 동시에 세계에 대한 반복적 아이러니, 환각의 무대 위에서의 파괴적 재구성이다. … 이제 비이성은 중세가 비이성을 알아보고자 했던 그 **낯선** 모습을 더 이상 띠지 않으며, **친숙성**과 **동일성**의 지각 불가능한 가면을 쓰고 있다. 비이성은 무언극의 얇은 표면에 의해 자기로부터 분리된 세계이자 동시에 동일한 세계이고, 비이성의 힘은 더 이상 낯섦을 유발하는 것이 아니며, 비이성의 임무는 더 이상 근본적으로 다른 것을 솟아오르게 하는 것이 아니라 세계를 동일한 것의 순환 속에서dans le cercle du même 맴돌게 하는 것이다"(369- 370; 554-555).

광기는 이제 더 이상 이전처럼 낯선 것, 이질적인 것, 다른 것이 아니며, 오히려 닮은 것, 동질적인 것, **같은 것**이다. 광기는 18세기 중엽 라모의 조카에 의해 마지막으로 한번 더 섬광처럼 빛을 발한다. 그러나 이러한 섬광은 오래 가지 않는다. 19세기에 돌입하면서 광기는 이제 **완전히 대상화되어** 침묵 속으로 잠기고 **정신병**이라는 새로운 이름표를 부여받는다.

"19세기의 진지한 정신은 『라모의 조카』가 비꼬듯이 보여 준 그 분할할 수 없는 영역을 심하게 공격해야 했고, 분리할 수 없는 것에 병적인 것이라는 추상적 경계선을 그어야 했다. 18세기 중엽에 이 통일성은 갑자기 섬광으로 빛났지만, 누군가가 다시 용감하게 그것을 응시하게 되는 데에는 반세기 이상의 기간이 필요했다. (18세기 말에서 20세기 초·중반에 이르는) 횔덜린으로부터 네르발, 니체, 반 고흐, 레몽 루셀, 아르토는 비극적일 정도로, 다시 말해서 광기를 부인함으로써 비이성의 경험을 잃어버릴 정도로 위험한 응시를 무릅썼다. 그리고 그들 각자의 실존, 그의 삶인 그 말들 각각은 아마 **근대 세계의 본질**과 관련되어 있을 다음과 같은 물음을 한결같이 되풀이한다. 비이성이라는 차이를 보존하는 것은 왜 가능하지 않을까? 왜 비이성은 감성적인 것의 망상 속에서 현혹되고 광기의 물러남 속에 유폐되어 언제나 자체로부터 분리되어야 하는 것일까? 어떻게 비이성은 그 지점에서 언어를 박탈당할 수 있었을까? 비이성을 한번 정면으로 바라본 사람들을 넘어 나간 듯 망연자실하게 하고 **비이성**Déraison을 검증하려고 시도한 모든 사람들에게 **광기**folie의 판결을 내리는 그러한 권력은 도대체 무엇일까?"(372; 557-558)[37]

---

37 '근대 세계의 본질'은 인용자 강조.

근대 세계의 이성은 자신의 분신, 짝패인 비이성을 바라보려는 모든 사람들을 광인으로 낙인찍는다. 이제 비이성은 **질병**이자 **비정상**이 되고 **정신병**이라는 새로운 이름을 부여받는다. 이는 유럽 근대의 우연한 현상이 아니라, 유럽의 근대를 근대로 만드는 **필수적** 구성요소이다. 이어지는 제1장 '대공포'에서 푸코가 그려내는 것은 의학의 외피를 입은 도덕주의의 발호, 근대와 광기가 동시적·상관적으로 구성·구축되어 가는 과정의 세밀화이다.

도덕 자체는 없으며, 오직 이 도덕과 저 도덕이 있을 뿐이다. 자신이 속한 특정 시대와 사회의 특정 도덕을 도덕 자체와 동일시하는 관점이 **도덕(지상)주의**moralisme이다. 도덕주의는 현 사회의 도덕, 곧 자신의 도덕적 판단과 도덕 감정을 '우주와 세계 및 인간의 본성에 합치하는' 도덕 자체, '인간이라면 마땅히 지켜야 할', '유일하게 올바른' 도덕과 동일시하는 무지와 권력의지의 생산물이다. 경제적인 부분으로 경제 이외의 모든 부분을 경제적 효용성의 관점에서 바라보고 심판하는 신자유주의néoliberalisme와 마찬가지로, 도덕주의는 도덕 이외의 모든 부분, 세상의 모든 부분을 도덕적 관점에서 보고 판단한다. 신자유주의자와 도덕주의자의 세계에는 영역의 구분이 없고 오직 하나의 보편적 관념에 의해 지배되는 하나의 세계, 균질하고도 동질적인, 또는 그래야 하는, 하나의 세계만이 존재할 뿐이다.(이런 의미에서, 도덕이 사회를 구성하기 위해서는 어떤 의미로든 불가피하게 필요한 구성요소라면, 도덕주의는 기득권 체제의 유지를 목적으로 하는 강화와 재생산의 시스템으로 기능하게 된다.) 신자유주의와 도덕주의는 모두 **보편주의**universalism의 특정 버전들이다. 보편주의는 '모든 것이 모든 것을 서로 닮아야 하는' 균질하고도 동질적인 세계, 하나의 세계, 하나의 꿈, 하나의 원칙, 하나의 도덕, **하나의 진리**가 지배하는 세계이다. 그리고 이러한 주장의 근거는 자신의 사실과 자연에 대한 해석이 (가능한 다양한 해석들 중 '하나의 해석'이 아닌) 사실 자체라는 입장이다. 이처럼 '인간의 인식(또는 감각, 관념, 개념)을 객관적 존재에 대한 **있는 그대로의** 반영으로 보는' 이러한 주장을 철학에서는 **재현再現론**representationalism 또는 **반영反映론**Widerspiegelungs Theorie이라 부르는데, 재현주의와 반영론의 공통점은 이러한 재현 혹은 반영의 주체, 곧 인식주체가 사라진다는 점이다. 재현작용과 반영작용이 강조되어 재현 및 반영의 대상과 작용만이 남고 주체가 사라진다. 따라서 이들의 언어사용에서는 인식주체 곧 주어가 사라진다. 내가 그렇게 본 것이 아니라, 나는 아무것도 하지 않았다. 나는 다만 사실을 **왜곡 없이** 있는 그대로 반영했을 뿐이다. 진리이론들 중 '사태와 언어의 일치'를 추구하는 대응설對應說,

correspondence theory of knowledge의 극단적 버전일 반영론의 화법에서는 다음 문장에서처럼 (   ) 안의 주어가 빠지게 된다. 인간이라면 마땅히 지켜야 할 법도라는 것이 있다, 신이 세계를 창조했다, 이제까지의 인류 역사는 계급투쟁의 역사이다(라고 나는 믿는다, 또는 그렇다고 나는 생각한다). 이는 (본의 아닌) 유체이탈 화법처럼 작동한다.

앞서 간단히 언급한 것처럼, 사실과 자연physis에 대한 해석이 도덕과 당연nomos의 정당화 근거로 기능한다. 그리고 이때 사실과 자연을 말하는 주체는 자신이 말하는 사실과 자연이 (사실과 자연 **자체**가 아니라) 사실과 자연의 특정 부분을 특정 관점에서 재구성한 특정 해석, 곧 **자신의** 사실과 자연임에도 불구하고, 이를 사실과 자연 자체와 동일시한다. 자연과 사실에 대한 해석의 독점은 자신이 신봉하는 당연과 도덕에 대한 자기 정당화 장치이다. 그런데, 재미있는 사실은 이때 이러한 해석을 수행하는 주체는 자신의 해석을 해석이 아닌 사실 자체와 동일시한다는 점이다. 그리고 이러한 동일시의 근본 버전은 서양의 경우 탈레스, 파르메니데스, 플라톤으로부터, 아우구스티누스, 토마스 아퀴나스를 거쳐, 데카르트와 뉴턴으로 대표되는 고전주의 시대에 와서 활짝 꽃피어 난다.

푸코에 따르면, 이러한 **재현작용**représentation이 동시대 모든 지식의 가능조건, 인식론적 장, 에피스테메로 기능한 시기가 다름 아닌 고전주의이다. 광의의 근대가 시작되는 시기로서의 고전주의 시대의 재현론은 도덕의 영역에서도 여실히 자신의 기능을 수행한다. 도덕은 자의적이거나 문화적인 것, 변경 가능한 것이 아니라, 자연과 우주의 법칙, 필연적이며 불변하는 섭리 그 자체의 반영이다. 도덕은 신의 명령이다. 진리는 자연의 운행법칙, 섭리, 신의 의지 그 자체에 대한 있는 그대로의 반영, 시공에 구애받지 않는 지식이다. 그리고 세계의 운행법칙에 대한 올바른 반영은 하나밖에 없다.(있을 수 없다.) 이러한 세계에서, 나의 진리와 다른 진리를 믿는 자는 틀린 자가 된다. 나와 다른 자는 틀린 자이다. 이 유일한 진리는 우주 전체에 통용되는universal 진리, 보편적universal 진리이다. 보편적인 진리가 지배하는 사회는 유일한 진리가 지배하는 사회, 곧 진리에 대한 다른 인식과 해석이 있을 수 없는 사회, 따라서 이견이 용납될 수 없는 사회, 이견이 용납되어서는 안 되는 사회이다. 플라톤이 꿈꾸는 이상 국가, 그리스도교가 지배하는 중세의 유럽, 성리학이 지배하는 조선, 주체사상이 지배하는 조선민주주의 인민공화국은 모두 이러한 유일 보편주의가 지배하는 체제, '지옥 속에서의 안정'을 가져다주는 체제이다. 이들 사회는 모두 '**자신**의 기준보다 길면 자르고, 짧으면 강제로 늘리는' **프로크루스테스**Prokroustes의 **침대**를 기준으로 삼는 사회들이다.

이들 모두는 자신의 기준, 자신의 보편을 기준, 보편 자체와 동일시하는 보편주의자들, **본질주의자들**essentialists이다. 자신의 '해석'을 세계와 인간에 대한 **있는 그대로의** 충실한 반영이자 재현 representation이라 믿어 의심치 않는 이 악의 없는 선남선녀들, 인식 주체인 나는 인식 대상인 세계를 있는 그대로 보았을 뿐 특별히 한 일이 없다는 평범한 사람들, 자신이 조건화된 인식체계가 인간의 보편적 인식체계 자체라고 믿고 있으므로 실은 주어가 **빠진** '유체이탈' 화법을 구사하면서도 그러한 사실을 자각하지 못하는 사람들, 따라서 자신의 해석과 '현실reality' 자체를 동일시하는 사람들, 자기 해석의 '해석임'과 '정치성'을 인정하지 않으며 따라서 정치로부터 벗어난 중립과 중용을 외치는 보편주의자들, 본질주의자들은 보통 이런 수사학을 구사한다. "사태의 본질essence, 핵심을 봐야 한다, 사태가 왜 이렇게 됐는지 사태의 기원archē, 근원origine을 보는 지혜sophia가 필요하다. 정작 중요한 게 무엇인지를 봐야 한다. 정작 **나무만 보고 숲을 보지 못하는 어리석음**을 범하지 말아야 한다. **장님 코끼리 만지기**가 되지 않으려면 전체를 보는 균형 잡힌 시선을 가져야 한다. 치우치지 않는 중용中庸, 시중時中의 판단력, 지혜sophia, 분별력phrónēsis을 가져야 한다.” 이 모든 담론은 자신의 ‘균형 잡힌’ 입장, ‘전체를 조망하며 균형을 취하(려 노력하)고 있는’ 자신의 입장이 해석이 아닌 진실 자체라는 대전제, 적어도 나의 입장이 타인들의 입장보다는 전체를 조망하는 진실의 대강에 더 근접해 있다는 대전제에 입각해 있다. ‘나무를 보며 숲을 보지 못하는 어리석음’ 또는 ‘장님 코끼리 만지기’라는 담론은 자신의 비판으로부터 자신을 예외로 두는 담론이다.

이는 ‘모든 도덕적 악, 오류는 전체에 대한 불완전한 인식, 곧 **부분적 인식**으로부터 온다’는 스피노자의 입장에서 그 근원적 형식을 찾을 수 있다. 그리고 니체는 바로 그러한 전체에 대한 통찰, 불편부당한 인식자인 **신의 사망**을 선고한 것이다. 진실과 진리, 보편에 대한 모든 입장은 실은 **나의 입장**이다. 이것이 데카르트의 사유하는 코기토가 다시는 되돌릴 수 없는 불가역적 방식으로 유럽사회를 바꾸어 놓은 실내용이다. 신이 있다 없다, 저 신부가 신뢰할 만하다 아니다, 이 주장이 옳다 그르다를 판단하는 최종적 판정 주체는 어떤 경우에도 신이 될 수 없고 오직 **나**일 수밖에 없기 때문이다. 나의 결정이 신의 뜻이라고 믿는 것은 나이지 신일 수 없다.(이러한 주장은 실은 그리스도교의 은총설 교리에도 부합한다. 나의 결정이 나의 결정이 아니라 신의 의지와 명령에 의한 것이라면, 마치 주범인 교사범이 조력자 혹은 공동정범인 실제 수행자를 처벌하는 경우와 마찬가지로, 신이 나의 행동을 심판하는 것이 불합리한 일이 되기 때문이다. 칸트의 '실천이성의 우위'가 잘 보여 주었듯이, 이의 해결을 위해 인간은 순수이성만으로는 정당화할 수 없는 '인간의 자유의지'를 **요청**하게 된다.) 그리고 이 나는 관점 없이 볼 수가 없다. 칸트는 인간 인식의 **보편적 형식**이 있다고 보았는데, 니체는 바로 그러한 주장을 부정한다. 칸트는 인식 대상인 물자체物自體, Ding an sich는 알 수 없지만, 그것이 인간에게 인식되는 방식에는 보편적 형식이 있다고 보았다. 니체는 이렇게 묻는다. 그렇다면 인간이 이 보편적 형식을 알고 싶어 할 때, 이 경우 '알 수 없는 것'으로 정의된 물자체는 인간 인식의 보편적 형식 자체가 될 텐데, 칸트는 어떻게 이 알 수 없는 인간 인식의 보편적 형식을 알 수 있다고 말하는 것인가? 이는 자신의 이론에 대해 자신의 주장만을 예외로 놓는 지적 비일관성이다. 니체는 이제까지의 모든 이론이 '진리를 올바로 포착한' 자신의 입장만은 늘 '예외'로 설정하는 **지적 불성실**을 저질러 왔으며, 따라서 자신은 자신의 입장도 자신의 주장에 대한 예외로 놓지 않겠다고 선언한다. 이것이 유럽철학사에서 니체가 갖는 의미이자 도덕적 우위이다.

서 있는 곳立場 없이 설立 수 없듯이, 보는 지점觀點이 없이 볼觀 수 없듯이, 우리의 모든 개별적 진리 주장은 그것을 가능케 한 진리체계, **진리놀이**jeux de vérité가 없으면 존재할 수 없다. 이 진리놀이의 체계를 푸코는 『광기의 역사』와 『임상의학의 탄생』에서는 **지각 구조**, 『말과 사물』에서는 인식론적 장, **에피스테메**라고 부른다. 이처럼 개별적 인식을 가능하게 만든 인식론적 장, 에피스테메의 변형을 연구하는 학문이 **지식의 고고학**이다. 주어진 특정 진리놀이의 내부에는 **동질성**이, 이런 진리놀이들 사이에는 **이질성**이 지배한다.(진리놀이들을 가로지르는 보편성, 곧 메타 진리놀이는 없다.) 따라서 동일한 진리놀이를 행하는 주체들은 진리 곧 **정답**을 발견할 수 있으나, 다른 진리놀이들이 기초해 있는 대전제의 부정에서 출발하는 상이한 진리놀이들을 수행하는 각각의 주체들 사이에는 진리, 정답이 **없다.**

보편주의의 도덕 버전인 도덕주의로 돌아가면, 보편주의의 경제 버전인 신자유주의와 마찬가지로, 도덕주의는 도덕 이외의 모든 영역을 도덕의 관점에서 판단한다. 이는 신자유주의자들이 경제적 효율성의 관점으로 경제 이외의 모든 영역을 판단하고 심판하는 것과 동일한 사태이다. 신자유주의자들이 경제적 가치를 경제 이외의 영역에 적용하는 것을 주저하지 않듯, 도덕주의자들은 도덕적 잣대를 도덕 이외의 영역에 적용하기를 주저하지 않는다. 양자 모두의 인식 체계 내에서, 인권과 경제의 영역은 구분되지 않는다. 보편주의의 세계는 **하나의** 유일한 가치가 지배하는 세계, 동질적인 세계, **무차별**indifference의 세계이다. 신자유주의자들이 경제 논리를 인권의 영역에 적용하듯, 도덕주의자들은 도덕을 경제 영역에도 적용시킨다. 무차별의 세계는 **차별**discrimination의 세계만큼이나, 많은 문제를 불러일으킨다.[38] 플라톤의 모든 저작들이 잘 보여 주듯이, 이처럼 보편은 하나의 기준을 확정하는 문제에 다름 아니고, 기준의 확정은 충돌하는 다양한 의견 사이에서 각자가 택하는 선택, 선별의 문제이다. 여러 가지 의견 사이에서 이러저러한 근거로 하나의 의견을 선택하는

---

38 사회철학의 영역에서 공동체주의자들로 알려진 왈저(Michael Walzer, 1935-)의 『정의(正義)의 영역들(*Spheres of Justice*)』(1983)[국역본 명은 『정의와 다원적 평등. 정의의 영역들』(철학과현실사, 1999)], 매킨타이어(Alasdair MacIntyre, 1929-)의 『누구의 정의(正義)? 어떤 합리성?(*Whose Justice? Which Rationality?*)』(1988)과 같은 제명, 또는 푸코에도 영향받은 『오리엔탈리즘(*Orientalism*)』(1978)의 저자 사이드(Edward Said, 1935-2003)의 '문명의 충돌인가, 정의(定義)의 충돌인가?(*Clash of civilizations, or the clash of definitions?*)' 같은 주제는 이러한 문제의식을 잘 보여 준다. 이들이 대략 1920-1930년대 생이고, 푸코 역시 1926년 생으로 이들과 **동시대적 인물**임을 생각해 보면, 이러한 문제가 이 시기, 적어도 서양 지식인들의 **공통적인 문제의식**이었음을 쉽게 알 수 있다.

문제는 정치적인 문제에 다름 아니다. 이 경우 어느 누군가가 자신의 의견은 다른 모든 의견과 달리 어떤 의견이 아니라 진리이며, 나의 진리와 다른 주장을 펼치는 사람은 유일한 진리와 다른 주장을 펼치고 있으므로 오류이고, 틀린 것이라는 주장을 펼 때, 그 사람 자신을 포함한 다른 모든 사람은 이 사람의 주장을 잘 검토해 보아야만 한다. 이 사람은 플라톤일 수도, 프톨레마이오스일 수도, 데카르트, 뉴턴, 마르크스일 수도, 또는 나거나 당신일 수도, 당신 또는 내가 사랑하거나 증오하는 사람일 수도 있기 때문이다.

아래에서는 이제, 푸코를 따라, 고전주의 사회가 공포에 기반하여 이러한 체제를 구축해 간 과정을 보다 자세히 살펴보자.

1. 대공포

18세기 중엽의 몇 해 사이에 갑자기 공포가 솟아오른다. 이 공포는 '의학용어로 표명되어 있지만, 근본을 헤아려 보면 **도덕적 신화에 의해 고조되는 공포**'이다(375; 562). 수용은 어쩌다 보니 광기와 결합된 우연한 사태가 아니라, 유럽 고전주의 시대 이래 광기의 본질을 이룬다. 그리고 수용의 근거는 다름 아닌 사회 질서의 이름으로 정당화되는 도덕적 추문, 스캔들이다. 사회의 질서는 하나님이 부여한 자연의 질서를 사회의 영역에 적용한 것에 불과하다. 질서의 이름으로 부과되는 도덕적인 동시에 의학적인 추문의 의식이 이 시기를 근본적으로 규정한다. 이 도덕적 질병은 실은 하나의 환상인 동시에 단순한 은유를 넘어서는 의학적 실체로서 받아들여진다. 사람들은 '수용시설에서 퍼져 나가 이윽고 도시를 위협하려는 몹시 불가사의한 병'을 누구나 두려워하고, '병으로 인해 탁해진 공기가 주거구역을 오염시킬' 것이라고 추측한다.

> "로피탈 제네랄, 감옥, 수용시설의 부패한 공기에 전가할 수 있는 일단의 온갖 대립적 의미들 전체를 짐작하기 위해서는 거의 동일한 시대에 시골의 공기에 부여된 도덕적이고 동시에 의학적인 가치(육체의 건강, 영혼의 굳건함)를 상기하는 것으로 충분하다. 도시는 모두 유해한 독기로 가득 찬 그런 대기에 의해 위협받고, 도시의 주민들은 부패와 악덕에 서서히 물들게 된다"(375; 564).

이처럼 비이성의 세계와 의료의 세계는 우선 공포의 환상에 의해 서로 연결되었고, '부패'와 '악덕'의 끔찍한 혼합물 속에서 서로 합쳐졌다. 푸코에 따르면, 근대의 의사가 광기와 질병을 다루는 의학의 대표자가 아니라, 수용소로부터 사회를 보호하기 위해 호명되었다는 사실은 광기와 의학, 광인과 의사 짝패가 이후로 갖게 될 의미를 단적으로 보여 주는 상징적 사건이다.

> "**의료인**homo medicus이 범죄인 것과 광기인 것 사이에서 죄악과 질병 사이의 분할을 행하기 위한 **심판자**arbitre로서 수용의 공간으로 호출되었다기보다는 오히려 수용의 벽을 뚫고 새어 나가는 막연한 위험으로부터 다른 사람들을 보호하기 위한 **수호자**gardien로서 불려 나갔다는 것은 근대 문화에서 광기가 틀림없이 차지하게 될 자리와 관련하여 중요하고도 어쩌면 결정적인 사항이다"(378; 566).

고전주의로부터 근대의 초입에 이르는 광기의 역사를 기술한 푸코의 주장은 다음 문장에 요약되어 있다. 광기가 오늘날의 광기가 된 것은 이제까지 살펴본 것처럼 고전주의 시대에 일어난 이러한 일련의 사태들 때문이다. 이 책의 제명이『고전주의 시대의 광기의 역사』인 것은 우연이 아니다. 어떤 면에서, 근대에 일어난 '광기의 정신병화'는 이전 고전주의 시대에 설정된 기본

틀로 되돌아간 것이다.

"전통적으로 광기가 의학적 지위를 획득하는 방향으로의 '진보
progrès'라고 불리는 것은 사실 기묘한 회귀retour에 의해서만 가능
했을 뿐이다. 도덕과 육체를 전염시키는 것들의 뒤얽힌 혼합을
통해, 그리고 18세기에 그토록 친숙했던 불순한 것의 상징체계에
힘입어, 매우 오래된 이미지가 사람들의 기억에 다시 떠올랐던
것이다. 또한 비이성이 의학적 사유에 마주치게 된 것도 지식의
완벽화에 의해서라기보다는 이와 같은 상징작용의 재활성화 덕
분이다. 역설적으로 실증주의는 이러한 환상세계가 재래하여 당
대의 질병 이미지와 뒤섞이는 가운데 비이성과의 밀접한 관계를
맺게 되거나 오히려 비이성으로부터 스스로를 방어할 새로운 근
거를 발견하게 된다"(378; 566-567).[39]

---

39 푸코는 이 부분의 각주(원주 13)에서 프랑스혁명 시기의 정치가 미라보 백작의 글
을 인용한다. "모든 사람들처럼 나도 비세트르(Bicêtre)가 로피탈 제네랄이자 동시
에 감옥이라는 것을 알고 있었다. 그러나 로피탈 제네랄의 설립이 결과적으로 질
병을 낳고 감옥이 결국 범죄를 야기한다는 점은 모르고 있었다"(378; 566). 푸코는
이후 『감시와 처벌. 감옥의 탄생』(1975)에서 이러한 주제를 18세기 말 형벌로서의
감옥 제도의 도입 상황과 비유하면서, 감옥의 실패가 오히려 감옥의 성공이며, 범
죄의 생산이라는 감옥의 실패가 실은 감옥이 수행하는 기능의 일부로 감옥의 성공
을 의미한다는 주장을 편다. 감옥을 다루는 책의 4부 2장 위법행위와 비행에 등장

앞선 페이지에서, 푸코는 한 시대의 지각 구조는 관념과 물질의 대상에 따라 크게 달라지지 않으며 결국 이들을 가로지르는 **하나의 지각 구조에 의해** 동시적·상관적으로 변형된다는 자신의 테제에 맞게 의학과 도덕 그리고 문학과 예술을 잇는 다음과 같은 통찰을 보여 준 바 있다.

"이는 도덕과 의학 사이의 어중간한 성찰일 뿐만이 아니다. 그다지 분명하게 밝혀지지 않은 공포의 문학적 작품화 전체, 공포에 대한 정서적이거나 어쩌면 정치적 이용 전체를 아마 고려에 넣어야 할 것이다"(376; 564).

이어지는 부분에서 푸코는 이러한 테제에 기반하여 18세기에 등장한 새로운 성적 태도이자 문학적 태도로서의 사디즘에 대한 큰 그림을 그려 낸다.

"15-16세기에 미치광이를 통해 급변의 양상이 드러난 커다란 우

___

하는 다음의 문장을 보라. "이른바 감옥의 실패는 따라서 감옥 운용의 일부분을 구성하지 않는가?"[*Surveiller et Punir*, 276; 『감시와 처벌』(2003), 414]

주적 갈등은 고전주의의 마지막 극단에서 감정의 직접적 변증법이 될 정도로 바뀌었다. 사디즘은 에로스만큼 오랜 관행에 마침내 부여된 이름이 아니라, 정확히 18세기 말에 서양적 상상력의 커다란 전환들 가운데 하나로 나타난 대대적 문화 현상이다. 즉, 사디즘은 마음의 망상, 욕망의 광기, 욕구의 한없는 추정 속에서 계속되는 사랑과 죽음의 엉뚱한 대화가 된 비이성이다. 사디즘은 비이성이 100여 년 전부터 감금되고 침묵으로 귀착되었다가 이제 세계의 형상이나 이미지로서가 아니라 담론과 욕망으로 다시 나타나는 시기에 출현한다"(381; 571).

사드후작Marquis de Sade(1740-1814), 그리고 그의 이름과 결부된 사디즘 문학은 당시에는 알아볼 수 없었지만 **근대성의 도래**를 알리는 새로운 감수성을 보여 준다.[40] 사드는 평생의 거의 대부분을 수용시설, 감옥에서 보냈다. 사드는, 미술에 있어서의 고야

---

40 사드에 대한 푸코의 가장 정치한 분석은 1960년대 문학에 관한 글을 모은 『문학의 고고학』에 실린 글 「사드에 대한 강의(Conférences sur Sade)」에서 찾아볼 수 있다. 이 글은 1970년 3월 미국 버팔로 뉴욕주립대학의 프랑스문학과에서 행한 강연의 원고이다. Michel Foucault, *La grande étrangère. À propos de littérature*, Éditions de l'EHESS, 2013; 미셸 푸코, 『문학의 고고학』, 허경 옮김, 인간사랑, 2015.

또는 해부학의 비샤와 마찬가지로, 근대성의 관념과 분리 불가능한 방식으로 결합되어 있다. 푸코에게 광의의 근대, 곧 데카르트와 대감금의 시기인 고전주의 이래, 근대성의 표지는 다름 아닌 **수용**이다. 그리고 사드만큼 수용의 제반 양상을 잘 보여 주는 작가는 아마도 없을 것이다.

> "그리고 사디즘이 한 사람의 이름을 갖는 개별적 현상으로서 수용으로부터, 수용을 통해 생겨났다는 것, 사드의 작품 전체가 비이성의 당연한 장소와도 같은 것을 형성하는 요새, 감방, 지하실, 수도원, 접근 불가능한 섬의 이미지에 의해 지배된다는 것은 우연이 아니다. 사드의 작품과 시대를 같이하는 광기와 공포의 환상문학 전체의 배경이 유별날 정도로 수용의 명소라는 것도 우연이 아니다"(381-382; 571).

이후 1966년의 『말과 사물』에서 푸코는 칸트의 **유한성의 분석론** analytique de la finitude으로부터 시작하는 근대의 에피스테메로 '역사histoire'를 든다. 이때의 역사란 한계limite를 갖는 존재, 곧 '초월적-경험적 이중체'로서의 인간homme과 동의어이다. 인식의 주체인 동시에 대상인 인간은 '유한하기 때문에 존재하고, 유한하기 때문에 세계와 자기를 인식하는 존재'이다. '자신의 부정적 한계를 자신의 실증적(긍정적) 조건으로 삼는' 인간은 근대의 학문인 **인간학**의 대상인 동시에 주체이다. 푸코의 『말과 사물』은 이 '칸트적=근대적 인간'의 지배를 파괴하려는 책이다. 그러나 이는 이후 1960년대에나 해당되는 일이고, 18세기 말의 사드를 다루는 우리는 이제 막 근대의 초입에 이르렀을 뿐이다. 이러한 관점 아래 사드에 대한 푸코의 묘사를 읽어 보자. 사드 이래,

"광기의 의식意識은 광기를 처음부터 시간, 역사, 사회의 틀 안에
위치시키는 어떤 근대성의 분석을 수반한다"(383; 573).

실은, 근대성의 분석과 무엇인가를 '시간, 역사, 사회의 틀 안에 위치시키는' 분석은 동일한 분석이다. 「사드와 함께 있는 칸트Kant avec Sade」(1963)라는 글을 쓴 라캉처럼, 푸코도 사드를 **뒤집힌 칸트**로 바라본다. 칸트와 사드는 모두 보편주의의 화신이다. 그들의 세계에는 바깥이 없다. 이런 면에서, 말하자면, 사드는 '악의 그리스도'이다. 이성과 의식을 대변하는 칸트와 비이성과 광기를 대변하는 사드는 적이자 쌍둥이이다. 사드와 칸트로 대변되는 이 '바깥 없는' 세계는 '모든 것이 하나로 귀결되는' 세

계, '모든 것이 안쪽인' 세계이다. 이때 실제로 이 세계에 존재하는 모든 '바깥'은 수용됨으로써 '안'으로 들어와야 한다. 바깥은 뒤집힌 안이다. 이런 면에서, "광기는 일종의 분신, **이성의 분신** double이다"(374-375; 561). 그리고, 아마도 바로 이런 이유로, "문명은 일반적으로 광기의 확대에 유리한 환경을 조성한다"(389; 581).

이하에서 푸코는 19세기 이후라면 '환경milieu'이라 불렀을 요인들의 흐릿한 전조前兆가 이 시기 문헌들에서 관찰된다면서, '아직 균형도 최종적 명칭도 발견되지 않은 이 개념의 미완성된 측면'을 고전시대의 자연학자 뷔퐁Georges-Louis Leclerc de Buffon(1707-1788)의 예를 따라 **침투력**forces pénétrantes이라고 부르자고 제안하면서, 이를 ① 광기와 자유, ② 광기, 종교, 시간, ③ 광기, 문명, 감수성의 세 부분으로 나누어 간략히 고찰한다. 오늘의 시각에서 볼 때, 특히 세 번째 부분은 일정한 흥미로운 '고찰'을 포함하고 있으므로 간략히 살펴볼 가치가 있다.

광기는 지식과 감수성의 증대에 따라 악화될 수 있다. 먼저 지식의 측면을 보자. 이 시기 스위스의 의사 티소Samuel Tissot(1728-1797)는 자신의 『문인文人들의 건강에 대한 견해Avis aux gens de lettres sur leur santé』(1767)에서 '인간의 몸에서 빈번하게 사용되는 부위가 가장 먼저 강화되고 단단해지고, 이에 따라 체력과 양호한 건강을 노년까지 누리기' 때문에, "문인은 뇌가 단단해지고, 흔히 관념들을 연결시킬 수 없게 되며," 바로 이점 때문에 '정신장애에 걸리기 쉽다'고 말한다. 일반적으로, "지식이 추상적이거나 복잡할수록, 지식으로 인한 광기의 위험은 더 많아진다." 결국, 지식은 아마도 증가할 터이지만 치러야만 할 대가도 늘어난다." 마치 『노자』의 '식자우환識字憂患', 또는 말기 프로이트의 한 구절을 읽고 있는 듯한 착각을 불러일으키는 지식의 측면은 감수성의 측면과 짝을 이룬다. 감수성은 '더 이상 자연의 움직임에 의해서가 아니라 온갖 습관에 의해, 사회생활의 온갖 요구에 의해 지배'된다. 요컨대, "근대인은 남자보다 여자가 더 낮을 밤으로, 밤을 낮으로 삼아 왔다"(389-390; 581-582). 동시대의 의사 M. 드 보셴M. de Beauchesne은 『여성의 신경질환에서 감성이 영혼에 미치는 영향에 대하여De l'influence des affections de l'âme dans les maladies nerveuses des femmes』(1783)라는 책에서 이렇게 말한다.

"파리에서 여자들이 잠자리에서 일어나는 때는 언제나 자연에 의해 정해진 시간과 동떨어져 있어서, 하루의 가장 아름다운 시간은 흘러갔고, 가장 맑은 공기는 사라졌으며, 아무도 아름다운 시간과 맑은 공기를 누리지 못했다. 독기와 해로운 악취는 태양의 열기에 이끌려 벌써 대기 속으로 올라간다. 그때에야 미녀들은 잠자리에서 일어나려고 꾸물거린다"(390; 582).

보셴에 따르면, 이러한 감각의 불순不順은 환각이 길러지고 헛된 정념과 영혼의 가장 음침한 움직임이 인위적으로 야기되는 연극에서 계속되는데, 특히 여자들은 "열광과 흥분을 자아내는" 그러한 연극을 좋아하고, 여자들의 영혼은 "그토록 심하게 뒤흔들리어, 사실은 일시적이지만 통상적으로 심각한 결과를 낳는 충격이 신경에 가해지며, 여자들의 감각이 순간적으로 박탈되는 현상이나 여자들이 근대의 비극을 관람하면서 쏟는 눈물은 연극의 공연에서 일어날 수 있는 가장 하찮은 사건일 뿐이다"(390; 583). 보셴의 '여성심리' 분석은 **연극**에 그치지 않고, 나아가 **소설**로 이어진다.

"소설은 착란된 감성에 더 인위적이고 더 해로운 환경을 형성하며, 근대 작가들이 소설에서 나타내려고 애쓰는 그럴듯함 자체, 그리고 그들이 진실을 모방하는 데 이용하는 기법 전체는 그들이 독자들에게 불러일으키고 싶어 하는 격렬하고 위험한 감정에 더 많은 위력을 보탤 뿐이다. '프랑스에서 예절과 여자들에 대한 친절이 시작된 처음 몇 세기 동안 여자들의 덜떨어진 정신은 믿을 수 없기도 하고 이상하기도 한 사실과 사건에서 만족을 느꼈다. 여자들은 이제 그럴듯한 사실, 그러나 몹시 이상해서 감정을 혼란시키고 뒤흔들 그토록 경이로운 감정을 원하며, 뒤이어 불가사의한 현상에 매혹되어 그것을 주변의 모든 것에서 구현하려고 시도하지만, 자연에 없는 것을 찾아내고 싶어 하기 때문에, 여자들에게 모든 것은 감정도 생명도 없는 것으로 보인다.' 소설은 전형적으로 감성 전체의 왜곡된 환경을 형성하고, 영혼을 감성적인 것에 있는 가장 직접적이고 자연스러운 것 전체로부터 분리시켜, 비현실적이기 때문에 그만큼 더 격렬하고 자연의 부드러운 법칙에 의해 덜 규제되는 감정의 상상세계 속으로 끌어들인다"(390-391; 583-584).

급기야 이러한 '의학적' 분석은 1768년 「건강신문Gazette salutaire」의 한 기자가 적은 다음과 같은 단언을 가능케 만들어 준다.

"그토록 많은 작가가 다수의 독자로 하여금 알껍질을 깨고 나오게 만들고, 지속적인 독서는 온갖 신경증 환자를 낳게 되는바, 여자들의 건강에 해로운 모든 원인 중에서 가장 중요한 것은 아마

100년 전부터 시작된 소설romans의 한없는 증가였을 것이다. …
10살 무렵에 달리기 대신 책을 읽는 소녀라면 20살 무렵에는 틀
림없이 좋은 유모가 아니라 심한 히스테리를 부리는 여자가 되어
있을 것이다"(391; 583-584).[41]

이러한 문장들은 한 시대의 사회적 편견, 실은 **지배**의 장치가
어떻게 과학적 인식, 곧 의학과 객관성의 **외피**를 입고 나타나는
지 잘 보여 준다. 정치적 지배는 늘 '중립'의 외피를 입고 나타난
다. **정치는 늘 '자연'과 '당연'의 얼굴을 하고 있다.** 푸코는 이어지는
분석의 말미에 다음과 같은 결론을 덧붙인다.

"18세기에는 광기와 광기의 위협적 증가에 대한 의식을 중심으
로 새로운 범주의 개념들이 여전히 매우 산만한 방식으로 서서히
형성된다. 17세기가 광기를 위치시켰던 비이성의 풍경에서 광기
는 어렴풋이 도덕적 의미와 기원을 감추고 있었고, 17세기의 불
가사의에 의해 광기는 과오에 연관되었으며, 광기에 곧장 깃들인
것이라고들 인식한 동물성은 역설적이게도 광기를 더 결백하게

---

41 보셴 이후 모두 재인용.

만들지 않았다. 그러나 18세기 후반기에는 인간을 아득한 옛날의 타락이나 한없이 현존하는 동물성 쪽으로 근접시키는 것에서 더 이상 광기를 알아보려고 하지 않게 되고, 반대로 인간이 자기 자신과 자신의 세계에 대해, 그리고 자연의 직접성을 통해 인간에게 제공되는 모든 것에 대해 유지하는 그 간격 안에 광기를 위치시킨다. 광기는 감성적인 것, 시간, 타자에 대한 인간의 관계가 변질되는 이 **환경**milieu 속에서, 인간의 삶과 변전變轉에서 직접적인 것과의 단절 때문에 모든 것이 가능하게 된다. 이제 광기는 자연이나 타락의 영역이 아닌, 하나의 새로운 영역에 속하는데, 이 영역에서는 역사가 예감되기 시작하고, **의사들의 '정신이상'**aliénation des médecins과 **철학자들의 '소외'**aliénation des philosophes라는 두 형상, 이를테면 인간의 진실이 어떻게든 변질되는 조건이지만 일찍이 19세기에 헤겔 이후로 유사성의 흔적을 모두 잃어버린 두 형상이 본래의 막연한 연관성 속에서 형성된다"(391-392; 584).

17세기 곧 고전주의 시대에 광기는 기본적으로 과오와 동물성에 연결되었다. 그러나 18세기 말 곧 근대가 시작되면서 광기는 더 이상 이러한 기호작용 아래 놓이지 않는다. 근대의 광기는 침투력, 또는 환경에 연결된다. 박사학위 논문 「광기와 비이성」을 쓰던 1961년의 푸코는 프랑스어에서 모두 aliénation으로 표기되는 의사들의 '정신이상'과 철학자들의 '소외'를 연결시키고자 한다. 후에 푸코는 이러한 관점을 스스로 비판하고 포기하게 되지만, 이 부분에서 우리가 놓치지 말아야 할 것은 푸코가 이들 양자의 만남을 가능케 해 주는 조건으로서 '환경'을 들고 있다는 사실이다. 푸코에 따르면, '침투력'이라는 용어는 이후 19세기의 '환경'이라는 이름 아래 부르게 될 것에 대한 18세기의 지칭이다.

"18세기의 사유가 어렴풋이 이 힘(침투력)에 부여한 의미에 따르면, 이 힘의 전체는 정확히 우주cosmos에서 자연(본성)nature에 대립하는 것이다. … 환경은 인간세계로부터 자연이 사라지는 바로 거기에서 시작된다. … 환경은 살아 있는 사람에게 제공되는 그러한 자연의 실증성이 아니라, 반대로 자연의 충만함을 살아 있는 사람으로부터 물러나게 하는 그러한 부정성이고, 이러한 물러남 속에서, 이러한 비非자연non-nature 속에서 어떤 것이 자연을 대체한다. 환경은 인위적 충만함, 반非자연antiphysis을 예고하는 환상의 세계이다.

그리고 광기의 가능성이 온전히 드러나는 것은 정확히 거기에서이다. 17세기(고전주의)는 진실의 상실에서 광기를 발견했다. 즉, 자연이 아니라 자유에 속하는 인간에게서 각성과 주의력의 역량만이 문제시되는 온통 부정적인 가능성을 발견했다. 18세기 말(근대)은 광기의 가능성을 환경의 구성과 동일시하게 된다. 즉, 광기는 잃어버린 자연이고 빗나간 감성, 욕망의 일탈, 척도를 박탈당한 시간이며, 매개의 무한 속에서 상실된 직접성이다. 이에 맞서 자연은 반대로 폐기된 광기, 실존의 가장 근사한 진실로의 행복한 회귀이다"(392-393; 585-586).

18세기 말, 근대의 시초에 서 있는 광기는 이제 '잃어버린 자연'이다. 따라서 치유는 자연으로 돌아가는 행위에 의해 이루어진다. 문명이 신경증으로 대변되는 광기를 불러일으킨다면, 치유는 자연으로의 회귀일 수밖에 없다.[42] 보셴은 감동적인 어조로

---

42 따라서 원시인과 야만인에 대한 찬양이 이어진다. 그러나 물론 이는 진짜 찬양이 아니라, 우리가 떠나온 과거, 잃어버린 과거, 돌아갈 수 없는 과거에 대한 찬양이다. 자신과 다른 문명의 다른 인간들이 '원시인'과 '야만인'으로 타자화된다. "동물은 미칠 수가 없거나, (이제 근대가 시작되면서) 적어도 광기를 야기하는 것은 인간 속의 동물성이 아니다. 그러므로 말할 것도 없이 모든 인간 중에서 원시인은 광기의 성향이 가장 적다. … 19세기 초에도 여전히 '인디언들 사이서 단 한 사례도 정신장애를 발견할 수 없었고 조광증 환자와 우울증 환자를 그다지 만나 보지' 못했다는 아메리카인 러시의 단언이나, '남아메리카의 미개한 인디오들 사이에서 단 한 사람

여성들에게 이렇게 말한다.

"사랑스럽고 관능적인 여성들이여, 이제부터 거짓된 쾌락, 격렬한 정념, 무기력, 안일의 위험을 피하라. 시골이나 여행지로 그대들의 젊은 남편을 따라가라. 꽃으로 치장한 부드러운 풀밭에서 남편과 함께 달려라. 파리로 돌아와 그대들의 성性에 걸맞은 운동과 일의 본보기를 동무들에게 보여라. 사랑하라, 특히 그대들의 자식을 키워라. 그러면 즐거움이 얼마나 큰지, 그리고 이것이 자연에 의해 그대들에게 마련된 행복이라는 것을 알게 될 것이다. 그대들의 삶이 순수할 때, 그대들은 좀처럼 늙지 않을 것이다"(393; 586).

자연에 대한 해석의 독점이 권력 정당화의 궁극형식이다. 실은, 해석의 부정이 해석이다. 이러한 해석에서는, 자연에 대한 특정 해석이 자연 그 자체의 법칙과 동일시된다. 물론, 여성들이 무엇을 해야 하고, 할 수 있는지를 알 수 있고, 말할 수 있는 것은

의 정신이상자'도 이야기된 적이 없다는 훔볼트의 단언이 인용되곤 한다"(393-394; 587).

남성이다. 우리는 이것마저도 보셴에게는 자연법칙의 일부, 불변의 사실로 생각되었을 것임을 쉽게 알 수 있다. 보셴 스스로는 자신은 결코 자연을 '해석'한 적이 없으며, 자신은 오직 자연을 '있는 그대로' 보았을 뿐이라고 믿었을 것이다. 이를 도덕주의적 관점으로 보아서는 곤란하다. 이는 아마도 개인적 악의, 또는 도덕주의의 집단 버전인 음모론과도 무관한, 인식과 제도의 사태일 것이다. 심지어 보셴은 선의와 과학으로 무장하고 있었을 것이다. 인식이 **이미** 권력 정당화의 양식임을 이보다 더 잘 보여 주는 사례는 드물 것이다. 어떤 인식이 아니라, **모든** 인식이 권력정당화의 양식이라는 니체의 통찰은 우리에게 길을 비춰 준다.

일종의 이성, 이성의 분신인 광기는 이제 '진보의 이면'이 된다. 문명은 매개현상을 증가시키면서 인간에게 소외당할 새로운 기회를 끊임없이 제공한다. 사람들은 대혁명 이전부터 19세기의 커다란 강박관념들 가운데 하나를 만들어 냈고, 이미 그것에 이름을 부여했다. 그 이름은 '**퇴화**退化, dégénération'이다(394; 588-589). 19세기 중엽 프랑스의 정신의학자 모렐Bénédict Morel(1809-1873)은 자신의 『인간 종種의 육체적·지적·도덕적 퇴화 및 이런 병적 변양들을 야기하는 원인들에 대한 논고*Traité des dégénérescences physiques, intellectuelles et morales de l'espèce humaine et des* *causes qui produisent ces variétés maladives* (1857)에서 인간을 '원시적 유형으로부터 퇴화하는 존재'로서 규정한다. 그것도 자연발생적 퇴보나 생명체에 고유한 무거움의 영향이 아니라, '자연과 조화를 이루지 못하는 사회제도의 영향' 아래, 그리고 '도덕적 본성이 타락한 탓으로' 퇴화하는 존재이다. 티소부터 모렐에 이르기까지 반복되는 가르침은 다음이다.

"광기와 시대의 흐름에 따라 증가하는 광기의 모든 잠재력은 인간 자신이 아니라, 인간의 환경에 있다. 우리는 지금 정확히 헤겔 철학의 주제(소외는 매개의 움직임에 있다)와 '살아 있는 존재를 둘러싸는 모든 것은 살아 있는 존재를 파괴하는 경향이 있다'고 말한 비샤에 의해 분명히 표현된 생물학의 주제가 아직 뒤섞여 있는 지점에 머물러 있다. … 18세기는 … 매우 초보적인 소외/착란aliénation의 개념을 제안했는데, 이 소외/착란의 개념은 인간의 환경을 인간의 부정성으로 규정하고, 인간환경에서 모든 가능한 광기의 구체적이고 선험적인 조건을 확인하게 해 준다. 19세기 동안에 광기는 전혀 다른 의미를 갖게 된다. 즉, 광기는 광기를 자연에 대립시키는 모든 것 속에서 본질적으로 역사와 아주 가깝게 된다"(396; 591-592).

19세기 중반 프랑스의 정신의학자 미셰아Claude-François Michéa
(1815-1882)는 『새로운 의학 및 실용외과 사전Nouveau dictionnaire de
médecine et de chirurgie pratique』(1860)의 '귀신들림Démonomanie' 항목에
서 다음처럼 적었다. "광기의 역사는 이성의 역사에 대한 보완물
(상대항)contrepartie이다"(397; 592). 이는 단적으로 광기의 역사적 상
대성에 대한 인식이다. 피넬은 '의학과 인류의 역사의 얼마나 많
은 접촉점이 이러한 (역사적 상대성의) 관계 아래에 놓여 있는가!'라
며 감탄했다(398; 593). 그러나 이러한 시대는 재빨리 지나간다.

　　"19세기에 역사는 **사회적이고 동시에 도덕적인 이해방식**으로 기
울게 되었고, 이로 인해 전적으로 왜곡된다. 광기는 더 이상 역
사의 보완물(상대항)로서가 아니라 사회의 뒷면envers으로 인식되
기에 이른다. … 이처럼 광기는 인간 변화에 있을 수 있는 역사
성을 벗어나 **사회도덕** 속에서 의미를 갖게 된다. 즉, 부르주아 윤
리의 형태를 저버린 계급의 낙인이 되고, 소외aliénation라는 철학
적 개념이 경제학적 노동 분석에 의해 역사적 의미를 획득하는
시기, 바로 그 시기에, 착란aliénation이라는 의학적이고 심리학적
개념은 역사에서 완전히 떨어져나가 종種의 위태로워진 안녕이
라는 이름으로 **도덕적 비판**의 대상이 된다"(398-399; 594).[43]

　　19세기에 접어들면서 근대가 시작되자, 이제 **부르주아적 이성의**

영속조건condition de l'éternité de la raison bourgeoise이 된 광기는 역설적으로 부르주아 질서에 대한 외부로부터의 가장 직접적인 위험을 구성한다.

"고전주의 시대의 인간이 **진실 자체**를 잃었다고 할 때 그러한 상실은 인간이 직접적인 삶 쪽으로 내던져졌기 때문인데, 그러한 삶에서는 인간에게 본래부터 죄가 있다는 것을 일러 주는 그러한 본래적 타락이 모습을 드러내는 동시에 인간의 동물성이 맹위를 떨쳤다. 이제 (19세기가 되어) 사람들이 미친 사람에 대해 말할 때, 이때의 미친 사람이란 **자신의** 즉각적인 진실의 땅을 떠나 자신을 잃은 사람이다"(399-400; 595-596).

근대의 광인이란 자신의 내부로부터 자신을 잃은 사람, 결국 자신으로부터 자신을 잃은 사람이다. 그런데 이 사람은 자신의 외부로부터의 위험에 의해 자신을 잃은 자이다. 이는 광기가 근대적 이성, 곧 부르주아적 이성의 **외부로서의 내부**를 구성한다는 말에 다름 아니다.

—
43 인용자 강조.

2. 새로운 분할

중요한 것은 특정 인식의 포착 또는 지식의 정식화에 앞서서 광기가 어떻게 **지각되었는가**를 아는 일이다(407; 606). 푸코에 따르면, 이는 실로 '새로운 분할'이다. 이때의 새로운 분할이란 광기에 대한 **수용적(감금적) 지각**perception asilaire과 **의학적 분석**analytique médicale 사이의 '분할/동시성'이다(414; 615).[44] 그리고,

"이러한 동시성은 이성이 수용에 의해 광기를 몰아내는 동시에 광기의 영역으로 침투한다는 것을 양쪽에서 입증해 준다. 그러나 한편으로 의학과 더불어 우리는 광기의 형태를 그만큼 많은 자연적 범주로 취급하는 인식 작용을 목격하는 동시에, 다른 한편으로는 광기로 하여금 이를테면 스스로에 관해 말을 하도록, 그리고 그리스도교 서양에서는 최초로 예언의 목소리도, 신이나

---

[44] 한편 우리는 로피탈 제네랄에 수용된 광인의 수, 적어도 광인으로 인정되고 분류된 피수용자의 수가 18세기를 따라 아주 서서히 증가하다가 1785-1788년에 최대치에 도달했다가 **대혁명**의 발발과 더불어 급격하게 떨어진다는 사실을 확인할 수 있다. 이러한 숫자의 감소는 아마도 정신이상자만을 받아들일 목적으로 세워진 일련의 시설이 18세기 중엽에 문을 열었다는 사실에 기인한 결과일 것이다(401-404; 598-601).

악마에 들린 상태의 목소리도, 익살의 목소리도 아닌 목소리, 광기가 다른 것이나 어떤 다른 사람에게가 아니라 스스로에게 말하는 목소리를 듣게 하도록 내버려 두는 식별의 노력을 감지한다. 수용의 침묵 속에서 광기는 기이하게도 자신의 것인 언어를 쟁취했다"(414; 614-615).

이는 어림잡아 피넬에서 블로일러까지의 고전 정신의학은 19세기가 결코 성공적으로 통합하지 못했던 두 가지 경험영역, 곧 의학이론의 개념이 재단되는 **이론적 본성**의 **추상적** 영역과 광기가 스스로에게 말하기 시작하는 **인위적으로** 확립된 수용의 **구체적** 공간 사이의 타협이나 끊임없는 변이의 밑바탕에 놓여 있는 개념들을 형성하게 된다(414; 617). 이어지는 부분에서 푸코는 (오늘의 우리들은 쉽게 알아볼 수 있는) 지각 및 인식론적 지층, 고고학적 지층의 변화에 대한 언급을 한다.

"우리가 알고 싶은 것은 광기가 우리에게 어떤 가치를 띠었는가가 아니라, 광기가 18세기의 **지각작용**perception 안에 자리 잡게 된 동향이다. 즉, 우리의 눈에 광기가 과거의 모습을 거의 상실하고 현재의 모습으로 보이게 만든 일련의 단절, 불연속, 폭발이다"(415; 617).

같은 부분의 각주에서도 우리는 동일한 취지의 언급을 읽을
수 있다.

"우리에게 중요한 문제는 개인의 영향력이 아니라, **역사구조**
structure historique, **하나의 문화에서 광기에 대해 얻을 수 있는 경험의 구조**
structure de l'expérience qu'une culture peut faire de la folie**이다**"(416; 617).

『광기의 역사』가 수행하는 것은 이후 『임상의학의 탄생』을 거
쳐 『말과 사물』에서 완성되는 '주어진 한 문화의 특정 시기에 있
어서 (개별적인 구체적 지식을 가능하게 해 주는) 지각 구조, 역사구조'
자체에 대한 탐구, 곧 지식의 고고학이다. 이제 중반을 넘어 후반
부를 향해 달려가고 있는 『광기의 역사』가 우리 앞에 펼쳐 보이
는 광기에 대한 지각의 역사적 변화를 가져온 이유는 다음이다.

"광기에 대한 의식意識이 서서히 변한 것은 그 실제적이고 동시에
인위적인 수용의 공간 안에서이다. 대혁명과 동시대적일 광기에
대한 의식을 점차적으로 형성한 것은 수용의 공간구조 안에서 일

어난 미미한 점진적 변화 또는 때때로 돌발하는 격렬한 위기이다. 광인이 점차로 고립되고, 미치광이라는 단조로운 범주가 초보적인 영역으로 나누어지는 현상의 원인은 의학적 진보도 인도주의적 접근도 아니다. 이러한 현상이 생겨난 것은 바로 수용의 한가운데이고, 광기에 대한 이 새로운 인식이 무엇인가를 설명해 줄 수 있는 것 역시 다름 아닌 수용이다"(418; 621).

18세기 말에서 19세기 초기로 이어지는 근대 초기에 일어난 광인에 대한 인식의 변화는 결코 박애적인 인류애에 의한 것도, 의학적인 진보에 의한 것도 아니다. 그것은 차라리 '사회의 질서'를 생산·유지·재생산하기 위한 의식, 곧 **정치적인 의식**이다(419; 621). 단적으로,

"죄인들 사이에 광인이 있다는 것은 수용의 수치스러운 한계가 아니라 수용의 진실이고, 수용의 남용이 아니라 수용의 본질이다"(623).

광기는 '억압의 주체인 동시에 대상, 억압의 이미지인 동시에 목표, 독단적이고 맹목적인 억압의 상징인 동시에 억압에 있을

수 있는 합리적이고 정당한 증거'이다. 역설적 순환에 의해 광기는 마침내 수용의 유일한 근거로서 나타나고, 수용의 근본적 비이성을 상징한다(421; 625). 이제 이 부분에 이르게 되면 『광기의 역사』는 『**감시와 처벌**』의 **전편**처럼 읽힌다. 『광기의 역사』는 실로 정치적인 책, 보다 정확히는, 모든 좋은 책들처럼, 정치의 정의定義를 바꾸는 책이다. 푸코는 프랑스의 역사가 미슐레Jules Michelet (1798-1874)의 『프랑스 역사Histoire de la France』(1899)에 등장하는 문장을 빌려 로피탈 제네랄로 대표되는 수용소의 정치적 효과를 다음처럼 정리한다. "**수용은 정신이상을 초래한다. '감옥이 광인을 만들어 낸다'**"(421; 625). 이제, 광기는 범죄의 쌍둥이, (당시로는 아직 실현되지 않은 근접화에 의해) 적어도 범죄와 관계가 있는 것으로서 개별화된다(422; 626).

광기는 범죄와 다시금 결합된다. 이는 광기가 사회질서의 위험요소로 파악되는 한, 부도덕과 결합되는 한, 필연적인 일이다. 그렇다면 광기와 경제적 측면의 관계는 이 시기에서 어떻게 변화할까? 단적으로, 궁핍은 이제 경제문제가 된다. 오늘의 우리에게는 일견 당연한 것으로 들리는 이러한 언명이 당대에 가졌던 실제적 의미는 무엇일까?

"오랫동안 사람들은 가난한 사람이 없는 국가를 생각할 수 없었고, 그런 만큼 결핍 상태는 인간의 운명과 사회의 구조에 새겨져 있는 것으로 간주되었다. 즉, 소유, 노동, 궁핍은 19세기까지 철학자들의 사유에서 여전히 서로 연관되어 있는 용어들이다.

없앨 수 없기 때문에 필연적인 가난의 측면은 또한 풍요를 가능하게 하기 때문에 필요한 것이다. 곤궁한 계급은 노동을 하고 덜 소비하기 때문에 국가를 부유하게 해 주고 국가의 전답과 식민지와 광산을 개척할 수 있게 해 준다. 요컨대 가난한 사람이 없는 국민은 가난할 것이다. 궁핍은 국가에 필수적 요소가 된다. 궁핍에는 사회의 가장 은밀하나 가장 실제적인 활기가 감추어져 있다. 가난한 사람은 국가의 토대 겸 영광을 형성한다. … 바로 여기에 빈민의 도덕적 복권이 있는데, 이것은 빈민이라는 인물이 경제와 사회에 재통합된다는 것을 의미한다. 중상주의 경제에서 빈민은 생산자도 소비자도 아닌 탓에 어떤 위치도 차지하지 못했다. 즉, 빈둥거리는 자, 부랑자, 실업자로서 오로지 수용의 대상일 뿐이었고, 수용조치에 의해 사회로부터 추방되어 따로 떨어진 존재인 듯했다. 노동력을 필요로 하는 산업의 태동과 더불어 빈민은 비로소 국민국가의 몸통을 부분적으로 형성한다"(427-429; 635-636).

부르주아 자본주의가 태동하여 본격화하는 시기에 노동력을 감금·수용했던 일은 근대의 시각으로 보면 이제 고전주의 시대 수용의 '조잡한 오류'와 '경제적 실수'로 인식된다. 유휴遊休 인구 전체를 생산 과정에 재투입하여 노동력이 가장 부족한 지점에 우선적으로 재분배하는 것이야말로 단 하나의 합리적 대책이다. 빈민, 부랑자, 온갖 유형의 추방자와 이주자를 활용하는 것은 국민국가들 사이의 경쟁에서 패배하지 않고 국부國富를 쌓는 비결의 하나이다. 나아가, 수용은 인력시장에 악영향을 끼칠 수 있기 때문에 비판받아 마땅한데, 수용과 전통적 자선활동 전체에 들어가는 자금이 재정의 불안정을 초래하기 때문에 더욱 그렇다(430; 638-639).[45]

그 결과는, 결국, 예전에 광기를 둘러싸고 있던 모든 것의 파괴이다. 광기에 대한 이해가 변한다는 말은 광기를 둘러싸고 있는

---

[45] 이는 결국 전통적 마르크스주의의 관점, 곧 **경제적 토대**로부터 현상을 설명하는 방식인데, 푸코의 주장은 물론 이러한 주장의 단순 적용에 그치지 않는다. 만약 그랬다면 우리는 마르크스를 읽을 뿐, 푸코를 읽을 필요를 느끼지 못했을 것이다. 이런 면에서 적어도 『광기의 역사』에 나타난 푸코의 주장은 토대를 중시하는 **마르크스**와 이념을 중시하는 **베버**를 **니체**의 힘-관계 형식이라는 전혀 새로운 차원에서 새로이 결합시키려는 시도로 읽을 수 있다. 이러한 탐구는 방법론적으로 이른바 **구조주의적** 관점으로부터 귀결되는 '역사상대주의'의 형식 아래 구체화된다. 이러한 '**니체적 구조주의**'의 방법론을 우리는 '푸코의' 고유한 방법론이라 불러야 할 것이다.

모든 것, 곧 **세계 전체**에 대한 이해가 변화한다는 말이다. 이제,

> "빈곤의 순환, 비이성의 순환은 모두 해체된다. 빈곤은 경제의 내
> 재적 문제에 편입되고, 비이성은 상상력의 심층적 형상 속에 틀
> 어박힌다. 빈곤과 비이성의 운명은 더 이상 교차하지 않는다. 그
> 리하여 이와 같이 18세기 말(근대의 초입)에 다시 나타나는 것은
> 오랜 배제의 땅에 여전히 범죄로서 갇혀 있을 뿐만 아니라 병자
> 의 구제가 제기하는 모든 새로운 문제와 대면하고 있는 광기 자
> 체이다"(439; 650).

새로운 분할이 새로운 시대, 곧 **피넬과 튜크의 시대**를 낳은 것
이다.

3. 자유의 선용善用, bon usage

이 장에서 푸코는 이제는 너무나 유명해진 피넬과 튜크의
'해방'에 대한 정면 비판을 수행한다. 프랑스인 피넬Philippe Pinel
(1745-1826)과 영국인 튜크William Tuke(1732-1822)는 18세기 말 거의
비슷한 시기에 정신병원에서 광인들의 쇠사슬을 풀어 준 정신의

학자와 박애주의자로, 『광기의 역사』가 출간되기 전까지는 일반적으로 근대 휴머니즘에 입각한 '광인들의 해방자'로 간주되었다. 그러나 푸코에 따르면,

"이것은 박애와 야만, 새로운 휴머니즘과 전통의 싸움이 아니다. 이것은 가난, 방종, 질병 등 예로부터 광기에 수반되는 것이 다시 사적私的 영역으로 넘어간 시기에 사회 전체가 다시금 몰아내려고 애쓰는 광기를 규정하기 위한 힘겨운 암중모색이다. 완전히 재편성된 사회공간에서 광기는 틀림없이 자리를 되찾을 것이다. 수용이 의미를 상실하는 바로 그 시기에, 사람들은 완벽한 고요 속에서 장애물도 불편한 점도 없이 기능하는 이상적 교정시설, 교정의 모든 메커니즘이 순수한 상태로 움직일 수 있는 꿈 같은 (수용소) 비세트르를 절실히 열망했는데, 거기에서는 모든 것이 오직 질서와 징벌, 정확한 양형, 피라미드처럼 체계화된 노동과 처벌일 것이다. 이를 테면 악의 세계에서 그래도 가장 바람직한 곳일 것이다. 그리고 사람들은 그 이상적 요새가 현실세계와 접촉하지 않기를, 즉 완전히 폐쇄적인 공간으로서 전염이 예방되고 공포가 일소되는 자족 상태에서 죄악의 자원資源으로만 유지되기를 꿈꾼다. 그러한 장소는 독립적 소우주 속에서 사회의 거꾸로

된 모습을 형성할 것이다. 즉, 사람들의 행복을 이루는 미덕, 자유, 보상報償이 악덕, 속박, 징벌에 거울에서처럼 반영되는 곳일 것이다"(448; 664-665).[46]

달리 말하면, 18세기에 사라진 것은 '광인을 다루는 비인간적이고 혹독한 방식'이 아니라, '수용의 자명성自明性, 광인이 아무 문제없이 갇혀 있었던 공간의 전반적 동질성, 그리고 광인이 붙잡혀 있었던 비이성의 연속망을 이루는 그 무수한 선線들'이다(440; 653). 18세기 말이 되자, 이제 수용은 더 이상 **당연**한 것이 아니며 **의문**의 대상이 된다. 수용의 시대는 막을 내린다(441; 655). 피넬과 튜크의 '해방'은 모두 대략 1790년대에 이루어졌다. 피넬은 1793년 9월 11일부터 비세트르 수용소/정신병원에서 직무를 시작했고, 1795년 5월 13일부터는 살페트리에르 수용소/정신병원의 책임자로 임명되었다. 두 곳은 모두 오늘날 파리의 대표적인 정신병원들로 유명하다. 튜크는 자신이 방문한 수용소의 비참한 실상에 충격을 받고 기금을 모아 1796년에 보다 인도적인

---

46 예컨대 프랑스대혁명기의 노예해방 운동가 브리소(Jacques Pierre Brissot, 1754-1793)는 '건축적인 동시에 도덕적인 엄밀한 기하학'에 따라 '완벽한 교정시설'의 도면을 그려 낸다. 모든 부분은 '면밀한 사회적 지옥'이라는 상징적 가치를 지닌다(448; 665).

정신병원을 설립하여 개혁 정책을 실현한다. 푸코에 따르면, 이러한 사태의 의미를 포착하기 위해서는 그보다 이른 시기, 곧 대략 '1780년에서 1793년까지 취해진 조치들'을 살펴보아야 한다. 왜냐하면 이 조치들이 이후에 일어난 '문제의 성격을 결정'하기 때문이다. 이 시기의 조치들은 '모호하지만 당시의 곤경을 잘 나타내 주고 있고, 막 생겨나고 있는 중인 새로운 경험형식formes d'expérience의 증거가 되는 상황'을 잘 보여 준다. 무엇보다 중요한 것은 이 새로운 경험형식을 이해하기 위해서는 다음과 같은 인식의 전환이 전제되어야 한다.

> "이 새로운 경험형식을 이해하기 위해서는 당연하게도 **진보**의 모든 주제에서, 진보의 주제에 함축되어 있는 (미래의) **전망**mise en perspective과 **목적론**téléologie이라는 주제로부터 벗어날 필요가 있다"(445; 661).[47]

피넬과 튜크의 '해방'은 실제로 피수용자들로부터 그들을 묶고 있는 쇠사슬을 제거했지만, 이를 어떤 도덕적 또는 의학적 진

---

[47] 인용자 강조. 인용에 등장하는 변모도 변형과 같은 의미이다.

보progrès의 결과로 보아서는 안 된다. 피넬과 튜크의 글과 당시의 관련 서류들을 실제로 살펴보면, 광인의 '해방'은 이와 같은 인식을 따라 행해진 것이 아님을 알 수 있다. 마찬가지로 피넬과 튜크의 '해방'을 달리 보기 위해서는 진보의 관념과 불가피하게 엮여 있는 목적론과 미래의 전망으로부터 벗어나야 한다. 헤겔과 마르크스가 잘 보여 주듯이, 진보의 관념이란, 결국, 진보가 '불가피하다'는 관념이다. 그러나 역사와 사회의 **변화**를 전제하고, 변화의 실내용을 '**기준** 자체의 변화'로 바라보는 푸코의 세계에서는 '진보'가 불가능하다. 단지 변화, 푸코의 용어로는 **변형** transformation만이 있을 뿐이다.

"그러므로 피넬과 튜크의 개혁을 전후로 한 몇 년에서 마치 도래, 곧 **광기에 대한 실증적 인식의 도래** 또는 **정신병자에 대한 인간적 처우의 도래** 같은 사건들과 그것들을 지탱하는 구조에 대해 변모 métamorphoses의 가능성을 인정해야 한다. 이 몇 해 동안 사법조치보다 약간 아래에서, 제도의 밑바닥 가까이에서, 그리고 마침내 광인이 비非 광인과 대립하고 분할될 뿐만 아니라 서로 연루되고 서로를 알아보는 그러한 일상적 논쟁 속에서 '실증 정신의학 psychiatrie positive'을 잉태했으므로 분명히 결정적인 것으로 보이는 형상들이 형성되었는데, 그러한 형상들로부터 광기에 대한 마침내 **객관적이고 의학적인 인식의 신화**가 탄생했고, 이러한 식별에 의해 그 형상들이 **진실의 발견과 해방**으로 신성시되면서 사후에 정당화되었다"(440; 662).[48]

피넬과 튜크의 '개혁' 또는 광인의 '해방'은 후대인들의 사후적 의미부여, 또는 정당화이다. 푸코에 따르면, 이렇게 새롭게 설정된 구조는 이후의 전개에 있어 다음의 세 가지 측면에서 결정적이다.

"1. 첫 번째 구조 속에서는 이제 축소되고 제한되어 버린 오랜 수용의 공간과 다른 곳에서 형성되었고 연속적 변모와 순화馴化, épuration에 의해서만 수용의 공간에 들어맞을 수 있었던 의료 공간이 뒤섞인다.

2. 또 다른 구조는 광기와 광기를 인식하고 감시하며 판단하는 사람 사이에 일견 기존의 모든 공모共謀 관계를 떨쳐 버린 새롭고 중립적인 관계, 객관적 시선의 질서에 속하는 관계를 확립한다.

3. 세 번째 구조 속에서 광인은 범죄자와 대면하게 되지만, 이는

---

48 인용자 강조.

미분화의 공간 또는 무책임의 공간에서가 아니다. 이 새로운 구조는 범죄를 전혀 축소시키지 않으면서 광기가 범죄에 자리 잡도록 해 주는 동시에, 합리적인 인간이 도덕의 새로운 형식을 따라 광기를 판단하고 분류하도록 허용하게 되는 구조이다"(446; 662).

광기에 대한 객관적인 실증 정신의학의 성립은 광기의 대상화 과정, 정신의학의 주체화 과정과 동시적·상관적 과정이다. 이제 광기도, 광기를 인식하는 주체도, 광기에 대한 인식도 모두 변화한다. 광기에 관련된 상관항 전체, 달리 말해 세계 전체가 새로운 의미를 부여받는 것이다. 가령 이제까지 광기와 연관되었던 가난이라는 경제적 요소가 독립적 영역으로 떨어져 나가고, 이에 따라 광기 자체도 새로운 의미규정을 부여받는다.

"부르주아 사회는 빈곤 앞에서 스스로 결백하다고 느끼는 만큼이나, 광기 앞에서 책임을 인정하고 사인私人을 광기로부터 보호해야 한다고 느낀다. 기독교 세계에서 역사상 처음으로 질병과 가난이 개인이나 가족의 권역에만 속하게 됨으로써 '사적인 것'으로 변한 시대에, 광기는 사실상 '공적 지위'를 획득하고 사회를 광기의 위험으로부터 보호하는 감금공간의 규정에 얽매인다"(447; 663).

이러한 논리 아래에서, 이제 한 명의 피수용자는 "두 집합의 교차지점에 놓여 있는 셈인데, 하나는 순수하게 경제적인 것으로서 노동, 노동의 산물, 노동에 따른 특별 수당으로 구성되고, 다른 하나는 순수하게 도덕적인 것으로서 미덕, 감독, 보상으로 이루어진다." 피수용자는 "동시에 순수한 도덕성이기도 한 완벽한 노동 속에서 양자가 일치할 때, 피수용자는 자유를 얻는다." 따라서, 수용은 '피수용자에게는 **도덕의 통제**이고, 다른 사람들에게는 **경제적 이익**contrôle moral pour les internés, profit économique pour les autres'이다. 이는 '비단 수용소만 아니라, 하나의 부르주아 의식 전체가 노동, 이윤, 미덕 사이의 관계를 형성했던 방식을 가리키는 일종의 상징적 진실'이다. 수용소는 '이성과 비이성이 동시에 표현되는 하나의 신화 속에서 광기의 역사가 동요하는 지점'이다(450-451; 667-668).

"도덕성이 전적으로 박탈된 상태에서 실행되는 노역의 이러한 꿈, 노동자의 죽음을 통해 실증성을 되찾는 노동의 이러한 또 다른 몽상에 힘입어, 수용은 과도한 진실에 이른다. 이와 같은 계획은 오직 심리적이고 사회적인 의미의 과잉, 광기가 평준화되는 도덕적 상징체계 전체에 의해서만 좌우되는데, 이때 광기는 무질서, 불규칙, 막연한 과오, 이를테면 국가를 혼란시키고 도덕에 어긋나게 행동하는 사람이 보여 주는 이상異常현상일 뿐이다. 부르주아 사회에서 (고전주의적) 수용의 무용이 인식되고 고전주의 시대에 비이성을 감지할 수 있게 해 주었던 그 자명한 통일성이 무너질 때, (근대) 부르주아 사회는 인간에게 있는 낯선 것이 억눌리고 침묵으로 귀착될 순수한 노동, 말하자면 부르주아 사회에는 전적으로 이득이고 다른 사람들에게는 죽음과 도덕적 복종일 뿐인 노동을 열망하기 시작한다"(451; 668-669).

근대 부르주아 사회가 확립되는 과정과 고전주의적 수용의 무용함이 인식되고 노동의 가치가 강조되는 과정은 같은 과정이다. 이제 고전주의 시대는 완전히 끝나고 근대 부르주아 사회가 도래한 것이다. 이에 따라 광기의 위상도 변화한다. 광기는 이제 가난의 영역이 아니라 의학의 영역에 편입된다. 그러나 근대의 광기 인식, 곧 실증주의적 정신의학은 고전주의 시대의 광기 인식이 가졌던 흔적을 자신 안에 품고 있다. 그 흔적은 광기와 도덕의 연관성이다.

『인간적인 너무나 인간적인』의 니체가 간파했듯이, 대부분의 사람들에게 도덕이란 (도덕적인 것이라기보다는) **자신이 조건화된 사회의 관습체계**이다.

"도덕적, 윤리적, 윤리학적이라는 것은 오랫동안 확립되어 온 규범이나 관습에 순종하는 것을 의미한다. … 사람들로 하여금 윤리적인 것과 비윤리적인 것, 선한 것과 악한 것의 구별을 가능하게 한 근본적인 대립은 '이기적인 것'과 '비이기적인' 것이 아니라, 관습과 규범에 구속되어 있는가 아니면 해방되어 있는가에 있다. 여기서 관습이 어떻게 **성립된** 것인지는 중요한 문제가 아니다. 어쨌든 관습은 선과 악 또는 어떤 내재적 정언명법을 고려하지 않으며, 무엇보다도 한 **공동체**, 한 민족을 유지시키는 것이 목적이다. 잘못 해석된 우연을 근거로 하여 성립된 모든 미신적 관례는 그것을 따르는 것이 윤리적이라는 관습을 강요한다. 즉 관습에서 해방되는 것은 위험한 일이며 **공동사회**에서는 개인의 경우보다 훨씬 더 해롭다.(왜냐하면 신성은 그의 특권을 모독하고 훼손하는 모든 것에 대해서 공동체를 처벌하고, 그렇게 하는 한 개인도 처벌하기 때문이다.) 모든 관습은 근원에서 멀리 떨어져 있을수록, 더 많이 잊힐수록, 더욱 더 존중할 만한 것이 된다. 그리고 관습에 바쳐지는 존중은 세대가 지남에 따라 쌓여, 관습은 마침내 신성한 것이 되며 외경심을 불러일으킨다. 따라서 어떤 경우든 경건의 도덕은 비이기적인 행위들을 요구하는 도덕보다 훨씬 더 오래된 도덕이다."[49]

선남선녀가 믿어 의심치 않는 도덕의 실내용은 **관습의 준수**이다. 사회관습은 '기원이 망각된 미신'이다. 이 사회관습이 개인의 도덕 감정과 도덕적 직관 그리고 이른바 '양심'을 형성한다.(이는 개인의 '사회화 과정'과 같은 과정이다.) 달리 말해, 내면화된 사회관습이 '양심良心'이다. 이런 의미에서 선남선녀의 도덕은 그들의 생각조차도 아니다. 선남선녀들은 자신의 도덕감정과 직관에 합치하는 것을 '도덕'으로, 그렇지 않은 것을 '부도덕'으로 판단한다. 조선과 대한민국, 대한민국과 조선민주주의인민공화국의 도덕 감정, 도덕적 직관은 다른 판단을 내릴 것이다. 물론 대부분의 선남선녀善男善女는 글자 그대로 '악하지 않다.' 그들은

---

49 프리드리히 니체, 『인간적인 너무나 인간적인 I』, 김미기 옮김, 니체전집 7, 책세상, 2001, 105-106쪽.

차라리 선한 존재들이다. 선남선녀는 다만 철학하지 않을 뿐이다. 이때의 철학이란 **나에게 '당연한' 것으로 주어진 전제에 대한 의심과 검토**로 정의되는 활동이다. 당연한 것은 당연한가? 나와 내 주변의 거의 모든 사람들이 당연하게 느끼는 이것은 당연한가? 반면, 철학하지 않는 선남선녀들이 판단하는 도덕적 행위란 자신이 조건화된 사회의 도덕적 관념체계에 합치하는 행위이다. 이는 '모든 것에 대해 성역 없이 철학하는' 철학행위를 자신의 삶에는, 일상과 도덕에는 적용하지 않는 행위이다. 따라서, **도덕을 철학해야 한다**. 이런 면에서 『도덕의 계보』에 등장하는 니체의 다음과 같은 '(메타)도덕철학적' 질문은 도덕의 역사를 바꾼 질문이다. **도덕은 도덕적인가?** 도덕이 도덕에 관련된 관습의 준수라면, 도덕적인 인간은 실은 '부도덕한' 인간이 될 상당한 확률을 갖는다. '상식'을 신뢰하는 조선의 극히 '정상적인' 도덕관념을 가진 '평균적' 인간은 오늘날 부도덕한 인간, 실은 정신병자로 간주될 것이다. 오늘날의 나와 당신도 마찬가지이다.

푸코에 따르면, 광기가 의학과 연관되어 인식되는 것은 적어도 서양의 역사에서는 초유의 일이다. 그리고 이는 실로 광기의 역사, 아니 서양의 역사를 규정한 결정적 사건들 중 하나이다.

"매우 중요한 단계가 돌파된다. 즉, 수용은 공식적으로 의료 활동의 위엄을 띠게 되었고, 수용의 공간은 ―광기가 죽음에 이르기까지 깨어 있었고 막연하게 보존되었다는 점이 아니라― 광기가 일종의 토착적 메커니즘에 의해 저절로 제거되는 것으로 간주된다는 점에서 치유의 장소가 되었다.

중요한 것은 수용시설의 정신병원으로의 이러한 변모가 의학의 점진적 도입, 외부로부터 도래하는 일종의 내습來襲에 의해서가 아니라, 고전주의 시대가 배제와 체벌의 기능만을 부여한 그 공간의 내부적 재편성에 의해 실현되었다는 점이다. … (그러나) 수용의 문을 강제로 열어젖힌 것은 의학적 사유가 아니며, 나아가 의사들이 오늘날 정신병원에서 군림하는 것은 정복의 권리에 따른 것도 아니고, 그들의 박애주의나 과학적 객관성에 대한 관심의 생생한 활기 덕분도 아니다. 그것은 100여 년 전부터 점차로 광기와 비이성을 몰아낸 사회적이거나 정치적인 모든 행위 및 상상적이거나 도덕적인 모든 의례의 재조정으로 말미암아 수용 자체가 치료의 가치를 띠었기 때문이다"(457; 676-677).

이는 실상 『광기의 역사』 전체의 결론이다. 『광기의 역사』는 이 한마디를 하기 위해 이제까지 달려온 것인지도 모른다. 푸코는 이러한 결론으로부터 수없이 많은 결과를 읽어 낸다.

비이성을 대변하는 '광기의 위상'이 변화했다는 것은 '이성의 위상'이 변화했다는 말이고, 이성의 위상이 변화했다는 것은 **이성의 기초 위에 설립된** 모든 정신적 관념구조, 사회적 제도가 변화했다는 말이다. 이는 실로 거대한 변형이다. 이러한 관점에서 보면, 이에 비하면 프랑스대혁명과 러시아혁명조차 '사소한 일'로 보일 정도이다. 푸코가 이러한 분석에 주력하는 것은 서양에 있어 현대의 '이성/광기'가 갖는 위상을 분석함으로써 이성/광기의 위상은 물론 이에 기반한 정신적 관념, 사회적 제도 전체를 변형시키고 싶어 하기 때문이다. 푸코는 오늘 우리가 믿는 이성/광기의 진실체계가 갖는 듯이 보이는 필연성과 보편성을 제거하고 그 **역사성**과 **우발성**을 드러냄으로써 세계를 **변형**시키고 싶어 한다. '오늘의 내가 어떻게 오늘의 내가 되었는지, 오늘의 세계가 어떻게 이 세계가 되었는지'라는 과거의 **형성과정**historical formation을 아는 것은 나와 세계를 **변형**transformation시키기 위한 전제조건이다.

이러한 광기에 대한 인식의 변화, 의학 영역의 편입은 당연히 광기에 대한 여타의 인식에 대해서도 영향을 미친다. 가령, **광인에 대한 법적 면책권**이 그렇다. 이는 『광기의 역사』의 본편이라고

도 부를 수 있는 『감시와 처벌』에서도 자세히 다루어지는 주제
인데, 이를 간단히 알아보자. 18세기 말 19세기 초, 근대의 초입
에 일어난 광인의 법적 면책권은 서양 역사에서 초유의 일이다.
거듭 말하지만, 푸코에게 1775-1825년에 이르는 이 시기는 서
양 역사의 '결정적' 시기이다. 이 시기에 확립된 '근대'의 문제설
정이 동시대인 20세기를 여전히 지배하고 있기 때문이다. 가령,
개혁주의적 생리학자·철학자인 카바니스Pierre Jean George Cabanis
(1757-1808)가 1791년에 쓴 글들은 이 '결정적이고 동시에 모호한
시기'를 배경으로 하고 있다. 이제 광기의 문제는 더 이상 이성
이나 질서의 관점에서가 아닌 자유로운 개인의 권리라는 관점에
서 고찰되어야 하며, 어떤 강제권 또는 자선도 개인의 자유와 권
리를 잠식할 수 없다. 카바니스는 이렇게 쓴다.

"무엇보다 먼저 고려되어야만 하는 것은 개인의 자유와 안전이
며, 구호를 실행한다고 해서 사법의 규범을 침해해서는 안 된다.
… 인간이 합리적 능력을 향유할 때, 다시 말해서 합리적 능력이
타인의 안전과 평온을 위태롭게 하거나 자기 자신을 실제적 위험
에 노출시킬 정도로 변질되지 않는 한, 인간의 자주성을 조금이
라도 훼손할 권리는 누구에게도 없다. 심지어는 사회 전체에도

없다"(458; 678).

이제 개인은 합리적 능력을 갖는 존재로 새롭게 규정된다. 합리적 능력을 갖는 개인은 이제 그가 갖는 것으로 가정된 자유와 권리의 관점에서 새롭게 규정된다. 이는 개인이 합리적 능력을 갖지 못했을 경우, 이전과는 전혀 다른 논리와 관점에서 정의될 것임을 의미한다. 물론, '광인에게 형사刑事 상의 책임을 면제하고 그 대신에 광인으로부터 민사民事 상의 권리를 박탈하는 오랜 사법적 이해방식'은 아직 형성되지도 않은 광기의 심리학에 따른 결과가 아니며, 다만 사법적 인식의 변형이 가져온 새로운 범주였을 뿐이다. 그러나 카바니스에 힘입어 이제 **자유**는 인간에게 '본성'이 되었다. 합리성은 자유의 전제조건이고, 자유는 합리성이 산출하는 능력이자 권리이다. 이는 이전과는 전혀 다른 새로운 인간관이다. 새로운 인간관은 광인에 대한 새로운 이해로 귀결된다. 광기는 합리적으로 사고할 수 있는 능력의 결여이고, 따라서 광인은 자유도 권리도 행사할 수 없다. 그 결과, 정의상 '합리적 사유가 불가능한' 광인의 삶은 '합리적 사유의 능력을 가진' 타인들의 결정에 맡겨져야 한다. 합리성의 결여에 따른 **자유의 소멸**이 이 새로운 시대가 파악하는 광기의 '본질'이자 '비밀'이다.

"자유의 소멸은 중대한 문제였기에 광기의 기반, 비밀, 본질이 된다. 그리고 정신이상자의 실제적 자유에 가할 필요가 있는 제한을 결정하게 되어 있는 것은 바로 이러한 본질이다. 광기에 관해 알기 위해서는 불가피하게 광기에 대한 통제를 행해야 하고, 이를 위해 행정관, 법률가, 의사, 그저 경험자들이 어수선하게 소집되는데, 그만큼 자유의 소멸은 아직도 모호하다"(459; 679).

이제 광인은 ―이전 고전주의와는 **다른 논거에서, 그러나 여전히**― 통제되고 감금되어야 한다.(이런 면에서, 크게 보면 고전주의가 '광의의 근대'를 이룬다.) 달라진 것은 광인의 여부를 판가름하는 판정 주체가 행정기관으로부터 점차로 의사들로 이동하고 있다는 사실뿐이다. 광인 여부를 판정받기 위해 감금된 자는 시선과 관찰의 대상이 된다. "드디어 광기가 시선에 노출된다"(462; 683). 광인은 또 다시 감금된다. 아니, 광인은 여전히 늘 감금되어 있다. 그러나 이 새로운 시대에 변화한 것은 이것이 다가 아니다. 이제 광인은 단순히 감금되는 것으로 그치지 않는다. 광인은 관찰당하고 분류되어, 자신의 '본질'을 **타인들로부터 부여받는다**.

"'그래서 광인이 억류되어 있는 장소는 갖가지 행정부서의 감독과 경찰의 특별 감시를 끊임없이 받아야 한다.' 광인이 유치장소로 끌려오면 '지체 없이 모든 관점에서 그를 관찰하고 보건관리로 하여금 그를 관찰하게 하며 온갖 종류의 광기를 살펴보는데 가장 익숙하고 가장 똑똑한 근무자로 하여금 그를 감시하도록 하라.' 수용은 틀림없이 일종의 영구적인 광기의 판정 작업으로 작용할 것이고, 광기의 늘 변화하는 진실에 맞추어 끊임없이 재조정될 것이며, 자유가 양도되는 한계 내에서만 속박적일 것이다. '인간성, 정의, 양질의 의학은 타인에게 실제로 해가 될 수 있는 광인만을 감금하고 자해의 가능성이 있는 광인만을 옭아매어 두라고 명령한다.' 이후 보호시설을 지배하게 되는 것은 더 이상 처벌의 정당성justice이 아니며, **진리의 정당성**이다"(459; 679-680).[50]

광기와 광인에 관련되는 것은 이제 단순한 사회통합의 논리만이 아니다. 그것은 진리, 특히 **의학적 진리**이다. 진리는 정의상 정의로운 것이다. 부당한 진리란 없다. 광인은 이제 감금될 뿐만 아니라, **진리와 정의의 이름으로** 관찰되고 분류된다. 광인은 의학적 판정의 대상이 된다. 단적으로, 광인의 일거수일투족은 관찰

---

50 인용자 강조.

과 분류, 감시와 처벌, 관리와 통제의 대상이 된다. 정의상 '합리적 사유 능력을 상실한 존재'로 규정되는 광인은 주체가 아니다. 광인은 오직 하나의 **대상**일 뿐이다. 대상은 능력도 권리도, 따라서 책임도 없다. 이는 '휴머니즘'에 기인한 인간 '해방'의 감동적 서사가 아니라, 근대에 도입된 **관리와 통제의 의학적 정당화**이다. 가령,

> "구속복拘束服을 쇠사슬에 대한 인도적 완화책 혹은 '자기 절제'를 향한 진보로 여겨서는 안 된다. 구속복에 관한 개념적 추론 전체가 여기에 함축되어 있다. 그것은 이성과 비이성의 절대적 대결이 아니라, 자유와 자유의 한계 사이에서 이루어지는 언제나 상대적이고 언제나 유동적인 작용이 광기에서 경험된다는 것을 보여 준다"(460; 680).

광인은 근대법의 '자유'와 '자유의 한계 또는 제한'이 문제시되는 경계선 위에, 보다 정확히는 '자유의 한계와 제한' 쪽에 배치되었다. 인간의 본질을 자유로 설정한 근대의 세계관 안에서 이는 광인이 인간과 인간 아닌 것 사이에 위치한다는 말과 같다. 광인은 인간이나, 인간이 아니다. 광인은 주체가 아니라, **대상**이

다. 고대 시대의 노예는 정의상 처음부터 '인간'이 아니므로 권리와 의무를 동시에 박탈당한다.(가령 노예는 군역을 면제받는다.) 마찬가지로, 근대의 광인은 법적 '주체'가 아니므로 이제 **민사상**의 권리를 박탈당하는 만큼, **형사상**의 책임도 면제받는다.(양자는 정비례 관계에 있다.)

광인이 대상이라는 말은 무엇보다도 광인이 관찰의 대상, 시선 아래 놓여 있는 자라는 말이다. 그리고 "분류가 행해지는 것은 바로 그때, 수용이라는 특권적 영역 안에서, 수용에 의해 정화된 관찰의 시선 아래에서이다"(460; 681). 수용은 고전주의 시대와 마찬가지로 광기의 본질을 구성한다. 범죄자와 광인을 함께 수용한 것은 어처구니없는 시대착오적 오류가 아니라, 오늘날과 같은 광인 '관념'의 구성에 핵심적 역할을 수행한 결정적 요소이다. 그러나 수용은 피넬과 튜크의 '해방' 이후 점차로 의학적 시선에 자신의 주도권을 내주게 된다. 처음에는 수용이라는 특권적 영역 안으로 도입되어 수행되던 의학적 시선의 관찰 행위가 수용을 몰아내는 것이다. 이제, 근대에 들어 주도적인 의학적 시선 아래에서 관찰되는 광기는 이제 더 이상 고전주의 시대와 같이 '실존의 부정성 속에, 가장 생경한 모습의 하나로서' 편입되지 않으며, '잘 알려져 있는 사물들의 실증성 속에' 점차 자신의 자리를 배치받는다. 광기는 이제 '관찰되는 형식' 또는 '언어에 의해 포위되는 사물chose'이 된다. 요컨대 광기는 대상이 된다.(463; 684)

"그리고 이러한 변화를 한마디로 요약해야 한다면, 아마 (고전주의 시대의) 비이성의 경험이 보여 주는 고유한 특성은 이러한 경험 안에서 광기가 자기 자신에 대해 **주체**sujet였지만, 이제 18세기 말에 형성되는 (근대적) 경험에서는 광기가 **대상**objet의 지위를 부여받음으로써 자기 자신에 대해 소외되었다aliénée고 말할 수 있을 것이다"(463; 684-685).[51]

한편, 광기의 새로운 지위가 모색되는 동안, 광기에 관한 물음이 긴급히 제기된다.[52] 이러한 구분은 법이 규정하는 바와 같은

---

51 인용자 강조.
52 다음을 참조. "고전주의 시대에 확립된 가족·내치(內治, police)·사회의 차원에서 통용되어 온 비이성적 인간(homme déraisonnable)이라는 오래된 개념이 해체되면서, 면책이라는 사법적 관념과 광기의 직접적 경험이 곧장 서로 마주친다. '이제 내치 감독관(lieutenant de police)의 직무로부터 **사법관**(magistrat)의 측면과 **행정관**(administrateur)의 측면을 구분해야만 한다. 전자는 법률인(l'homme de la loi)이고, 후자는 통치인(l'homme du gouvernement)이다'[1786년의 『내치학 사전(Dictionnaire de police)』]"(464; 686).

정신이상의 부정적 개념에 영향을 미치게 되고, 궁극적으로는 **일상인**日常人, homme quotidien이 광기에 대해 부여하는 도덕적 의미작용에 의해 변형된다. 이 일상인은 18세기 말 프랑스대혁명 시기에 등장한 새로운 **정치적 주체** 곧 **루소적 의미의 시민**citoyen이다. "대혁명 초 내치의 재편성으로 인해 독립적·혼합적인 권력(구체제의 행정권력)이 소멸되자, 사적 인간homme privé인 동시에 집단의 지volonté collective인 시민에게 특별한 권한이 부여된다"(464; 686). 광기의 최종 판정은 합리성의 능력을 가진 세계의 새로운 주인인 시민의 상식常識에 입각해야 하며, 다시 말해 의학적 지식이란 시민적 양식良識, bon sens의 가장 엄밀한 형태일 뿐이다. 근대의 시민은 **정치적 인간**이다. 근대 부르주아 국가의 합리적 인간으로서 자신의 자유와 권리를 갖는 시민은 세계의 입법자이자 최종적 판단자이다. 그리고 광인은 바로 이러한 합리성을, 따라서 자유와 권리를 갖지 못한 자이다. 따라서, 광인은 정치적 인간의 여집합이다. 광인의 정치성이 거세되면서, 광인은 정치의 영역으로부터 배제된다. 보다 정확히 말해, 광인은 정치적 판단의 주체일 수 없으며, 오직 정치적 판단의 대상일 뿐이다. 이렇게 해서, 수용이 사라진 시대인 근대에 광인은 또 다시 공적 영역에 등장한다. 광인은 공적 영역인 정치적 영역의 **타자**他者로서만 인식되고 또 그렇게만 존재한다. 광인은 실상 어떤 면에서든 어느 정도는 늘 타자였으나, 근대의 광인은 근대적 시민의 근본적인 정치적 타자로서 인식되고 존재한다. 광인은 정치적 주체가 아닌 자이다. 이런 의미에서, 이어지는 푸코의 다음과 같은 문장은 매우 압축적이고 또 그만큼 선언적인 것으로 기억해 둘 만하다.

"**시민**citoyen은 이중적 의미에서 **보편이성**raison universelle이다. 즉, 시민은 인간본성의 직접적 진실이고 모든 법제의 척도일 뿐만 아니라, 비이성déraison이 이성raison과 분리되는 기준이며, 시민이 갖는 의식의 가장 자발적 형태, 시민이 모든 이론적 혹은 사법적 착상 이전에 단번에 내리는 판단에 비추어 볼 때, 분할의 장소인 동시에 수단, 판단자이다. 우리가 이미 살펴보았듯이, 고전주의 시대의 인간도 역시 모든 앎에 앞서 직접적 단순파악을 통해 광기를 식별했지만, 그때에는 인간의 정치적 권리가 아니라 인간의 양식이 자연발생적으로 발휘되었고 사실상의 차이를 논평 없이 판단하고 인식하는 것은 바로 인간으로서의 인간이었다. 이제 (근대의) 시민은 광기를 상대하면서 근본적 권력을 행사하는데, 그러한 권력은 시민으로 하여금 '법률인'이면서 동시에 '통치인'일 수 있게 해 주는 것이다. **자유인**homme libre은 부르주아 국가의 유일 주권자로서 광기의 첫 번째 판단자가 되었다. 이런 식으로 구체적인 인간, 곧 일상인은 고전주의 시대가 중단시켰던 접촉을 광기와 다시금 맺게 되지만, 주권의 이미 주어진 형태와 권리의 절대적이고도 조용한 행사 속에서 어떤 대화도 대면도 없이 그러한 접촉을 재개한 것이다. 부르주아 사회의 근본 원리로 인해 이 **개인적인 동시에 보편적인 의식**은 모든 가능한 논쟁에 앞서 광기를 지배할 수 있게 된다. 그리고 이 의식이 법원이나 보호시설에서 광기를 사법 또는 의료의 경험으로 되돌려 보낼 때, 광기는 이미 이 의식에 의해 암암리에 제압당한 상태였다"(464-465; 686-688).

보편이성의 담지자로서의 정치적 주체, 개인적인 동시에 보편적인 의식으로서의 시민은 일상인, 자유인, 실은 **정상인**, **사회인** 그 자체이다. **의학과 의사**라는 명칭은 이 새로운 근대의 정치적 주권자인 시민의 인식과 주체를 지칭하는 이름일 뿐이다. 앞서 등장한 '정상인의 대표자로서의 의사'와 '비정상인 대표자로서의 광인'이라는 쌍, 짝패에 대한 푸코의 비판은 바로 이런 맥락에서 나온 것이다. 1부 2장 '광기의 경험'에 등장하는 문장을 다시 한번 읽어 보자.

"19세기의 정신병리학은 [그리고 어쩌면 우리 시대(20세기)의 정신병리학까지도] **자연인**homo natura 혹은 모든 질병 경험 이전의 정상인 homme normal을 기준으로 하여 설정되고 평가된다. 사실 이러한 정상인의 개념은 창안물이고, 정상인을 위치시켜야 하는 곳은 자연의 공간espace naturel이 아니라 **사회인**le socius을 법적 주체sujet de droit와 동일시하는 체계이며, 따라서 광인이 광인으로 인정되는 것은 ―광인이 질병으로 인해 정상상태의 가장자리 쪽으로 옮겨졌기 때문이 아니라― 광인이 우리(유럽) 문화에 의해 수용의 사회적 명령과 권리주체의 능력을 판별하는 법률적 인식 사이의 접점에 놓여 있기 때문이다. 정신병에 관한 '실증' 과학, 그리고 광인을 인간의 반열에 올려놓은 그 휴머니즘적 감정은 일단 이러한 종합이 이룩되고 나서야 가능했다. 이 종합은 이를테면 과학적이라고 자처하는 우리(유럽) 정신병리학 전체의 구체적 **아 프리오리**a priori를 형성한다"(147; 244).

'정상인/비정상인'의 쌍은 '의사/환자'의 쌍의 동어반복이다. 자연인이라는 관념은 실제의 자연을 있는 그대로 반영한 자연적 관념이 아니라, 특정 시대·사회의 특정 관념에 의해 해석·구성된 자연 관념의 반영일 뿐이다. 실상, 자연인이란 인공인, 곧 하나의 인위적 관념artificial concept이다. 자연 그 자체를 인식할 수 있는 인간은 '신'이 죽은 이후 존재하지 않고, 인간들 사이에는 신이 없다. 오직 각자가 자연 그대로라고 믿는 자연에 대한 해석들만이 존재할 뿐이다. 이 해석들 사이의 우위를 점하기 위한 투쟁, 곧 **해석투쟁**은 권력투쟁이다. 자신의 권력을 강화하기 위한 해석투쟁의 가장 중요한 수단이 **보편성** 또는 **보편적 인식**이다. 보편적 인식은 플라톤 이래 시간과 공간을 초월하는 글자 그대로 '보편적인 인식' '우주 어디에서나 언제나 통하는 지식universal knowledge' 곧 진리로 가정된다. 따라서 보편적 인식인 진리는 우리에게 시간과 공간에 구애받지 않는 진리, 불변의 진리, 곧 **본질** essence을 알려 준다. 그리고 '모든 것을 시간 속에 집어넣으려는' 니체의 계보학에 영향받은 푸코는 니체적 힘-관계 안에서 진리의 역사성historical formation을 드러낸다.[53] 이런 면에서 푸코의 작업

---

53 마찬가지로 우리가 니체를 제대로 이해했다면, 우리는 진리의 **지리적 공간성**, 곧 **사회성**, **문화성**에 대해서도 말해야 할 것이다. 푸코마저도 그저 하나의 가능성으로서만 인지하고 있었을 뿐 실제로 펼쳐 내지는 못했던 가능성, 그러나 니체와 푸코에 영향받은 에드워드 사이드의 『오리엔탈리즘』과 같은 책에서 모범적 사례를 발견할 수 있는 **진리(구성)의 문화적 한계와 조건**에 대한 이러한 분석의 작업은 '인식의 보편주의, 제국주의'가 여전히 유지되고 있는 21세기의 지식인들에게 주어진 주요한 과제임에 틀림없다.

은 소크라테스-플라톤적 본질주의를 니체적 의미의 역사주의·관점주의로 파괴하려는 시도이다. 푸코가 자신은 '철학의 역사'를 **진리의 정치적 역사**histoire politique de la vérité 이외의 다른 것이라고 생각할 수 없다고 말한 것은 바로 이러한 의미일 것이다.[54]

이른바 '정상인'은 근대 부르주아 사회의 정치적·법적 주체, 곧 시민의 다른 이름이다. 이 부르주아적 주체의 형성과정, 주체화 과정에서 사회 통합 및 통제의 측면에서 핵심적 기능을 수행하는 것들 중 하나가 스캔들, 곧 **추문**醜聞, le scandale이다. 한 인간이 가장 두려워하는 것들 중 하나가 자신에 대한 (나쁜) 평판임을 부정할 사람은 아무도 없을 것이다. 부르주아 사회는 **평판**評判, réputation을 통해 관리·통제·조절되는 사회이다. 모두가 모두를 감시하고 처벌하는 사회, 궁극적으로는 내가 나를 감시하고 처벌하는 사회이다. 정도의 차이일 뿐, 모든 사회가 그렇기는 하지

---

54 "모든 사회는 자신의 **진실체계, 진실의 일반정치학**을 가지고 있습니다. … 지식인에게 주어진 본질적인 정치적 문제는 새로운 **진실의 정치학**을 구성할 수 있는가를 아는 문제입니다. … 정치적 질문이란, 간단히 말해, 오류, 환상, 소외된 의식 또는 이데올로기의 문제가 아닙니다. 정치적 질문의 대상은 진리 그 자체입니다. 여기에 니체의 중요성이 있습니다"['Entretien avec Michel Foucault (미셸 푸코와의 대담)'(1976/1977) in DEQ II, 158-160; 미셸 푸코, 「진실과 권력」, 『권력과 지식. 미셸 푸코와의 대담』, 홍성민 옮김, 나남, 1991, 165-167쪽. 여기 제시된 번역은 나의 번역이다.] 푸코는 **진실의 정치경제학**이라는 표현도 같은 곳에서 사용한다.

만, 부르주아 사회만큼 사회 통합·통제 기능으로서의 평판이 중요한 사회는 없다. 추문과 평판이란 단적으로 자신이 속한 사회의 다수, 평균인들, 나아가 '정상인들'이 지키는 **관습적 도덕**을 준수하는가 아닌가의 문제이다. 추문과 평판은 근본적으로 사회 통합·통제 기능을 수행하는 요소로서의 **도덕**과 관련되는 문제이다. 도덕은 한 사회의 지배적 담론이 구성원들의 심성에 '양심'의 형태로 내면화된 것이다.[후에 프랑스의 사회학자 피에르 부르디외 Pierre Bourdieu(1931-2002)가 말하는 정신적 태도로서의 에토스ethos와 육체적 습관으로서의 헥시스hexis의 결합이 이러한 현상을 잘 설명해 준다.] 여하튼, 평판은 근대 부르주아 사회의 효과적인 통제 기제들 중 하나이다.

"부르주아 의식에서 추문은 지배력 행사의 수단들 가운데 하나가 된다. 부르주아 의식은 절대권력 같은 것이기에 심판자일 뿐만 아니라, 이와 동시에 그 자체로 징벌이다. … 악덕은 수치를 줌으로써 벌해야 하는 것이다. 악덕은 더 내면적이기 때문에 그만큼 더 원초적이다. 즉, 악덕은 실행되기 전에 이미 인간의 마음속에서부터 범죄 자체이다. 범죄자는 언제나 법을 위반하기 전에 사람의 의식에 있는 무언無言의 규칙을 침해한 자이다. … 범죄를 피하고자 한다면, 법을 강화하거나 형벌을 무겁게 할 것이 아니라, 풍속moeurs을 더 강압적이게 하고, 풍속의 규칙을 더 두려운 것으로 만들며, 악덕이 드러날 때마다 추문을 불러일으켜야 한다. 추문은 가공架空의 처벌인 듯하다. … 풍속이 국가의 실체를 구성하고 여론이 사회의 가장 굳건한 유대를 이루는 경우에, 추문은 소외의 가장 가공할 형태가 된다"(467-468; 690-691).

이런 일련의 과정을 통해 하나의 심리학이 탄생한다. 이 새로운 심리학은 광기의 본질적 의미를 변화시키고, 비이성의 숨겨진 형태와 인간 사이의 관계에 대한 새로운 묘사를 제시한다. 핵심은 다음과 같은 점이다. "범죄 심리학의 초기적 관심과 양상은 정의正義의 인간화humanisation de la justice가 아니라, 오히려 **도덕에 대한 추가적 요구, 풍속에 대한 일종의 국가 관리 및 보다 세련된 분노의 표출방식**과 같은 것으로부터 탄생했다." 이러한 심리학은 무엇보다도 고전주의적 사법의 '거꾸로 된 이미지'이다. 인간의 내면에 더 깊이 놓여 있는 것에 관한 심리학과 인식은 다름 아닌 '**공공의 식**conscience publique이 인간에 관한 판단의 보편적 심급, 이성과 도덕의 즉각적으로 타당한 형식으로 호명되었다'는 사실로부터 탄생했다. 추문 및 평판에 관련된 푸코의 결론은 다음이다. "심리

의 내재성은 **추문화한 의식의 외재성**으로부터 구성된 것이다"(469; 692-693).[55]

매번 선거에서 우리가 실감하는 것이지만, 추문, 곧 스캔들과 평판이라는 공공의식과 공적의식은 이념적으로는 질적으로 다른 것이지만, 실제로 현실에서는 그리 명확하게 구분되지 않는다. 현실에서 시민 곧 대중의 판단력을 의미하는 '공공의식'과 공적 영역에 대한 시민의식을 의미하는 '공적의식'은 뒤섞인다. 개인에 대한 공적 평가와 개인에 대한 대중의 평판은 맞물려 작용한다. 특히 그것이 나쁜 평판일 경우, 그것은 사실유무와도 상관없이 배가된 파괴력을 갖는다. 나쁜 평판과 스캔들은 듣는 이와 말하는 이 모두에게 '흥미롭기' 때문이다. 신문과 여론이 전국을 거의 며칠 사이에 동시간적으로 지배하는 최초의 사회인 서구 근대 부르주아 사회는 평판과 추문이 통치의 주된 수단으로 기능하는 첫 번째 사회이다.

한편, 이러한 지배의 보다 앞선 형태, 푸코의 표현을 빌리면, '매우 과도적인' 첫 번째 형태는 **가정법원**tribunaux de famille이다. 가정법원은 1790년 5월 대혁명 직후 '입헌의회Constituante'의 법령에

---

55 인용자 강조.

따라 창설되었다.

"낭비벽이 있거나 방탕한 아버지, 탕아, 물려받은 재산을 관리할 능력이 없는 상속인 등, 과거에는 완전한 금치산 절차가 없었던 관계로 봉인장에 의해 제재되었던 이 모든 형태의 과오와 무질서, 비행이 이제는 가정법원의 관할에 속하게 된다. … 가정 자체는 상당 기간 동안 하나의 사법적 심급審級으로 간주되었고, 비행, 무질서 및 갖가지 형태의 무능력과 광기에 대해 법정으로서의 특권을 누릴 수 있었는데, 이는 매우 중요한 사실이다. 처음의 한동안 가정은 여전히 아주 분명히 과거의 모습 그리고 과거에 어렴풋이 지속되었을 모습처럼 보였다. 즉 가정은 이성과 광기 사이의 분할을 실행하는 직접적 심급, 이를테면 가정의 생활, 경제, 도덕에 관한 규칙을 건강, 이성, 자유의 규범과 동일시하는 조잡한 사법의 형태처럼 보였다. 이후 가정은 점차로 하나의 제도로 간주되고 하나의 법정으로 규정된 가정에서 관습법이 본래의 의미를 띠게 되고, 이와 동시에 민간인이 비이성의 일상적 대화를 공적 토론의 장으로 끌어들이면서 재판관의 지위를 부여받는다. 이제 광기에 대한 사적 의식의 공적이고 제도적인 지배력이 확립된 것이다"(466-467; 689).

한편, 이 모든 것은 형사재판의 대대적 개혁을 통해 제도의 형태를 갖춘다(470; 693). 이제 '개인에 관한 인식connaissance de l'individu'으로서의 **심리학**은 공공의식에 입각한 판단 형식이라는 근본적 관계의 측면에서 역사적으로 고찰되어야 한다. 개인 심리학psychologie individuelle의 탄생조건은 **사회의식 내에서 '추문'이 갖는 위상의 재구성**이다(694). 이러한 재배치의 결과는 (범죄자의 개별 범죄가 아닌) 범죄자의 인격 및 인생 전체에 대한 평가 및 심판이다. 막 탄생한 학문, 곧 개인에 대한 인식으로서의 심리학이 수행한 주된 기능 중의 하나는 이러한 개인에 대한 사적·공적 평가와 그에 이어지는 심판에 도움을 주기 위한 것이었다. 이처럼 반쯤은 사적이고 반쯤은 공적인 세계, 근대 부르주아 의식의 보편적 시선 아래 포획된 세계에서 확립되는 것은 **광기와 범죄 사이의 동일시 원칙**principe d'assimilation entre la folie et le crime이다(470; 694-695).

"범죄는 사적 세계의 측면에서는 오류, 망상, 순수한 상상력, 따라서 비실재적인 것이 되고, 공적인 세계의 측면에서는 비인간성, 무분별, 사람이라면 누구나 갖기 마련인 의식이 깃들어 있다고 인정할 수 없는 것, 이와 같은 의식에 바탕을 두고 있지 않은 것, 따라서 존재할 권리가 없는 것을 나타낸다. 아무튼 범죄는 비

실재적이게 되고, 비존재 속에서 비존재의 식별 표지로서의 광기
와 깊은 연관을 갖기 시작한다"(470; 694).

이러한 변화는 푸코에 따르면 실로 근본적이다. 이러한 변화
를 면밀히 관찰하면 우리는 **근대 세계에 고유한 문화 현상**으로서의
심리학에 대한 결정적 통찰을 얻을 수 있다. 심리학은 인간과 인
간의 진실 사이의 관계에 대한 새로운 배치로부터 탄생했다. 푸
코는 1783년경에 이루어진 부르주아Bourgeois라는 이름을 가진
한 남자의 재판에 대한 간략한 분석을 통해 이를 설명한다. 부르
주아는 자신에게 돈을 주지 않겠다고 한 여자를 살해하려 한 혐
의로 재판을 받고 있는데, 형사범인 부르주아는 정신이상을 이
유로 정신이상자 유치구역으로의 이송을 허용받는다. 이는 물
론 무죄 선고는 아니지만, 일종의 특전임에 틀림없다. 부르주아
의 범죄는 그대로 존재하지만, 부르주아는 일종의 '정상참작' 과
정을 통해 완화된 형벌을 받는다. 그러나, 푸코에 따르면, 부르
주아의 경우, 정신이상과 범죄의 관계는 여전히 어디까지나 '외
재적'이다(471-473; 695-698). 범죄와 정신이상의 관계가 '내재적'
인 것으로 파악되어 양자 사이에 오늘날까지도 통용되는 기본적
인식이 형성된 것은 1792년 노동자 그라Gras의 재판이다. 그라는

52세의 남성 노동자로서 얼마 전 자신의 정부情婦가 간통을 저지르고 있는 현장을 급습하여 자신의 정부를 살해한 죄목으로 사형을 선고받은 자이다. 그라의 사례는 유럽 광기의 역사에서 결정적인 사건이다.

"(유럽의) 역사상 처음으로 치정사건의 소송이 공개법정에서 배심원단을 앞에 두고 진행되었으며, 역사상 처음으로 범죄와 정신이상에 대한 커다란 논쟁이 백일하에 벌어졌으며, 심리心理의 결정과 형사책임 사이의 경계를 정하려는 시도가 공공의식 속에서 모습을 보였다. … (그라의 변호사인) 벨라르의 변론문에 처음 접근할 때 거기서 발견할 수 있는 것은 18세기 동안 심리학에 대해 규범과 진실의 구실을 했던 문학적이고도 도덕적인 정념의 신화에서 심리학이 벗어났다는 점이다. (유럽의) 역사상 처음으로 정념의 진실은 진정한 정념의 윤리와 더 이상 일치하지 않게 된다. … 18세기 심리와 도덕의 관점에서 어떤 구별의 여지도 알아내지 못하던 이 정념의 텍스트는 이제 분리되고 두 가지 형태의 진실에 따라 분할되며 자연에 대한 두 가지 귀속방식에 얽매인다. … 정념이 자체의 기계적 진실에 너무나 부합한 나머지 정념을 통제할 수 없는 순간이 오고, 그래서 정념은 일단 일기 시작하기만 해도 정신착란이 된다. 따라서 난폭한 행위가 정념의 맹렬함에 전가되고, 순수한 상태의 심리적 진실이 정념의 격렬함에서 도출되는 가운데, 그러한 사랑은 범죄적 현실을 모면하는 무분별, 환각, 광기의 세계 안에 자리 잡게 된다. … 인간의 진실이 얽매어 있었던 모든 도덕적 신화에서 인간이 해방된다면, 이 탈소외적désaliénée 진실의 진실은 바로 정신이상aliénation 자체가 될 것임은 누구라도 이해할 수 있을 것이다"(473-476; 698-700).

물론 이는 하나의 비유이다. 지금 문제가 되는 것은 심리적인 것의 도덕적인 것으로부터의 완전한 해방이 아니다. 차라리 관건은 '양자 사이에 존재하는 균형의 재구성'이다(475-476; 701). 이는 얼핏 이전에는 명확하지 않았던 것이 인식되는 과정, 곧 '의식화'의 문제로 보일지도 모른다. 그러나 이러한 인상은 간단히 말해 착각이다. 이러한 착각이 발생하는 이유는, 니체의 말대로, 인식connaissance이 늘 자신이 **이미** 대상에 심어 둔 것만을 **다시** 발견하는 재인식reconnaissance이기 때문이다. 이는 '갑작스러운 발견'이라기보다는 차라리 '오랜 시간에 걸친 **포위공격**', 단순한 정찰偵察, éclairage이 아니라 차라리 **포획**捕獲, capture이다. 이는 광기에 관련된 두 계열, 곧 해방과 보호 또는 의학과 수용이라는 두 계열이 실은 **처음부터 소외 구조 속에서 광기를 의식으로 넘겨 주는 행위가 갖는 수미일관한 하나의 통일성**에 다름 아니기 때문이다. 이 두 계열은 서로 대립하지 않을 뿐만 아니라, 심지어는 상호적 보완 이상의 작용을 한다.(478-479; 705) 고전주의 시대에 나타난 광기의 경험 조건들이 결정적으로 변하는 것은 바로 이 통일성 속에서이다. 푸코는 이 두 계열을 다음과 같이 도표화한다 (479; 706).

해방의 형식	보호의 구조
광기를 비이성의 다른 모든 형식과 뒤섞는 수용의 철폐	더 이상 배제의 땅이 아니라, 광기가 자체의 진실과 합류하는 특별한 장소로서 광기에 지정되는 수용시설
의료 이외의 다른 목적이 없는 보호시설의 설립	광기의 발현장소임과 동시에 치유공간이게끔 되어 있는 난공불락의 공간에 의한 광기의 감금
광기가 스스로 표현되고 이해되며 광기 자체의 이름으로 말할 권리의 회득	광기의 주변·위쪽에 전적으로 시선으로만 존재하면서 광기에 순수한 대상의 지위를 부여하는 일종의 절대적 주체의 형성
광기가 정념, 폭력, 범죄의 일상적인 진실로서 심리적 주체 속에 자리 잡는 내면화	가치의 비非 일관적인 세계와 가책하는 양심의 작용 속으로 광기가 편입되는 현상
광기가 심리적 진실의 역할 속에서 면책조건으로 기능한다는 사실의 인정	도덕적 판단의 이분법적 요구에 따른 광기 형식의 분할

해방형식formes de libération/보호구조structure de protection의 이중운동은 다름 아닌 **해방**libération/**예속**assujettissement의 이중운동이다. 이 이중적 움직임이야말로 근대적 광기의 경험을 밑받침하는 내밀한 토대를 이룬다. 실증주의적 정신병의 경험에서 핵심적인 것은 바로 하나의 동일한 의식 행위 안에서 광기를 '인식하는 동시에 제압하는' 가능성이다(481; 708). 해방과 예속화, 인식과 제압이라는 두 계열이 하나로 통합되던 날, 사회보호의 체계가 의식의 형태로 내면화되던 날이 광기에 대한 근대적 이해가 결정적으로 성립된 날이다.(481; 707-708)

"이제 광기는 대상, 그러나 특이한 지위를 갖는 대상이 되었다. 광기를 대상화하는 동향 속에서 광기는 **대상화 형식들** 가운데 최초의 것, 즉 인간으로 하여금 자신에 대해 대상적 영향력을 행사할 수 있게 하는 것이 된다. 이제 광기는 인식을 위한 것인 동시에 인간에게 가장 **내적인** 것이 되고, 나아가 인간의 시선에 가장 적나라하게 노출되기에 이른다. 이는 인식 작업에 의해 광기가 앎에 대해 전적으로 명백하게 드러났다는 의미가 아니라, 광기로부터, 그리고 인간이 광기에 부과하는 대상의 지위로부터 인간이 적어도 이론적으로는 대상화하는 인식 앞에 통째로 투명하게 **노**

출될 수밖에 없다는 것을 말해 준다"(481; 708).

칸트의 시민적 주체는 분열되어 자신의 내면을 바라보는 존재가 된다, 또는 자신의 내면을 자신에게 노출당하는 존재가 된다.[56] 이 주체는 바라보는 주체인 동시에 바라보여지는 주체 곧 대상이다. 광기의 이 같은 대상화는 **인간의 대상화**objectivation de l'homme에 일조한다(481; 709).

"그러므로 인간 존재에 대한 실증적 인식이라는 거대한 주제에서 광기는 언제나 삐딱하게 기울어져 있다. 광기는 따라서 **대상화하는 동시에 대상화되며**objectivante et objectivée, 전면에 드러나는 동시에 뒤로 물러나 있으며, 내용인 동시에 조건이다. … 인간이 **광인**일 가능성과 인간이 **대상**일 가능성은 18세기 말에 서로 합쳐졌고, 그러한 합류는 **실증적 정신의학**psychiatrie positive이라는 요청

---

56 아마도 이는 적어도 근대 유럽에서는 최초로 개인의 내면적 세계를 끔찍할 정도의 정직성으로 그려 낸 『고백(*Confessions*)』(1769/1782)을 쓴 인물, '최초의 근대인'으로도 불리는 인물, 피해망상을 앓은 인물, 루소적 주체의 두 측면일 것이다. 루소(Jean-Jacques Rousseau, 1712-1778)의 이러한 이중성은 그가 일견 상반된 듯이 보이는 자유주의와 전체주의 모두의 선구자라는 사실에서도 잘 드러난다.

및 **인간에 대한 객관적(대상적) 과학**science objective de l'homme이라는 주제를 동시에 낳았다(이 경우에 시기상의 우연한 일치는 없다.)"(481-482; 708-709).[57]

말미의 '이 경우에 시기상의 우연한 일치는 없다'라는 말은 이러한 사태가 모두 동시대에 일어난 동시적·상관적 사태들이라는 말이다. 그러나 우리가 살펴본 카바니스, 벨라르, 그리고 동시대의 의사 트농Jacques-René Tenon(1724-1816)의 경우를 검토해 보면, 우리는 유럽의 근대문화에 본질적인 이러한 접합이 여전히 근본적으로 **사유**의 영역에서만 이루어졌다는 사실을 알 수 있다. 그러다가 피넬과 튜크에 이르러 그 접합은 단번에 **구체적 상황**이 된다. 이들에 의해 설립되고 주요한 개혁안의 뒤를 잇는 보호시설에서 '미칠 수 있는 위험'은 어느 누구에게나, 그리고 각자의 일상생활에서조차, '대상이 될 필요성'과 강제로 동일시된다. 그때 실증주의는 하나의 이론적 계획일 뿐만 아니라 소외된 실존의 상흔傷痕이 된다.

대상의 지위는 미친 것으로 인식된 모든 개인에게 처음부터 부

---

57 인용자 강조.

과된 '본성'이고, 정신이상은 인간에 관한 모든 객관적 인식의 중심에 존재하는 하나의 은밀한 '진실'로서 자리 잡게 된다(482; 709).

4. 정신병원의 탄생

이 부분에서 푸코는 영국인 퀘이커교도 박애주의자 튜크와 프랑스인 정신의학자 피넬의 정신의학 담론을 분석하여 이전과는 전혀 다른 해석을 제시한다.

이 장의 맨 첫 부분은 피넬과 튜크의 '신화'에 대한 묘사로부터 시작한다. 피넬과 튜크에 대한 당시의 이미지는 다음과 같은 인용들로부터 쉽게 이해가능하다. 먼저 박애주의자 튜크에 대한 당시의 기사를 보자.

"훌륭한 퀘이커 교도회敎徒會는 … 이성을 잃게 되는 불행에 처해도 충분한 재산이 없어서 돈이 많이 드는 시설을 이용할 수 없는 신도들에게 그들의 처지를 감안하여 의료기술의 모든 방편과 생활의 모든 즐거움을 보장하고자 자발적 기부를 통해 기금을 마련했고 경제활동이 가능하다는 점을 비롯하여 많은 장점을 갖추고 있는 것으로 보이는 시설을 약 2년 전 요크시 인근에 세웠습니다. 인간의 이성을 모욕하기 위해 생겨난 듯한 그 끔찍한 질병을 보고 금방 비탄에 잠기지 않을 사람은 아마 없을 것입니다만, 곧 이어 각별한 온정으로 그 질병을 치료하고 고통을 덜어 주기 위해 창안된 모든 것을 바라보고는 누구라도 잔잔한 감동을 받을 것입니다.

이 시설은 요크에서 1마일 떨어진 어느 비옥하고 아름다운 시골에 있는데 수용소가 아니라 오히려 시골의 커다란 농가를 생각나게 하는 그런 곳이고 울타리가 처진 정원으로 둘러싸여 있습니다. 철책도 창문의 철망도 없습니다"(483; 712. 재인용).

다음은 비세트르의 피넬에 대한 이제는 전설이 된 다음과 같은 묘사이다.

"감옥의 죄수들에게서 쇠사슬을 벗겨 주기로 한 (피넬의) 결정에 뒤이어, 반혁명 용의자들이 숨어들지 않았는지 알아보기 위해 로피탈 제네랄을 방문한 쿠통. 모두가 '남의 팔에 의지하여 움직이는 그 불구자'를 보고 공포에 떨고 있을 때, 용감하게 그를 맞이한 피넬. 마비된 괴물과 현명하고 굳센 박애주의자의 대면. '피넬은 곧장 쿠통을 광조병狂躁病 환자들의 구역으로 안내했는데, 거기서 쿠통은 숙소를 둘러보고 몹시 고통스러운 느낌을 받았다. 쿠통은 환자에게 질문을 하고 싶었으나 돌아오는 것은 대부분 욕설과 무례한 폭언일 뿐이었다. 조사를 더 이상 계속하는 것은 무의미했다. 피넬 쪽으로 얼굴을 돌리고 쿠통은 말했다. '아니, 저런 짐승들의 사슬을 풀어 주고 싶어 하다니 동지citoyen 당신이야말로 미친 것 아니오? 피넬은 쿠통에게 조용히 대답했다. '그래요, 나는 저들에게서 맑은 공기와 자유를 빼앗았기 때문에 저 사람들을 치료할 수 없다고 확신합니다.' '자, 그럼 당신이 원하는 대로 해 보시오. 나는 다만 당신의 자만 때문에 당신 자신이 희생될까 봐 걱정이오.' 그리고 나서 쿠통은 부축을 받아 마차로 향했다. 그의 출발로 분위기가 반전되었고 여기저기에서 안도의 숨소리가 들려왔으며, 위대한 박애주의자는 곧장 작업에 착수했다"(483-484; 712-713).

이어지는 푸코의 분석은 박사학위 논문답게 당시 로피탈 제네랄의 역사적·사회적·정치적 조건들에 관련된 상세한 세부사항을 담고 있다. 이곳에 모두 옮길 수는 없지만 대강의 밑그림을 얻기 위해 반드시 책을 펼쳐 해당 부분을 주의 깊게 읽어 보기를 권한다.

1793년 8월 25일 정신과 의사인 피넬이 비세트르 수용소의 의무실에 부임한다. 이는 일정한 정신의학적 지식을 가진 인물이 로피탈 제네랄에 부임한 첫 번째 사례이다. 비세트르에 피넬이 부임했다는 사실 자체가 이미 1793년에는 광기가 동시대인들에게 의학의 대상으로 인식되었다는 사실을 증명한다. 그러나 동시에 이는 정치적 문제이기도 했다. 이는 이성적이고 결백한 사람들을 구체제가 정신병원에 강제 입원시켰다는 의심은 대혁명기 '혁명신화'의 일부를 이루고 있었기 때문이다. "비세트르라는 결백의 수용소가 예전의 바스티유처럼 상상계의 공간에 빈번히 출몰한다"(487-490; 717-721).

"이러한 공포 속에서 광기는 소외/착란을 불러오는aliénantes 두 가지 역할을 차례로 수행한다. 광기는 미치지 않았는데 미쳤다고 판단되는 사람을 소외시킬 뿐만 아니라, 광기로부터 보호받고 있다고 생각되는 사람을 소외시킬 수도 있다. 광기는 폭력을 행사하거나, 또는 속인다. 요컨대 광기는 이성적인 사람과 광인 사이의 위험한 매개요소로서 양자 모두를 소외시키고 양자 모두에 대해 자유의 실현을 위협적으로 방해한다. 진실과 이성의 고유한 작용이 복원되도록 광기는 어쨌든 **좌절되어야** 한다"(490; 721).

이유는 다르지만, 여전히, 광기는 좌절되어야 한다. 광기는 이성이 말을 하기 위해 침묵되어야 한다. 푸코는 이렇게 묻는다. 피넬의 '해방'은 카바니스의 개혁안을 그대로 실행한 것이 아니었을까? 달리 말해, 카바니스 개혁안의 구조를 되풀이하고 있는 것이 아니었을까? 그러나, 푸코에 따르면, 피넬은 카바니스 개혁안의 단순한 실행자가 아니다. 피넬은 카바니스의 개혁안을 따르면서도 정반대의 의미를 갖는 정치적 조작操作을 수행했다고 말할 수 있다. 그러나 궁극적으로 피넬이 정신병자들의 해방을 결정했을 때 무엇을 할 의도였는지 정확하게 알아내는 것은 '아마도 불가능할뿐더러 그다지 중요하지도 않을' 것이다. 왜냐하면 바로 이후에 이어지는 모든 사태를 특징짓게 되는 '모호성 ambiguïté'과 이 '모호성이 근대세계에서 띠게 되는 의미 자체'에 요점이 있기 때문이다. 그 의미는 다음이다.

"(피넬이 설정한 모호성의) 의미는 광기가 순수한 객관적인 동시에 결백한 진실 속에서 모습을 드러내게 되어 있는 영역의 구성, 그러나 광기의 형상들 각각이 분간될 수 없을 정도로 뒤섞이고 인접해 있는 가운데 언제나 한없이 뒤로 물러나는 관념적 방식으로 이루어지는 그러한 구성에 있다. 실제로 광기는 정확히 과학적 구상 속에서 얻게 되는 것을 구체적 인식 속에서는 실질적으로 상실하고, 광기의 진실이 광기와 합류하게 되어 있는 보호시설은 광기의 진실이 아닌 것과 광기를 구별해 주지 않는다. 광기는 객관적일수록 더 불확실하게 된다. 광기를 검증하기 위해 광기를 해방시키는 행위는 동시에 광기를 이성의 모든 구체적 형태들 사이에 분산시키고 감추는 작업이다"(491; 723).

이 모호성은 현재의 맥락상 이중성을 뜻한다. 해방과 지배의 동시적 이중성. 우리를 해방시키는 모든 인식은 이미 그 자체로 우리를 지배한다. 세계는 무한한 방식으로 인식 가능하므로, 무한한 세계이해방식들 중 어느 하나를 선택했다는 것은 필연적으로 나머지 모든 방식을 보지 못하게 만드는 효과를 발생시킨다. 따라서 누군가가 어떤 특정 관점을 선택했다는 것은 그 누군가가 이후로는 그것을 바로 그러한 방식으로만 보게 될 것임을 의미한다. 『광기의 역사』를 읽는 당신은 광기에 대해 당신이 이전에 가졌던 인식의 단초들을 잃게 되어 이후 푸코가 제시해 주는 생각의 길을 따라 광기를 바라보게 된다. 나의 해설로 『광기의 역사』를 읽는 당신은 이제 다른 방식으로 『광기의 역사』를 읽기 어렵게 된다. 우리를 해방시키는 모든 것이 우리를 지배

한다···.[58]

  튜크는 의사가 아니다. 잉글랜드의 튜크가 퀘이커교도 박애주
의자라는 사실은 매우 중요하다. 퀘이커교도는 17세기 이래 정
신이상자들을 돌보는 구제 사업을 적극적으로 펼쳤다(484-487;
714-717). 18세기 사람들의 관념에 의하면 광기는 자연이나 인간
이 아닌 사회로 인한 질병이다. 튜크와 그 동시대인들은 흥분,
불안, 소요, 인위적인 식생활 등을 광기의 원인으로 지목한다.
이러한 논리에서는 따라서 사회에 의한 촉발된 광기 아래에 여
전히 존재하고 있는 자연의 존재를 믿고 또 읽어 내야 한다. 이
런 면에서 튜크의 수용소가 평화로운 자연 풍광이 있는 시골에
위치해 있었다는 사실은 매우 중요하다(492-493; 723-725).

---

58 이러한 해방과 지배의 불가피한 모호성, 또는 이중성은 인식의 한계(limite)/조건
   (condition)을 이룬다. 부정적 한계(limite négative)에서 긍정적 조건(condition positive)을
   읽어 낸 것이 칸트의 의미라면, 푸코는 긍정적 해방(libération positive)에서 **부정적 지배**
   (domination négative)를 읽어 낸다. 이런 면에서, 푸코는 **뒤집힌 칸트**이자, 특별한 의미
   의 '신-칸트주의자'이다. '근대의 에피스테메'를 확정한 것이 칸트라면, "이런 면에
   서, 우리 모두는 신-칸트주의자들이다(en ce sens, nous sommes tous néo-kantiens)"('Une
   histoire restée muette'(1966), in DEQ I, 574). 이 부분에서 놓치지 말아야 할 것은 푸코가
   정신의학·심리학·정신의학의 문제를 **근대세계**의 성립과정과 불가분한 핵심적인
   사태, 곧 동시적·상관적 현상으로서 바라보고 있다는 사실이다.

"이 모든 이미지의 배후에서, 하나의 신화가 모습을 보이기 시작하는데, 그것은 이후 19세기 정신의학을 조직하는 주요 형태의 하나, 즉 진실(진리)–자연nature-vérité, 이성–자연nature-raison, 건강–자연nature-santé이라는 세 가지 자연의 신화가 된다. … 이성–자연은 바로 이러한 진실–자연으로부터 일깨워져 본래의 모습을 다시 찾을 수 있게 되는데, 건강–자연의 회복은 이성–자연의 실행이 진실과 일치할 때 가능하다"(493; 726).

자연은 진실과 이성과 건강의 고향이자, 이들이 만나는 장소이다. 자연 속에 자리 잡은 **은거처**Retraite의 신화가 탄생한다.

"은거처는 물론 계약에 의한 제휴, 단순한 협회의 방식으로 조직된 배당금의 집중에 기반한 조직이다. 그러나 이와 동시에 은거처는 **가부장제 가족의 신화** 속에서 유지된다. 환자와 감시인이 지도자와 관리진의 권위 아래 모여 있는 커다란 형제 공동체이고자 한다. 결함도 자기만족도 없으나, 올바를 뿐만 아니라 성서에 나오는 훌륭한 가족의 이미지에 부합하는 엄격한 가족. '관리인들이 주의 깊고 현명한 부모처럼 열정을 다해 환자의 안위를 위해 쏟는 배려는 많은 경우에 거의 자식이 부모에게 내보이는 것과 같은 애착에 의해 보상되었다.' … 계약과 가족, 합의된 배당금과 자연스러운 애정이 이를테면 조화를 이루고 있는 은거처가 18세기가 사회의 기원과 사회인의 진실을 규정하려고 애쓰는 데 근거로 작용한 두 가지 신화를 내포한다. 은거처는 개인이 되찾기 위해 포기하는 이익임과 동시에 가족 구성원들 사이에서 자연스럽게 생겨나는 자발적 애정이고, 따라서 모든 사회에 대해 **가장 본원적이고 순수한 형태**를 되찾는다. 다시 말해, 은거처는 인간이 절대적으로 본래적인 최소한의 사회관계 속에 다시 자리 잡게 되는 장소이고, 따라서 은거처에서는 사회관계가 엄밀한 의미를 갖춘 것인 동시에 **엄격하게 도덕적인** 것이게 되어 있다. … 이러한 것이 은거처의 전설적인 힘이다. 즉, 시간을 제압하고 역사를 부인하며 인간을 본질적인 진실 쪽으로 이끌 뿐만 아니라, 기억을 벗어난 것 속에서 인간을 '최초의 자연인Premier Homme naturel' 또는 '최초의 사회인Premier Homme social'과 동일시하는 힘이다. … 이에 따라 이러한 은거의 끝에서 양도할 수 없는 것이 마침내 정신이상의 무게를 이겨 내고 다시금 나타나는데, 그것은 **자연, 진실, 이성** 그리고 **순수한 사회도덕**이다"(494-495; 726-728).

근대 정신의학은 자연·사회·인간에 대한 해석을 거쳐 도덕으로 귀착된다. 이 모든 것을 가로지르는 말은 질서이자 조화이다. 누군가가 인간의 본성이 저것이 아니라 이것이라고 말하면서, 따라서 우리는 저렇게 해야 된다고 말할 수는 없기 때문이다. 따라서 자연에 대한 해석은 사회와 인간에 대한 해석의 근본이 된다. 이러한 논증의 기본은 다음과 같은 형식을 갖는다. 자연이 본질이다nature is nature. 이는 글자 그대로 **본질주의적**essentialist 해석이다. 자연 법칙, 자연의 본성을 말하는 모든 이들은 본질주의자들이다. 『광기의 역사』는 니체적 반反본질주의의 관점에서 광기의 역사를 새롭게 쓰려는 책이다.

자연에 대한 해석의 독점이 권력정당화의 궁극형식이다. 이러한 주장을 펼치는 본질주의자들의 논증형식은 다음과 같다. 자연에는 본질이 있고 나는 이러저러한 방식으로 자연의 본질에 대한 있는 그대로의 이해, 곧 올바른 파악에 성공했다. 따라서 나의 입장은 그저 하나의 해석 또는 이론이 아니라, 사실 자체의 올바른 반영 곧 진리이다. 나의 주장은 의견이 아니라, 진리이다. 내가 주장해서 나의 의견이 진리인 것이 아니라, 나의 이론이 갖는 보편타당성이 (우연히도 지금 내가 주장하고 있는) 이 이론의 진리가眞理價를 증명하는 근거이다. 따라서 이들은 자기 이론에 대해 자신의 주장을 예외로 둔다. 자기 이론의 편파성, 곧 정치성을 부정하고, 나의 주장이 전체를 보는 균형 잡힌 이론이라는 것이다. 나아가, 하나의 사태에 대한 올바른 반영은 하나밖에 없으므로 나의 의견과 다른 의견을 갖는 사람들은 단순히 다를 뿐 아니라, 틀린 것이다. 따라서, 나의 주장은 진리이고 너의 주장은 의견이다. 최종적 결론은 다음이다. **나는 옳고, 너는 틀렸다.**

이는 단순히 인식만이 아니라, 인식에 기반한 세계의 모든 사태에 대해서도 참이다. 강령, 도덕에 대해서도 바로 그러하다. 세계와 인간 및 자연에 대한 해석의 변형은 건강과 질병, 도덕과 부도덕에 대한 관념의 변화를 필연적으로 수반한다. 의학이 '자연과 사회의 본성에 합치하는' 진실과 이성을 말하며, '가족 같은 사랑'을 말하기 시작할 때, 의학은 위험한 것이 된다. 정상인 내가 비정상인 너를 치료한다, 교정한다. 그것도 사랑으로 바로잡아 준다, 올바른 길로 이끌어 준다. 의학이 바름과 올바름에 대한 해석의 **독점**과 결부될 때, 의학은 **위험한** 것이 된다.

이어지는 부분에서 푸코는 은거처의 신화를 통해 '막연하게 추정되는 상상적 치유방법과 동시에 19세기로 암암리에 전해지게 될 광기의 본질'의 갖는 논리를 다음처럼 다섯 가지로 정리한다.

"① 수용의 역할은 광기를 광기의 진실로 귀착시키는 것이다.

② 광기의 진실은 세계, 사회, 반-자연이 빠진 그러한 광기이다. ③ 이러한 광기의 진실은 인간 자신이 지닐 수 있는 본래부터 양도 불가능한 무엇이다. ④ 인간에게 있는 양도 불가능한 것은 자연이자 진실이고 동시에 도덕이다. 다시 말해 이성 자체이다. ⑤ 은거처가 치유력을 갖게 되는 것은 그곳이 광기를 광기의 진실이자 인간의 진실인 하나의 진실로, 질병의 본질이자 세계의 잔잔한 본질인 하나의 본질로 귀착시키기 때문이다. … 이제 광기에 대한 모든 객관적 파악, 광기에 관해 표명된 모든 인식 또는 진실은 이성 자체, 회복되고 커다란 승리를 거둔 이성, 정신이상의 대단원이 된다"(495; 728-729).

광인의 '해방'이 실은 광인에 대한, 더 강력하고 더 섬세한, '억압'이다. 이 '해방'이 더 무섭고 더 섬세한 억압인 까닭은 그것이 광인을 대상화하여 광인에게 광인의 본질을 부여해 주는 것이기 때문이다. 광인의 입장에서 보면, 광인은 타인에 의해 자신의 본질이 규정된다. 나는 이러한 입장을 '인식의 대상화를 통한 **규정폭력** 또는 **해석폭력**violence of definition and interpretation through objectivation in recognition'이라고 부른다. 하지만, 실은, 니체의 주장대로, **모든 인식이 규정폭력, 해석폭력이다**recognition in itself is violence.

"그러니까 사슬이 풀리고, 광인이 해방된 것이다. 그리고 그 순간에 광인은 이성을 회복한다. 더 정확히 말하면 그렇지 않다. 즉, 이성이 그 자체로서 저절로 다시 나타나는 것은 아니다. 광기 아래 오랫동안 잠들었다가 완벽하게 정상적인 모습으로 변질도 머뭇거림도 없이 단번에 우뚝 솟아오르는 것은 바로 완전한 사회적 범주들이다. 마치 광인이 사슬로 매여 있던 야수성에서 풀려나고는 **사회적 유형**type social 속에서만 인간성을 되찾을 뿐인 듯하다. … 이러한 사회적 가치 체계 속에서만 그는 건강을 회복할 뿐이다. 사회적 가치체계는 그가 회복한 건강의 징후이자 동시에 구체적 현존인 셈이다. 로빈슨 크루소와 프라이데이, 자연 속에 고립된 백인과 선량한 미개인의 관계, 주인과 종복, 지능과 헌신, 현명한 힘과 맹렬한 힘, 사려 깊은 용기와 영웅적 무분별함의 관계. 요컨대 그것은 문학적 지위와 온갖 윤리적 요인을 지니고 있다"(498; 734).

광인은 '사회적 유형'이라는 범주 안에서 자신의 '본질'을 부여받는다. 이것은 광기가 싸우기도 전에 이미 늘 패배하게 되어 있는 게임이다. 광기는 패배하기 위해서만 전투에 돌입한다. 이 경우, 광기에게는 승리의 확률이, 글자 그대로, 전혀 없다. 광기는 이미 늘 **정의상**by definition 패배자로 사전에 정의되어 있는 상태로만, 그리고 오직 그 조건에서만if and only if, 게임에 참여할 수 있기 때문이다. 이러한 논리에서 우리가 기억해야 할 것은 '이미 늘'이라는 표현이다.

"피넬에게 중요한 것은 광인이 국외자로, 짐승으로, 인간 및 인간관계와 절대적으로 무관한 형상으로 취급되지 않게 되자마자, 이미 확정되어 있는 사회적 유형에 의해 이성의 의미가 정해진다는 점이다. 피넬이 보기에 광인의 치유는 광인을 (이미 확립된) 도덕적으로 인정되고 승인된 사회적 유형에 안정적으로 꿰어 맞추는 데 있다.

그러므로 중요한 것은 사슬이 풀렸다는 사실, 이를테면 18세기가 이미 여러 차례에 걸쳐, 특히 생뤼크에서 실행되었던 그런 조치가 아니라, 그러한 해방을 사회적이고 도덕적인 주제와 오래전부터 문학에 의해 묘사된 형상으로 가득 찬 이성 쪽으로 열어 놓음으로써, 또한 야만상태로 넘겨진 인간의 우리가 아니라, 미덕의 투명성 속에서만 관계가 확립될 뿐인 일종의 꿈의 공화국일 이상적 형태의 보호시설을 상상계 속에 구성함으로써 그러한 해방에 의미를 부여한 신화이다"(734).

학문의 담론은 (중립적인 진리와 진실을 담지한 보편타당한 담론이 아니라) 자연과 세계, 자기와 타인들에 대한 규정이 동시에 이루어지는 권력정당화의 담론이다. 피넬과 튜크 아래 근대 정신의학 담론의 역사는 자연과 사회, 인간과 도덕, 건강과 질병에 대한 오늘의 **지배적 해석**이 형성되는 과정, 달리 말해 스스로를 유일한 '올바른' 해석으로 규정해 나가는 과정을 보여 준다. 피넬과 튜크의 해석은 도덕과 의학이 결합되는 과정을 보여 준다. 피넬과 튜크에게 자신의 해석은 그저 하나의 또 다른 해석이 아니라, 사실이며 진실이다. 세계를 이해하기 위한 '개념'이 세계 자체를 반영하는 '사실'이 된다. 피넬과 튜크에게 개념이 '본질'이 되고, 학설이 '진리'가 된다. 푸코는 직접적으로 말한다.

"피넬과 튜크는 소외를 내면화했고 수용시설에 정착시켰으며 광인의 내적 거리로 규정했을 뿐만 아니라, 그렇게 함으로써 신화를 구성해 냈다. 그리고 개념인 것이 본질로, 도덕의 재구성인 것이 진실의 해방으로, 아마 광기를 거짓된 현실 속에 은밀히 끼워 넣는 작업에 지나지 않았을 것이 광기의 자연적 치유로 통하게 될 때, 바로 이런 것을 신화라고 부른다"(736).

광기에 대한 이러한 새로운 이해에서 결정적인 사실은 심지어 이러한 규정이 더 이상 일방적인 것이 아니라, 광인의 내면에 심어진다는 사실이다. 사실상 튜크에 의해 창설된 보호시설의 진짜 기능, 보호시설이 역사에서 실제로 발생시킨 효과는 다음이다.

"여기(보호시설)에서 공포는, 물리적 수단을 통해서가 아니라, 말을 통해 환자에게 직접적으로 환기되는데, 여기서 중요한 것은 광란의 자유를 제한하는 것에서가 아니라, 모든 광기의 발현이 징벌로 이어지게 될 단순한 책임의 영역을 명확하게 확정하고 확고히 해 두는 작업이다. … 죄의식의 지정指定은 더 이상 광인과 이성적 인간 사이에 일방적으로 정립되는 관계 양상이 아니다. 그것은 각각의 광인과 관리인의 구체적인 공존의 형태가 됨과 동시에, 정신병자가 자신의 광기에 대해 갖게 될 의식의 형태가 된다.

그러므로 튜크의 활동에 일반적으로 부여되는 의미, 즉 정신병자의 해방, 속박의 폐지, 인간적 환경의 조성 등을 재평가할 필요가 있다. 그것은 말하자면 정당화 근거에 지나지 않는다. 실제 효과는 달랐다. 사실상 튜크는 보호시설을 창설했고, 거기에서 광기에 대한 한없는 공포를 책임에 대한 닫힌 불안으로 대체했다. …

보호시설이 광인의 죄의식에 제재를 가하지 않는다는 것은 사실이다. 그렇지만 보호시설은 그 이상의 것을 행한다. **보호시설은 광인의 죄의식을 조직한다.** 보호시설에서 죄의식은 광인에게는 자기의식과 관리인에 대한 비상호적 관계로, 이성적 인간에게는 타자의식과 광인의 삶에 대한 치료적 개입으로 조직된다. 다시 말해서, 이러한 죄의식 때문에 광인은 자신과 타자에게 언제든 제공되는 징벌의 대상이 되고, 이 대상의 지위에 대한 인정과 자신의 죄의식에 대한 자각으로부터 자유롭고 책임 있는 주체의식, 따라서 이성으로 복귀하게 되어 있다. '시선'에서 만큼이나 '노동'에서도 발견할 수 있는 것은 바로 정신병자가 **타자에 대해 대상화됨으로써 자유를 되찾는 움직임이다**"(504-505; 741-742).[59]

광인은 타인, 곧 이상적 정상인에 의해서만 자신의 본질을 부여받고, 바로 그러한 한도에서만 존재할 수 있으며, 또 바로 그러한 의미에서만 자유를 되찾을 수 있다. 근대 정신의학에서 나타나는 광인의 본질은 **대상화되는 존재**이다. 광인은 대상화되어야만 인식될 수 있고, 그런 한도 내에서만 존재할 수 있다. 광인

---

59 인용자 강조.

은 **타인의 시선 아래 관찰되는** 자이다. 근대 정신의학의 광인, 곧 **정신이상자**aliéné는 자기 스스로로부터도, 이성과 자연으로부터도 소외된 자이다.

이는 중세적·르네상스적인 '저주의 세계'로부터 고전주의적·근대적인 '심판의 세계'에로의 확실한 변화이다. 이런 면에서 광기는 시선 아래 관찰되는 부분으로서만 존재한다. 관찰되지 않는 부분은 존재하지 않는다. '지각되는 것이 존재esse est percipi'라고 말한 버클리George Berkeley(1685-1753)의 경우처럼, 광인에게는 오직 관찰되는 부분만이 그의 전체, 곧 본질이다. 그리고, 다시 한 번, 결국은 '관찰하는 자가 존재esse est percipire'라고 말한 버클리의 경우처럼, 관찰하는 자, 의사만이 참으로 존재한다. "광인은 이러한 가시적 부분에 대해서만 책임이 있을 뿐이다. 광기의 나머지 부분은 모두 침묵으로 귀착한다. 광기는 보이는 것으로만 실재할 뿐이다"(507; 745-746). 광인과 의사, 광기와 이성의 이 싸움은 '해 보나 마나 한' 싸움이다. **정의에 의해**, 이미 늘 광인의 패배가 예정되어 있기 때문이다. 19세기 정신의학의 세계는 불가피한 예정조화豫定調和, harmonie préétablie를 말하는 라이프니츠Gottfried Wilhelm Leibniz(1646-1716)의 세계처럼, 이성에 의해 조화롭게 이미 결정되어 있는 세계, 비극과 불행이 없는 세계이다.

"과거에는 비이성에 대한 이성의 승리가 물리력에 의해서만, 일종의 실제적 싸움 속에서만 확보되었을 뿐이다. 그러나 이제는 싸움이 언제나 이미 끝나 있을뿐더러, 광인과 광인이 아닌 자가 맞서는 구체적 상황에서 비이성의 패배가 미리 결정되어 있다. 19세기의 정신병원에 속박이 부재한다는 사실은 비이성이 해방되었다는 것이 아니라, 광기가 **이미 오래전부터 완벽히 제압된 상태**라는 것을 말해 준다"(508-509; 747).[60]

광인들을 쇠사슬에서 풀어 준 것은 광인의 해방을 위해서가 아니라, **이미** 그가 확실히 제압되었기 때문이다. 물리적 폭력의 존재는 논리적 제압의 부재를 보여 주는 것이므로, 인식과 실천에 있어서 주력해야 할 것은 이성/광기의 관계 재정립 작업이다. **논리적 설득이 권력정당화의 궁극적 형식이다.** 이처럼, 푸코가 『광기의 역사』와 『감시와 처벌』을 통해 천착하는 주제는 다음과 같은 것이다. 논리가 도덕을 지배한다. 그리고 도덕이 육체를 지배한다. 훗날의 『감시와 처벌』에서 푸코는 이와 같은 '영혼의 통제를 통한 신체의 통제'를 다음과 같은 명제 아래 정리

---

60 인용자 강조.

할 것이다. "영혼은 정치 해부학의 효과이자 도구이다. **영혼은 육체의 감옥이다**L'âme, effet et instrument d'une anatomie politique; l'âme, prison du corps."[61] 고전주의 시대 이래 존재해 온 이러한 관념을 더할 나위 없이 잘 표현해 주는 18세기 중엽의 문장이 『감시와 처벌』에 인용되어 있다. 그것은 프랑스의 개혁자 세르방Joseph Michel Antoine Servan(1737-1807)의 저서 『범죄 사법 행정에 관한 논설Discours sur l'administration de la justice criminelle』(1767)에 등장하는 다음과 같은 문장이다.

"죄와 벌의 개념은 긴밀하게 관련되어야 하고, '중단 없이 연결되어야 한다. … 이와 같이 여러분의 시민들 머릿속에서 이러한 개념의 연쇄가 만들어지면, 여러분은 그것들을 조롱하고 지배하는 입장이 된다고 자부해도 좋을 것이다. 어리석은 전제군주는 노예들을 쇠사슬로 구속할지 모르지만, 참된 정치가는 그것보다 훨씬 강하게 **관념의 사실**로 노예들을 구속한다. 정치가가 사슬의 한쪽 끝을 붙잡아 두는 이성이라는 고정된 측면이다. 또한 그 사슬

---

61 *Surveiller et Punir* (SP), Gallimard, 1975, 34; 『감시와 처벌』, 오생근 옮김, 나남, 2003, 62쪽. 인용자 강조.

은 우리가 그 구조를 모르면서 스스로 만들어 낸 것이라고 믿고, 그러면 그럴수록 더욱더 단단히 조여드는 것이다. 절망감과 시간의 경과에 따라 쇠와 강철로 된 쇠사슬은 부식되고 말지만, **습관으로 굳어진 관념의 연합**은 더욱더 강하게 조여드는 사슬과 같다. 가장 튼튼한 제국의 흔들리지 않는 기반은 인간의 부드러운 두뇌 신경조직 위에 세워진 것이다.'"[62]

따라서, 이른바 쇠사슬로부터의 '해방'은 **더 이상 처벌하지 않으려는 것이 아니라, 더 효과적으로 잘 처벌하기 위해**non pas moins punir, mais punir mieux 도입된 새로운 '지배'의 장치이다.[63]

이처럼 육체에 대한 물리적 구속이 아닌 영혼을 통한 부드러운 통제는 실상 (광인을 해방시키고 광기를 완화하는 것이 아니라) 광인을 더욱더 소외시키고 광기를 악화시키는 구조이다. 이러한 관점에서 광기는 미성숙한 상태로 인정된다. 이성이 성숙한, 계몽된 상태로 정의되어 있으므로, 그 상관항인 광기는 미성숙한 상태, 유년기, 곧 어리석은 상태로 규정될 수밖에 없다. 자상한 보

---

62 SP, 105; 『감시와 처벌』, 166-167쪽. 인용자 강조.
63 SP, 84; 『감시와 처벌』, 136.

호자, 자애로운 부모로서의 의사의 이미지는 이러한 인식 아래 태어난다.

"보호시설에 군림하는 이 새로운 이성에 대해 광기는 절대적 모순의 형태가 아니라 오히려 미성년, 즉 자율권이 없고 이성의 세계에 기대서만 존속할 수 있는 모습을 갖는다. 광기는 유년기이다. 은거처에서는 모든 정신병자가 미성년화되도록 조직화된다. 은거처에서 정신병자는 '필요 이상의 체력을 위험하게 남용하는 어린이'로서 간주된다. … 튜크의 경우, 미성년은 광인의 실존양식이자, 간수의 지배양식이 된다. 여기에서 선명히 드러나는 것은 은거처에서 정신병자와 감시인의 공동체가 만들어 내는 '대가족'의 모습이다. 겉보기에 이 '가족'은 환자를 정상적인 동시에 자연스런 환경 안에 위치시키는 듯하지만, 사실상 환자를 더욱더 소외시킨다. 즉, 광인에게 지정되는 법적 미성년의 지위는 법적 주체로서의 광인을 보호하기 위한 것이었지만, 예로부터 내려오는 이러한 구조가 공존으로 변화하면서 심리적 주체로서의 광인을 이성인의 권한과 위세에 전적으로 내맡겨 버리는 결과를 초래하는데, 이에 따라 이성인은 광인에게 구체적인 성인(어른)의 모습, 다시 말해 지배와 합목적성의 형상을 띠게 된다"(509; 747-748).

이후로, 오랫동안 이성은 광인에 대해 '아버지père'의 모습을 간직하게 된다(511; 750). 잉글랜드인 퀘이커교도 튜크의 보호시설에서는, 아버지 의사와 아버지 하느님이 겹친다. 그러나 오늘날 특정한 종교보다는 오히려 보다 일반적인 '도덕치료moral therapy'의 선구자로 불리는 프랑스인 피넬의 경우는 이와는 약간의 차이가 있다. 의료 지식을 갖고 있던 피넬의 보호시설에서 종교는, 튜크의 경우처럼, 보호소 생활의 도덕적 기반이 아니라, 그저 치료를 위해 참조할 수도 있는 하나의 요소에 불과하다. 피넬은 이렇게 적는다. "정신병자를 위한 로피탈 제네랄에서 종교적 견해는 순수히 의료와의 관계에서만 고려되어야 한다. 다시 말해, 대중적이고 정치적인 숭배를 철저히 떨쳐 버려야 한다"(511; 751).[64] 피넬의 보호시설은 '종교의 환상적 텍스트들로부터 탈피하여, 다만 미덕, 노역, 사회생활의 차원에서만 종교의 도덕적 작용'을 이어받는다(513; 753). 종교를 이어받은 도덕, 양자는 그러나 그리 멀리 떨어져 있지 않다. 양자는 **질서**ordre라는 공통분모를 갖기 때문이다. 이어지는 단락에서 푸코는 피넬의 로피탈 제네랄에

---

64 다음의 재인용. Philippe Pinel, *Traité médico-philosophique sur l'aliénation mentale ou La manie* (정신이상 또는 조광증에 관한 의료철학 논고), 1801, p.265.

대해 이렇게 결론짓는다.

"(피넬의) 보호시설은 **종교 없는 종교적 영역**이자, **순수한 도덕과 윤리적 획일화의 영역**이다. ··· 이제 보호시설은 사회도덕의 커다란 연속성을 형상화하게 되어 있다. 보호시설에서는 가족과 노동의 가치, 즉 사회적으로 인정된 모든 미덕이 군림한다. ··· 보호시설에서는 사회의 기본적 미덕에 대립하는 모든 것이 비난받을 것이다. ··· 보호시설의 목적은 **도덕의 균질적 확산**이자, 도덕의 지배에서 벗어나려는 경향이 있는 모든 사람들에 대한 **엄격한 도덕의 부과**이다"(513-514; 753-755).[65]

푸코에 따르면, 피넬이 한 일은 '부르주아 도덕에 사실상의 보편성을 보장하고, 부르주아 도덕이 정신이상의 모든 형식에 법처럼 부과되도록 해 주는 사회적 격리를 실행하는 동시에 도덕적 통합을 수행하는 것, 말하자면 광기의 세계와 이성의 세계 사이에 윤리적 연속성을 확보하는 것'이었다(515; 755-756). 피넬의 보호시설은 '사회의 외부적 한계에서 생겨나는 정신이상을 받

---

[65] 인용자 강조.

아들여 소멸시키는 **획일적 법제**의 영역, **도덕적 통합**의 장소'가 된다. 피넬은 이러한 도덕적 통합의 수행을 위하여 피수용자의 실존 전체, 감시인과 의사의 전체를 체계화하는데, 이러한 체계화 작업은 침묵, 거울 속에서의 자기 확인, 지속적인 심판이라는 세 가지 주요 수단을 통해 이루어졌다.

① **침묵**. 피넬은 수용소의 모든 구성원들에게 스스로를 그리스도라고 믿는 한 광인에게 어떤 말도 하지 않도록 명령한다. 피넬의 아들 스키피옹 피넬은 이렇게 썼다. "그 광인은 완전한 자유의 한가운데에서 여태까지 맛보지 못한 몹시 버림받은 기분과 고립감에 굴욕을 느낀다. 마침내 그는 오랜 망설임 끝에 제 발로 다른 환자들에게 다가가 어울리려고 애쓰기 시작하면서 그날부터 더욱 분별력 있고 더 올바른 생각으로 되돌아온다"(516; 757).[66] 이 경우 구속의 부재, 또는 석방délivrance은 다양한 의미를 갖는다. 푸코는 이 부분을 매우 공들여 쓴다.

"이 경우 석방은 역설적 의미를 갖는다. 지하독방, 쇠사슬, 계속

---

[66] 스키피옹 피넬(1795-1859)의 책 『정신이상자의 건강요법에 관한 논고, 또는 그들을 위해 설립된 기관의 사용법』에서 재인용. Scipion Pinel, *Traité complet du régime sanitaire des aliénés, ou Manuel des établissemens qui leur sont consacrés*, 1836, p.63.

되는 구경거리, 빈정거림은 환자의 정신착란을 진전시키는 자유의 요소 같은 것을 형성했다. 바로 이런 방식으로 인정받고 그토록 많은 사람의 암묵적 동조에 외부로부터 현혹된 그는 자신의 직접적인 진실로부터 거리를 둘 수 없었다. 그러나 벗겨지는 쇠사슬 그리고 모든 사람의 무관심과 침묵으로 인해 그는 공허한 자유의 제한된 사용에 얽매일 뿐만 아니라, 무슨 말을 하더라도 이제는 아무도 그를 쳐다보지 않으므로 소용이 없는 데다가, 경멸조차 받지 못하므로 그를 고양시키지도 인정받지도 못하는 진실에 말없이 잠긴다. 이제 굴욕을 당하게 되는 것은 그가 정신착란 속에서 자기 자신을 투사하는 행위가 아니라, **그 사람 자신**이다. 즉, 신체적 속박은 매 순간 고독의 극한에 이르는 자유와 대체되고, 정신착란과 모욕의 대화는 다른 사람들의 침묵 속에서 고갈되는 언어의 독백으로 대체되며, 자만심과 모독의 무대 전체는 냉담으로 대체된다. 그때부터 지하독방에서나 쇠사슬에 묶여 있을 때보다 더 실질적으로 감금되고 **자기 자신만의 수인囚人**이 되는 그는 과오의 범주에 속하는 자신과의 관계 및 치욕의 범주에 속하는 타인과의 비非관계에 포획된다. 누명을 벗은 다른 사람들은 더 이상 박해자가 아니고, 죄의식은 광인이 자신의 자만심에만 현혹되었을 뿐이라는 것을 그에게 보여 주면서 **내면화된**

다. 적대적인 얼굴들은 사라지고, 이제 그는 적대적 얼굴들의 현존을 시선이 아니라 관심의 거부로, 외면하는 시선으로 느끼며, 그에게 다른 사람들은 그가 나아감에 따라 끊임없이 뒤로 물러서는 한계일 뿐이다. 쇠사슬에서 풀려난 그는 이제 침묵의 힘에 의해 과오와 치욕에 꼼짝없이 묶인다. 예전에는 자신이 처벌받고 있다고 느꼈고 이러한 느낌을 통해 자신이 결백함을 내심 확인할 수 있었으나, 모든 물리적 징벌에서 해방된 지금은 자신이 유죄라고 느끼지 않을 수 없었다. 그에게 체벌은 영광이었던 반면, 해방은 굴욕감을 불러일으키게 되어 있다"(516; 757-758).[67]

'관종은 무플이 정답'인가? 그런데 오히려 이것은 치료의 이름으로 수행되는 병자에 대한 '왕따'가 아니었을까? 피넬 이후 근대 정신의학의 치료는 고전주의 시대와도 차원이 다른 침묵의 강요였다. 고전주의 시대의 침묵은 일종의 대화, 오히려 싸움이었다. 그러나 피넬 이후, 근대 정신의학의 광인에 대한 침묵은 광기가 이미 제압된 상태에서 행해지는 행위라는 점에서 가히 절대적이다. 푸코는 이러한 관점에서 고백 및 정신분석의 대화

---

67 인용자 강조.

도 새롭게 조명한다.

"(근대에 들어오면서) 이제 그러한 (고전시대) 대화는 단절되고, 침묵은 절대적이다. 광기와 이성 사이에는 더 이상 공통의 언어가 없을 뿐만 아니라 언어의 부재만이 착란의 언어에 부합하는데, 이는 착란이 이성과의 단편적 대화가 아닐뿐더러, 사실은 언어가 전혀 아니고, 마침내 조용해진 의식 속에서 오직 과오만을 가리키는 것이기 때문이다. 그리고 바로 이러한 상황에서 공통의 언어는 **인정된 죄의식의 언어**이게 됨에 따라 다시 가능하게 된다. '마침내 그는 오랜 망설임 끝에 제 발로 다른 환자들에게 다가가 어울리려고 애쓰게 된다.' 언어의 부재는 보호소 생활의 근본 구조로서 **고백의 활성화**와 상관관계가 있다. 프로이트가 정신분석에서 신중하게 교환을 다시 꾀하게 될 때, 더 정확히 말해서 이제부터 독백 속에서 부스러지는 그러한 언어의 청취를 새롭게 시작하게 될 때 들려오는 진술은 언제나 **과오의 표명**이기 마련이라는 점에 놀랄 필요가 있을까? 그 뿌리 깊은 침묵 속에서 과오는 말의 원천 자체를 획득했다"(517; 759).[68]

---

[68] 인용자 강조. '고백의 조장 및 활성화'라는 주제는 이후 1976년의 『성의 역사 1. 앎

② **거울 속에서의 자기 확인.** 이제 "광인은 스스로를 보게 되고 스스로에 의해 보이게 된다. 이를테면 바라봄의 수순한 대상임과 동시에 바라봄의 절대적 주체이게 된다." 19세기의 근대 정신의학은 고전주의와는 전혀 다른 방식으로 환자에게 '자기와의 거리 두기'를 실천한다. "광기의 첫 번째 본보기는 이전 세기들의 경우에는 신을 부정하는 것이었던 반면, 19세기의 경우에는 자기 자신을 신이라고 생각하는 것이 된다. 그러므로 광기는 착란의 절대적 주관성에 사로잡힌 상태에서 동일한 병에 걸린 광인을 보고 착란의 우스꽝스럽고 객관적인 이미지를 발견하게 될 때, 바로 모욕당한 비이성으로서의 자기 모습 속에서 구제의 가능성을 발견할 수 있다"(519; 762). 이러한 과정은 18세기의 경우처럼 폭력적으로 수행되지 않으며, 슬그머니 그러나 기습적으로 수행된다. 그리고 그 결과는 더할 나위 없이 확실하다.

③ **지속적인 심판.** 광기는 침묵과 거울작용에 의해 스스로를 심판하라고 끊임없이 요구받는다. 게다가 "광기는 도덕 또는 과학 의식이 아니라, 항구적으로 열려 있는 일종의 보이지 않는 법정에 의해 매 순간 외부로부터 심판받는다. … 광인보호시설은 사

의 의지』에서 다시 본격적으로 다루어진다.

법적 소우주이다. 이 법정은 효과적이기 위해 가공할 공포의 양상을 띠어야 하고, 재판관과 형리의 상상 장비 일체는 정신병자가 지금 자신이 어떤 심판의 세계에 처해 있는지를 정확히 이해하도록 정신병자의 정신 속에 구비되어야 한다. 그러므로 끔찍하고 무자비한 법정의 연출은 치료의 일부분을 이루게 된다." 이러한 논의에서 핵심적인 사항은 다음이다. "보호시설이라는 사법적 심급은 다른 어떤 심급도 인정하지 않는다. 보호시설은 직접적으로, **최종적으로** 재판한다. 그것은 처벌수단을 보유하고 자유재량으로 사용한다. … 피넬의 보호시설에서 실행되는 사법은 자신의 억압 방식을 다른 사법기관으로부터 가져오지 않으며 오직 자체적으로 창안할 뿐이다. 더 정확히 말해서 18세기에 퍼져 나간 치료방법을 징벌의 수단으로 활용한다. 피넬의 '자선' 및 '해방' 활동에서 의료행위가 사법행위로, 치료술이 억압으로 바뀌는 이러한 전환은 예사로운 역설이 아니다"(519-520; 763-764). 외부의 경찰과 검찰 또는 판사가 아니라, 내부의 **의사**가 모든 것을 최종적으로 결정한다. "처벌의 이 명백한 산술적 명백성, 필요한 만큼 반복되는 징벌, 억압을 통한 과오의 확인, 이 모든 것은 **사법 심급의 내면화로**, 더 나아가 **환자의 정신 안에서 이루어지는 회한의 출현**으로 이르게 마련이다. 바로 이 지점에서 심판자는 **징**

벌이 환자의 의식 속으로 한없이 지속되리라는 것을 확신하여 징벌을 중단시킨다. … 이제 순환 과정이 이중으로 완결된다. 즉, 과오는 처벌되고, **과오의 장본인은 스스로 유죄를 인정한다**"(521; 765).[69]

오늘날 전 세계에서 신경정신과와 정신과를 찾는 사람들 중 스스로의 도덕성을 의심하며 이것이 교묘한 자기합리화가 아닌가를 의심하지 않는 환자는 없을 것이다. 오늘날의 정신의학에서 도덕적 강박관념은 신경증을 포함한 정신질환의 상수, 본질로서 간주된다. 그러나 푸코는 그것이 이러한 역사적 과정을 거쳐 환자에게 주입된 역사적 변수라고 우리에게 말한다. 정신질환을 앓는 이들 **누구나 단 한 사람의 예외도 없이** 느끼는 죄책감과 자신에 대한 의심, 나아가 자기 처벌의 자동화 메커니즘은 고전주의 시대에 시작되어 근대의 초입 피넬과 튜크의 시대에 완성된 하나의 효과이다. 이는 다름 아닌 **정신병 환자 주체의 탄생**으로,

---

[69] 이상 모두 인용자 강조. 1998년 5월 1일과 2일 동안 베를린 자유대학에서 정신병원에서 이루어지는 비인간적 범죄행위를 규탄하는 콜로키움이 열렸다. 콜로키움의 이름은 **푸코 법정**이었다. 유튜브에서 foucault tribunal을 검색하면 이를 기록한 다큐멘터리의 최종 판결 부분을 볼 수 있다. 최종 선고의 마지막 부분에서 발언자는 다음을 분명히 선언한다. "우리는 정신병원에서 이루어지는 일이 인간학대인지의 여부를 토론 또는 논증하려고 모인 것이 아니라, 오직 너무나 명백한 **인류에 대한 범죄행위**를 규탄하고 단죄하기 위해 모였다."

그 핵심은 **자기 자신의 부도덕성에 대한 무한하고도 지속적인 자기 심판**이다. "이로부터 광기는 오랫동안, 적어도 오늘날까지는 도덕의 세계에 유폐되어 있다"(523; 767).

정신병 환자 주체의 탄생은 그 필연적 상관항으로서 의료인, 의사 주체의 탄생과 동시적 과정이다. 푸코에 따르면, 그 실내용은 **의료인의 신격화**로, 이는 광기의 근대적 경험 전체에 이르는 통로 구실을 한다.

"우리가 앞에서 살펴보았듯이, 의사는 (고전주의 시대) 수용의 살아 있는 세계에 직접 관여하지 않았다. 그런데 이제 의사는 보호시설의 핵심적 형상이 된다. 의사가 입소 여부를 결정한다. 튜크가 설립한 은거처의 내규內規는 이를 분명히 밝히고 있다. '환자의 입소 허가와 관련하여 위원회는 일반적으로 의사가 서명한 증명서를 요구해야 한다. … 또한 환자가 광기 이외의 다른 질병에 걸렸는지도 확증되어야 한다. 언제부터 병이 있었는지를, 필요할 경우에는 어떤 약이 사용되었는가를 알려 주는 보고서가 첨부되는 것도 바람직하다.' 18세기 말부터 의사의 진단서는 광인의 수용에 거의 필수적인 것이 되었다. 게다가 보호시설이 의료 공간으로 정비됨에 따라 보호시설 내부에서도 의사는 지배적인 지위를 차지한다. 보호시설에서 **호모 메디쿠스**의료인, homo medicus가 권위를 갖게 되는 것은 학자로서가 아니라 현자賢者, sage로서이다. 의사직이 요구된다고 해도, 이는 과학의 요청에 의해서가 아니라 법과 도덕의 보증으로서이다"(524; 768).

법과 도덕의 보증인으로서의 의사가 가능한 이유는 건강과 병의 규정이 자연과 인간의 본성에 대한 해석을 통해 이루어지기 때문이다. 의학과 법, 도덕은 모두 **동근원**同根源적gleichursprünglich이다. 의사의 의료실천이 '매우 오랫동안 질서, 권위, 징벌의 낡은 의례에 주석을 붙이기만 하는 것이었기 때문에, 의사는 처음부터 아버지 겸 재판관, 가족 겸 규범임에 따라서만' 보호소 세계에 절대적 권한을 행사할 수 있었다. 그리고 피넬이 분명히 인정하듯이, 의사는 '근대적 치료법의 바깥에서 이러한 태고의 형상을 활용하면서' 치유한다.(525; 770-771) 이제, "정신의학이 **서양의 과학사에서 처음으로** 거의 완전한 자율성을 얻게 된다. 고대 그리스 시대 이래 정신의학은 의학의 한 분야였을 뿐이고, 우리가 살펴보았듯이 윌리스Willis도 광기를 '머리의 질병'이라는 항목 아래 두었으나, 피넬과 튜크 이후로는 정신의학이 특별한 방식의 의학으로 변모하게 된다"(527; 773).[70] 이제 유럽 근대 정신의학은

'탁월한' 의학, 곧 **정신의학 자체**가 된다.

"피넬에서 프로이트까지 19세기 정신의학의 인식과 실천에서 찾아볼 수 있는 **객관성**objctivité의 깊은 구조를 분석하고자 한다면, 그 객관성이 처음부터 **마술적 사물화事物化**chosification d'ordre magique 라는 것을 정확하게 보여 주어야 할 것인데, 그러한 사물화는 환자 자신의 암묵적 동조에 힘입어서만, 그리고 처음에는 투명하고 분명했으나 실증주의에 의해 과학적 객관성의 신화가 강요됨에 따라 점차로 잊힌 도덕의 실천에 입각해서만, 즉 기원과 의미는 잊혔으나 언제나 활용되고 언제나 현존하는 실천에 의해서만 실현될 수 있었다. 정신의학적 실천이라 불리는 것은 **시기적으로 18세기 말과 겹치고 보호소 생활의 의례에 보존되어 있다가 실증주의 신화에 의해 재발견된 어떤 도덕적 전술**이다"(528; 774).

이렇게 새롭게 규정된 **의사-환자의 짝패**couple médecin-malade에 기반한 정신의학은 지배질서의 강화 시스템의 생산 및 재생산 장치이다. 이 짝패는 양자를 동시에 생산하는 **차이-생산기계**

---

70 인용자 강조.

machine-différence이자, 실은 의사는 늘 승리하고 환자는 늘 패하는 **차별-기계**machine-discrimination이다. 피넬과 튜크로부터 시작된 이러한 메커니즘을 결정적인 방식으로 확정한 것은 프로이트이다.

"피넬과 튜크가 수용을 통해 정비한 모든 구조를 프로이트는 의사 쪽으로 넘어가게 했다. 그는 환자의 '해방자들'이 환자를 소외시켰던 그러한 보호소 생활로부터 환자를 그야말로 구출했지만, 그러한 생활에 스며들어 있던 근본적인 것으로부터 환자를 구해내지는 못했다. 프로이트는 환자에 대한 권력을 통합하고 최대로 확대하여 의사의 수중으로 모두 넘겨 버렸고, 의사 안에서 정신이상이 주체로 탈바꿈하기 때문에 기막힌 접속회로를 통해 정신이상이 정신이상의 극복수단이게 되는 정신분석 상황을 만들어 냈다.
의사는 개인의 자주성을 박탈하는 형상으로서, 여전히 정신분석의 열쇠이다"(530; 776).

프로이트의 정신분석은 기존 정신의학적 인식구조의 많은 부분을 변경시켰다. 그러나, 정신의학의 경우와 마찬가지로, 정신분석의 의사는 환자 자신보다 환자 자신의 상태를 더 정확히 잘 알고 있는 것으로 가정된다.[71] 따라서 명령하는 의사와 명령을 따라야 하는 환자의 짝패가 탄생한다. 정신분석적 상황의 열쇠는 환자가 아니라 의사, 아니 차라리 동시적·상관적으로 탄생한 쌍둥이들로서의 환자-의사의 짝패이다.

5. 인간학적 순환

『광기의 역사』를 마무리하는 이 마지막 장의 제명이 **인간학적 순환**cercle anthropologique이라는 사실은 매우 시사적이다. 『말과 사물』의 끝에서 두 번째 장인 9장 '인간과 그 분신들L'Homme et son double'의 마지막 절 제목은 vii. **인간학적 잠**sommeil anthropologique이다. 푸코의 평생에 걸친 작업은 근대 인간학의 지배를 타파하려는 목표를 갖고 있다. 18세기 말 칸트Immanuel Kant(1724-1804)의 유한성의 분석, 곧 칸트의 인간학과 휴머니즘에서 시작되어 푸코가 『광기의 역사』와 『말과 사물』을 쓰고 있는 1960년대까지도 지속되고 있는 것으로 간주되는 '근대moderne'야말로 푸코의 유일

---

71 이러한 표현은 라캉의 환자를 지칭하는 '아는 것으로 가정되는 주체(sujet supposé savoir, SsS)'에 대한 뒤집힌, 역설적 해석으로 사용될 수도 있을 것이다.

한 적이다. 피넬과 튜크로 시작되는 근대 정신의학이 문제시되는 것도 바로 이러한 푸코의 근본적으로 반反근대적인 관점 때문이다. 푸코가 사망하던 해인 1984년에 나온 『성의 역사』 2, 3권을 제외한 푸코의 모든 저작들은 오직 유럽의 16-20세기, 특히 18세기 말 19세기 초의 고전주의로부터 '근대로의 전환기'를 다루고 있다. 푸코가 근대만을 배타적으로 다루는 이유는 역설적으로 '근대를 끝장내기 위해서'이다. 근대가 현대contemporain를 낳았다. 달리 말하면, 현대의 기본적 인식이 설정된 것이 근대이다. 푸코가 근대를 공격하는 이유는 현대를 지배하는 근대 인식의 파괴 없이는 미래도 존재할 수가 없기 때문이다. 그리고 푸코에 따르면 근대를 확립한 것은 칸트의 유한성의 분석, 곧 인간학이다.

칸트는 흄David Hume(1711-1776)을 읽고 자신이 이제까지 빠져 있던 '독단의 잠sommeil dogmatique'에서 깨어났다고 말했다. '인간학적 잠'이란 바로 이런 칸트에 대한 비유이다. 칸트가 흄을 읽고 독단의 잠에서 깨어났듯이, 푸코는 니체를 읽고 인간학적 잠에서 깨어날 수 있었다. 『광기의 역사』는 근본적으로 니체주의적 관점에서 칸트로 대변되는 근대, 정신의학의 영역에서는 피넬과 튜크 그리고 프로이트로 이어지는 근대, 정치철학의 영역에서는 벤담Jeremy Bentham(1748-1832)의 판옵티콘panopticon으로 대변되는 근대를 파괴하려는 책이다. 기억해 두어야 할 점은 『광기의 역사』라는 탁월한 반反정신의학 서적을 쓴 푸코가 심리학 psychologie과 정신의학psychiatrie, 정신분석psychanalyse, 정신병리학 psychopathologie 등 '혼魂'을 뜻하는 프시케psyché를 접두어로 갖는 학문들 모두를 근대를 유지하는 장치로 바라본다는 점이다. 이를 관철하는 푸코의 전략은 니체적 **디오니소스/아폴론의 균형**이라는 관점에서 광기(비이성)/이성의 관계를 바라보려는 것이다. 이런 관점에서 바라보면 데카르트 및 '대감금'의 분할로서 특징지어지는 고전주의 이래 근대로 이어지는 심리학, 정신의학, 정신분석학은 모두 광기와 비이성을 부정하고 제압하려는 유럽 근대 이성의 장치로 간주될 수밖에 없다. 이제까지 살펴본 다양한 논의는 모두 비이성을 제압하려는 근대 이성의 책략으로 읽힐 수 있다. 칸트의 인간학적 잠은 근대적 이성의 책략이 작용한 결과이다. 이 장의 제목인 인간학의 순환은 사실상 인간학의 악순환이다. 20세기 동시대의 유럽인들을 옭죄고 있는 칸트의 인간학적 잠에서 깨어나기 위해 푸코가 최종적으로 제시하는 것은 니체의 사유이다.

푸코는 이를 위해 마지막 장에서 고전주의 시대 이래 광기의 언어가 변화해 온 발자취를 추적한다.

우선, 17세기 중반, 고전주의 시대에 광기는 침묵의 영역에 속해 있었다. "광기는 그 자체로 말이 없는 것이다. 즉 고전주의 시대에는 광기를 위한 자율적 언어 또는 광기가 자기에 대해 진실한 언어를 말할 가능성이 없다는 점에서 광기의 문학이 없다." 데카르트의 말처럼, "아니 뭐라고, 그들은 미친 사람들이다…." 데카르트는 진리로 나아가는 움직임 속에서 비이성의 서정성을 불가능하게 만든다(535; 785).

그런데 18세기 중엽 디드로의 『라모의 조카』(1761/1762)가 이미 보여 주었고, 이어지는 18세기 말 이후의 문학적 풍조 전체가 보여 준 것은 언어의 영역에 있어서의 광기의 재출현 현상이다. "언어의 영역에서는 오래전부터 이미 광기가 일인칭으로 말할 수 있게 되었고, 그토록 허황된 발언 사이에서 광기의 역설이 내보이는 엉뚱한 문법에 따라 진리와 본질적 관계를 맺는 어떤 것을 표명하는 것이 광기에 허용되어 있었는데, 이제 그러한 관계가 해명되고 추론적으로 논의되기 시작한다"(535; 785).

19세기 초의 사유와 시詩에서 광기가 스스로에 관해 말하는 것은 '꿈이 무질서한 이미지를 통해' 말하는 것이기도 하다. 즉 그것은 '아주 근원적이고 가까우면서 조용하고 위협적인 인간의 진실, 모든 진실 아래에 놓여 있고 주체성의 탄생에 가장 인접해 있으며 사물들의 표면 가까이에 가장 넓게 퍼져 있는 진실, 인간의 개체성에서 가장 깊이 물러나 있는 부분이자 우주의 시작에 고유한 형태의 진실'이다. "이처럼 착란과 꿈에 공통된 담론에서 욕망의 서정성과 세계의 시는 가능성의 형태로 결합되어 있고, 광기와 꿈이 극단적 주관성의 계기이자 이와 동시에 얄궂은 객관성의 계기이므로 광기와 꿈 사이에는 결코 모순이 없다." 이어지는 19세기의 **낭만주의 시**에서 광기의 언어에 고유한 것은 낭만주의 시가 '최종적인 종말終末의 언어이자, 절대적인 재시작再始作의 언어'라는 점이다. 이제, 광기는 '위대한 귀환의 언어'를 말한다. 그 귀환은 '**순간적 섬광에 의한 서정적 귀환**'이다. "열세 번째 여자가 돌아오는데, 그녀는 또다시 첫 번째 여자이다." 이것이 바로 광기의 힘이다. 광기의 힘은 '타락의 최종 지점이 최초의 아침이고, 황혼이 가장 싱싱한 빛으로 마감되며 종말이 재시작이라는 인간의 그 야릇한 비밀'을 표명하는 것이다. 그러므로 광기는 고전주의 시대의 오랜 침묵을 넘어 언어를 되찾는다. 그러나 이 언어는 '완전히 다른 의미를 전달하는 언어, 세계의 파열, 시대의 종언, 야수성에 함몰된 인간이 문제이던 르네상스 시대의 오랜 비극적 담론을 잊어버린 언어'이다. 광기의 이 언어는 재탄생하긴 하지만, **서정성의 폭발**로서, 즉 인간의 마음속에서 '내부

는 또한 외부이고, 주관성의 극단은 대상의 직접적 매혹과 동화
되며, 모든 종말의 끝에는 끈질긴 귀환이 약속되어 있다'는 발견
으로서 재탄생한다. 이 언어는, 더 이상 비非가시적 형상이 아니
라, '인간의 내밀한 진실이 투명하게 비쳐 보이는 언어'이다(535-
537; 785-787). 이 서정성의 폭발, 새롭게 나타난 언어는 **이중/분신**
double의 언어, 동시성simultanéité의 언어, 그리고et의 언어이다.

그러나 19세기의 정신의학은 이러한 서정성을 근원에서 단죄
하고 파괴한다.

"죄의식은 매우 구체적으로 성적 과오의 형태로 지칭되었고, 죄
의식이 남긴 흔적은 어김없이 기소장의 발급으로 이어졌으며, 기
소장은 인체 자체에 써넣어졌다. 다른 한편으로 … 성性과의 폭
넓은 공조관계는 죄의식과 공포의 유구한 서정성을 이 (성적 과오
라는) 죄악에 부과하면서 이 죄악을 이상하게 친근한 것으로 만
들었다. 그러나 이와 동시에 광인을 인식하고 심판하며 정죄하
는 사람과 광인 사이의 은밀한 소통은 이 죄악이 엄밀하게 객관
화되고 육체의 공간에 그려지면서 순전히 생체적 과정에 결부
됨에 따라 실질적 위협의 힘을 상실했다. 바로 이러한 방식으로
의학은 그 **서정적 고백**을 돌연히 차단했고, 도덕적 비난을 감수하

면서도 **도덕적 비난을 확언의 객관성**으로 감추었다"(541-542; 793-794).[72]

결국, 19세기 정신의학에서 "광기는 인간을 객관성 속에 감금한다." 이제 **인간의 객관화(대상화)**objectivation, 곧 "인간을 자신의 바깥으로 몰아내는 것, 급기야는 인간을 무조건적인 자연의 층위에, 사물들의 층위에 진열하는 것'은 광기의 본질 자체가 된다(542; 795). 이를 잘 보여 주는 핵심적 사례는 당시의 **도덕성 장애** moral insanity 개념이다.

"도덕성 장애는 모든 심리학을 위한 표본과 같은 것이다. 즉, 그 것은 주관성의 접근할 수 없는 계기를 육체, 행동, 메커니즘, 대 상의 지각 가능한 차원에서 보여 주는데, 이러한 주관적 계기가 객관성 속에서만 인식에 대해 구체적으로 실재할 수 있듯이, 객 관성이 주체에 관해 표현하는 것에 의해서만 객관성은 의미를 갖는 것으로 받아들여질 수 있을 뿐이다. 도덕성 장애에서 주관 적인 것이 객관적인 것으로 갑작스럽게 옮겨 가는 그야말로 기

---

[72] 인용자 강조.

묘한 현상은 가능성을 훌쩍 넘어서서 심리학이 희망할 수 있는 모든 것을 실제로 실현한다. 그것은 **인간의 자연스러운 심리학화(化)** psychologisation spontanée de l'homme 비슷한 무엇인가를 형성한다. 그러나 바로 이 점에서 그것은 인간에 관한 19세기의 성찰 전체를 지배한 어렴풋한 진실 하나를 드러내 준다. 인간에게 있어서 객관화(대상화)의 본질적 계기는 광기로의 이행과 동일하다. 광기는 인간이 진실의 대상 쪽으로 옮겨 가고 과학적 인식에 접근할 수 있게 되는 움직임의 가장 순수하고도 중요한 형태이다. 인간은 **광기**folie의 가능성이 있는 한도만큼만 자기 자신의 **자연**nature이 될 뿐이다. 광기는 객관성으로의 자연발생적 이행으로서, 인간의 대상-되기devenir-objet를 성립시키는 구성적 계기moment constitutif이다"(543-544; 796-797).[73]

이것은 비단 도덕성 장애라는 하나의 사소한 질병에 관련된 사항이 아니라, 19세기 심리학의 동향 전체를 보여 주는 상징적 문제설정이다. 이러한 구조에서,

---

73 '인간의 자연스러운 심리학화'는 인용자 강조.

"인간에서 **참된 인간**으로 이르는 길은 **미친 인간**을 통과한다De l'homme à l'homme vrai, le chemin passe par l'homme fou. 이는 19세기의 사유에서는 결코 정확한 지형도가 명확히 밝혀지지 않지만, 카바니스에서 리보와 자네까지 줄기차게 답습되는 길이다. 분열현상에 의거하는 인격심리학, 정신박약에 근거하는 지능심리학, 실어증에 의거하는 언어심리학 등 19세기에 탄생한 '실증positive' 심리학의 역설은 그것이 **부정성**négativité**의 계기를 통해서만** 가능했다는 점이다. 인간의 진실은 인간이 사라지는 순간에만 말해질 뿐이고, 이미 다른 것이 된 상태로만 드러날 뿐이다"(544; 798).[74]

이제, 근대의 인간이 구체적이고 객관적인 진실이 되는 것은 자신의 **부정성**, 곧 **광기를 통과해서**이다. 부정성은 유한성, 곧 한계와 부정성 위에 기초한 칸트적 근대 인간의 특징이다. 인간은 광인이 아닌 한, 이성적 인간이다. 부정적 한계를 긍정적 조건으로 보는 근대적 사유의 특징은 한계를 통해 사유하는 것이다. 한계가 사유의 가능조건이다. 근대의 학문형식인 긍정적 실증성은 부정적 한계를 통해 부정적으로 규정된다. 근대의 사유는 부

---

74 '부정성의 계기를 통해서만'은 인용자 강조.

정의 사유이다. 인간은 '인간의 여집합이 아닌 것'이다. 동일자는 늘 '동일자가 아닌 것, 곧 타자의 여집합'이다. 정신의학의 영역에서도 이와 동일한 논리에 의해, 이제 고전주의적 미치광이가 아니라, 근대적 정신병자가 구성되었다.

"이처럼 광인은 이제 **동일자**Le Même와 **타자**l'Autre의 언제나 되살아나는 변증법 속에서 나타난다. 예전에 고전주의 시대의 경험에서는 광인이 존재와 비존재의 가시적 분할 안에서, 이를테면 빛과 어둠 속에서 다른 담론 없이 오직 자신의 현존에 의해서만 곧장 지칭되었던 반면, 이제부터는 광인이 언어를 지니고 언어로 둘러싸이는데, 이 언어는 결코 고갈되지 않고 언제나 다시 시작되며 상반되는 것들의 작용 때문에 외부로 향하지 못하는 언어, 인간을 광기 속에서 자기 자신과 다른 존재처럼 보이게 하는 언어이다. 그러나 이러한 타자성altérité 속에서 광인은 자기 동일성의 진실을, 그것도 정신이상/소외aliénation의 수다스러운 움직임 속에서 드러낸다. 광인le fou은 더 이상 고전주의적 비이성의 분할된 공간에 갇힌 **미치광이**l'insensé가 아니라, 질병의 근대적 형식에 들어맞는 **정신병자**l'aliéné이다. 이러한 광기 속에서 인간은 더 이상 진리에 대한 일종의 절대적 물러섬에 입각하여 고찰되지 않는다.

곧, 이러한 광기 속에서 인간은 자기 자신의 진실이자 자기 진실의 반대이고, 자기 자신이자 자기 자신과 다른 것이며, 진실한 것의 객관성에 붙잡히지만 진정한 주체성일 뿐만 아니라, 자신을 파멸시키는 것에 파묻히지만 자신이 주고자 하는 것만을 넘겨주고, 현재의 자기 자신이 아니기 때문에 무죄이며, 현재의 자기 자신이 아니어서 유죄이다.

비이성의 결정적이고 중요한 분할은 이제 언제나 상실되는 동시에 회복되는 인간과 그의 진실 사이에 존재하는 인접성隣接性, proximité으로 대체된다"(546-547; 801).

이는 단순한 변화가 아니다. 이는 유럽 정신의학의 영역에서 근대가 설정되는 중요한 변형이다. 현대 정신의학이 준수하는 기본 규칙들의 **기본적 틀**이 근대에 성립된 것이다. 튜크와, 특히 피넬은 근대 정신의학의 확립자, 곧 현대 정신의학의 아버지이다.

"피넬의 도덕적 가책으로 말미암아 세워지게 된 보호시설은 실은 어떤 것에도 소용이 없었고, 현대 세계를 광기의 단순한 재상승으로부터 보호하지도 못했다. (그러나) 더 정확히 말하면, 피넬의 보호시설은 (그럼에도 불구하고) 정말 쓸모가 있었다. 피넬의 보호시설은 광인을 비인간적 쇠사슬로부터 해방시키는 동시에 다른 한편으로는 인간과 그의 진실을 광인에 연관되도록 만들었다. 그때부터 인간은 진실한 존재로서 자기 자신에 접근하게 되는데, 이 진실한 존재는 오직 정신이상aliénation의 형식을 통해서만 인간에게 주어질 수 있다"(548; 803).

피넬은 광기에 대한 접근 방식을 변경시킴으로써, 현대 정신의학이 준수하는 기본적 규칙들을 확립시켰다. 단적으로, 이제 무엇보다도, "인간학적 사유에서 진리와 오류, 세계와 환상, 존재와 비존재, 낮과 밤으로 이루어진 고전주의적 비이성의 이항=項구조는 인간, 인간의 광기, 인간의 진실이라는 세 항목으로 이루어진 근대의 인간학적 구조로 대체되었다"(541; 793). 이제 우리는 푸코가 생각하는 피넬의 정체를 알게 되었다. 피넬은 정신의학적 담론·실천의 칸트이다. 피넬의 작업은 동시대 유럽 정신의학이 암묵적으로 전제하고 있던 지각 구조의 실로 근본적인 변형을 가져왔다. 우리는 이것이 얼마나 중요한, 거대한 사건이었는가를 이어지는 푸코의 말에서 확인할 수 있다.

"아마 우리는 순진하게도 150년의 역사를 가로질러 광인이라는 심리적 유형을 묘사했다고 생각할 것이다. (그러나) 우리는 광인의 역사를 기술함으로써, 어떤 심리학의 출현 자체를 가능케 한 것의 역사를 ─물론 발견의 연대기나 사상사의 차원에서가 아니라─ 근본적 경험구조의 연쇄에 따라 서술했다는 점을 그야말로 인정할 수밖에 없다. 그리고 이런 방식으로 우리는 19세기부터 서양세계에 특유한 문화적 사실, 즉 근대인homme moderne에 의해 규정되었지만 거꾸로 근대인을 규정하게 되는 전제, 곧 **인간 존재는 진리에 대한 어떤 특정 관계로 특징지어지지는 않는다. 그러나 인간은 진리를 자기 자신에게 고유한 어떤 것, 드러나는 동시에 감추어지는 어떤 것으로서 보유한다**l'être humain ne se caractérise pas par un certain rapport à la vérité; mais il détient, comme lui apprtenant en propre, à la fois offerte et cachée, une vérité는 것을 이해한다.

머릿속에 떠오르는 말을 그대로 써 보자면, **심리학적 인간은 정신이 사로잡힌 인간의 한 후손이다**l'*homo psychologicus* est un descendant de l'*homo mente captus*(548-549; 803-804).

이 마지막 문장은 『광기의 역사』 최종결론을 잘 요약하는 문장이다. 심리학적 인간은 정신이 사로잡힌 인간 곧 귀신들린 인간의 후손이다. 현대의 유럽 심리학이 말하는 '정신병자'는 중세시대 이래 죄를 지어 귀신에게 사로잡힌 인간, 보다 좁게는 고전주의 이래, 특히 근대 이래의 '미친 사람aliéné' 곧 **도덕**에 사로잡힌 인간의 실증주의 과학 버전이다. 그리고 이러한 기술은 순진하게도 '150년의 역사를 가로질러 광인이라는 심리적 유형'을 객관적으로 묘사한 것이 아니라, 오히려 '어떤 심리학' 곧 현대 유럽사회를 지배하고 있는 '특정 심리학의 출현 자체를 가능하게 한 것의 역사'를 기술한 것이다. 『광기의 역사』는 유럽 현대 심리학의 **지배적 형식**이 형성된 과정을 기술한다. 유럽의 현대를 지배하고 있는 현재의 **이** 심리학은 심리학 '자체'가 아니며, 다만 무수히 가능한 심리학들 중 '단 하나'의 형식, **지배적** 형식에 불과하다.(그렇다고 푸코가 '다른' 심리학을 지지하는 것은 아니다. 푸코는 사회의 기득권 질서를 생산·재생산하는 핵심 장치로서의 심리학 '일반'을 불신한다.) 『광기의 역사』는 현재 지배적이 된 특정 심리학의 형성 과정, 보다 정확히는 그 형성과정의 **역사적 가능조건**conditions de possibilités ou a priori historique을 탐구한다. 『광기의 역사』가 밝히는 심리학의 역사적 가능조건은 '신학으로부터 **도덕주의**로, 도덕주의로부터 **실증의학으로**' 변화하는 과정 자체에 담겨 있다. 이때의 '도덕'이란 기존 체제를 생산·수호하는 **질서유지의 기능**을 수행하는 장치이다.[75]

---

75 조금 속류화시켜 말하자면, 당신이 이른바 '심리학 책'을 많이 읽을수록, 당신은 문

"따라서 심리학은 정신이상aliénation의 언어만을 말할 수 있으므로, 인간 또는 자기 자신(심리학)에 대한 비판 안에서만 존재할 수 있다. 심리학은 처음부터 그리고 본성상 언제나 교차로 위에 있을 수밖에 없다. 심리학은 서로 긴밀하게 뒤얽혀 있는 사물의 반시대적 되풀이와 계절의 급변, 낮과 밤, 사랑과 죽음이 극한점까지 인간의 부정성을 심화시키고, 그리하여 결국 망치로 철학하기에 이르는 것으로 끝난다. 아니면, 심리학은 주체와 대상, 내부와 외부, 체험과 앎의 끊임없는 재포착과 조정調整의 놀이를 작동시킨다. 심리학 스스로는 이를 부정하겠지만, 심리학이 그 기원 자체로부터 바로 이러할 수밖에 없다는 것은 이미 필연적이다. 심리학은 자기 자신의 진실에 사로잡힌 근대인의 변증법이 갖는 불가피한 일부분이다. 달리 말해, 심리학은 참된 인식의 수준에서 심리학이란 무엇인가를 결코 묻지 않는다.

제가 **당신**인 것처럼 느끼게 된다. 심리학의 대중주의 버전이라 할 '자기 계발서'를 읽을수록 당신은 뜯어고쳐야 할 것은 **나 자신**과 **나의 마음가짐**인 것처럼 느끼고 생각하게 된다. 자기 계발서는 이런 면에서 '자기 개조서'이다. 각기 방식은 다르지만, 이미 프랑크푸르트 학파가, 그리고 훗날 들뢰즈와 과타리가 말하듯이, 근본적으로 정신분석으로 대표되는 이른바 '심리학'은 건강한 올바른 사람을 잘못된, 부도덕한 사회에 뜯어 맞추는 기능을 수행한다. 정신분석은 **당신만큼이나 사회가 문제**라는 단순한 사실을 보지 못하게 만든다. '사회에의 재적응'은 정신분석의 여러 목표들 중 하나의 목표가 될 수 있을 뿐, 정신분석 자체의 목표, 유일한 목표가 될 수는 없다.

그러나 변증법에의 이처럼 수다스러운 참여 안에서 비이성은 여전히 침묵당한 채 남아 있고, 망각은 인간의 말없는 거대한 파열들로부터 연유한다"(549; 804).

모든 것의 심리를 분석하는 심리학이 분석하지 않는 유일한 대상은 자신이다. **심리학자의 심리학**psychology of psychologist이라는 심리학의 영역이 존재하지 않는다. 모든 사람의 심리를 분석하는 심리학은 자신들, 심리학자들이 왜 이런 분석을 어떤 의도로, 어떤 심리에서, 어떻게 수행하는가를 결코 묻지 않는다. 심리학은 심리학을 비판적으로 바라보며 질문하는 모든 사람들의 심리를 비판적으로 분석할 뿐, 결코 자신에 대한 비판 작업을 수행하지도 용납하지도 않는다. '초석礎石적 폭력'의 개념을 만들어 낸 문화인류학자 지라르René Girard(1923-2015)의 『희생양Le Bouc émissaire』(1973)에 등장하는 다음과 같은 말은 심리학의 본질과 작용을 잘 보여 주는 한마디일 것이다. "어떤 사람에 대한 심리학을 수행한다는 것은 그 사람에 대한 **범죄조서**調書를 쓰는 일이다."[76] 누군가의 심리를 분석한다는 것은 그 사람이 무엇을 잘못

---

[76] 르네 지라르, 『희생양』, 김진식 옮김, 민음사, 2007, 256쪽.

했는가에 대한 보고서를 쓰는 일이다. 따라서 심리학자들은 심리학의 '옳음'을 하나의 공리公理, **항진**恒眞**명제**로 전제하여 작업하고 있으므로 오류가 있을 수 없고, 따라서 심리학에 대한 타인의 비판은 '불순한' 동기에서 출발한 것일 수밖에 없으므로, 비판자들의 (실은 그들 자신도 모르고 있는) 동기를 '밝혀내는' 작업을 할 수밖에 없는 것이다. 이런 면에서, 심리학은 자신이 틀릴 수 있는 가능성 자체가 자신에 의해 사전에 부정되어 있는 체계, 외부와의 교섭이 끊어진 항진명제들의 체계, 곧 정신병이다. 이렇게 보면, 심리학은 자신을 비판하는 모든 것을 그 자체의 체계에 의해 체계적으로 비판하는 체계, 자신이 이해하지 못하는 것마저 모두 비판하는 체계, 자신의 바깥이 없는 체계, 곧 과대망상증의 일종이다. '순수한' 심리학에 대해 이러한 논리를 펼치는 푸코는 어떤 '불순한' 동기를 갖고 있는 것일까? 푸코의 이러한 논리는 논점선취의 오류일까? 권력일까? 종교일까? 심리학은 어떤 경우에도 자신의 기원과 심리를 분석하지 않는다. 심리학의 분석 대상에서 심리학자들 자신은 늘 **예외**로서 설정된다. 심리학은 '신이 죽은' 현대에 여전히 존재하는 **신**이다.

이어지는 책의 마지막 부분에서 푸코는 아마도 마지막을 위해 아껴 두었을 심중의 진심을 적어 내려간다.

푸코는 '비이성/이성의 대립'을 (문학과 예술의 영역에서의) **광기/작품의 대립**이라고 부른다. 단적으로, 비이성, 광기는 이성 곧 '작품 œuvre의 부재'이다.[77] 작품의 부재는 물론 부정적으로는 이성의 결여이지만, 그와 동시에, 비극적 우주론의 임박한 도래를 간직한 적극적 가능성이다. 이러한 **비극의 재탄생**은 사드와 고야, 횔덜린과 네르발을 거쳐, **니체**에 의해 결정적으로 되살려졌고, 이제 반고흐와 루셀과 아르토를 거쳐,[78] 드디어 **푸코**에 이르는 길이다.

"고야의 경우처럼, 사드의 경우에도 비이성은 어둠 속에서 계속 잠 깨어 있지만, 이 깨어 있음으로 말미암아, 새로운 힘과 관계 맺는다. 비이성의 과거 모습이었던 비-존재는 이제 무화시키는 힘으로 스스로를 드러낸다. 사드와 고야를 통해 서양세계는 폭력 속에서 이성을 지나치고 변증법의 약속을 넘어 **비극의 경험을**

---

77 이때의 프랑스어 œuvre는 넓은 의미로 우리말의 '일정한 목적의식 아래 합리적으로 구성된 작업' 등의 의미를 포괄한다.

78 고야를 제외하고, 이들은 모두 정신병 상태에서 생애를 마친 인물들이다. 잘 알려져 있다시피, 고야는 당대의 정신병 환자들을 감금하는 '광인의 집' 시리즈 등 이성의 바깥, 어둠의 세계를 그렸다. 이제는 너무나 유명해진 고야의 판화 「이성의 잠이 괴물을 낳는다(El sueño de la razón produce monstruos)」가 속한 '변덕'(Caprichos, 1799) 시리즈도 이러한 관점에서 해석할 수 있다.

되찾을 가능성을 결실로 거두었다"(554; 811).[79]

　중요한 것은 사드(1740-1814)와 고야(1746-1828)가 모두 **근대가** 설정된 시기, 곧 18세기 말에서 19세기 초에 속하는 인물들이라는 사실을 기억하는 것이다. 사드와 고야는 르네상스까지도 엄존했으나 고전주의 시대의 데카르트와 '대감금' 이래 서양문화가 수면 아래로 잠복한 비이성을 되살릴 수 있게 만든 단초를 제공한 인물들이다.(이러한 비극적 경험, 우주적 경험의 복원, 비극의 재탄생은 이후 니체의 의해 결정적인 방식으로 수행된다.) 고전주의 시대가 시작한 비이성의 '억압'이 현실화된 근대의 초입에 사드와 고야는 비극적 경험의 재생을 위한 씨앗을 뿌려 두었다. 푸코에게 근대란 **데카르트**가 설정한 고전주의의 연장이다. 따라서 근대는 파괴되어야 한다. 이러한 근대 파괴의 과업을 위한 초석을 놓은 사람이 **니체**이다. 이들에 의해 비이성, 광기의 의미는 근본적으로 바뀐다. 이들에 의해 근대의 '억압'에도 불구하고 유럽인들은 '근대 이후'의 도래를 기대할 수 있다.[80]

79　인용자 강조. 이 부분에서 (헤겔·마르크스의) 변증법이 (넘어서야 할) '근대적' 사유로 규정되어 있는 것도 유의해서 보아야 한다.

80　이를 이른바 '포스트모던'으로 바라보아서는 곤란하다. 이른바 '포스트모던' 담론

"사드와 고야 이후로 비이성은 모든 작품에서 근대 세계에 대해 결정적인 것, 다시 말해서 모든 작품이 내포하는 살인적이고 강압적인 것에 속한다. … 니체의 광기나 반 고흐의 광기 또는 아르토의 광기는 아마 더 깊지도 덜 깊지도 않게일 터이지만 전혀 다른 세계에 토대를 두고 **그들의 작품에 속한다.** … 휠덜린과 네르발 이래로 광기에 '**빠져든**' 작가, 화가, 음악가의 수는 크게 증가했지만, 이를 잘못 생각하지 않도록 하자. 광기와 작품의 사이에는 더 이상 어떤 지속적인 타협 또는 교환도 없었고, 마찬가지로 언어들 사이의 소통도 없었다. 광기와 작품의 대립은 예전보다 훨씬 더 미묘하고, 광기와 작품의 분쟁은 이제 용서가 없으며, 광기와 작품의 작용은 삶과 죽음에 관련된다. 아르토의 광기는 작품의 틈새로 슬그머니 끼어들지 않고, 정확히 **작품의 부재**, 이 부재의 지겹도록 되풀이되는 현존, 결코 끝나지 않는 작품의 모든 차원에서 느껴지고 측정되는 **근본적 공백**이다. 그리스도임과 동시

이 알려진 것은 아무리 빨라도 1970년대 후반 리오타르 등에 의해서이며, 푸코가 1961년에 발표된 이 책을 쓴 것은 1950년대 후반 1960년이다. 근대의 문제설정을 연구·비판하는 푸코에게 이른바 '포스트모던'이란 잘못된 문제설정, 사실상 또 하나의 **사이비담론**으로 간주된다. 다음을 참조하라. 허경, 「미셸 푸코와 자기 변형의 기술」, 철학아카데미, 『처음 읽는 프랑스 현대철학』, 동녘, 2013.

에 디오니소스로 자칭하는 니체의 마지막 외침은 이성과 비이성의 경계, 작품의 소실선에서 마침내 맞닿았지만 곧장 사라져 버린 공통의 꿈, '아르카디아 목동과 티베르디아 어부 사이의' 화해가 아니다. 그것은 바로 **작품의 소멸 자체, 작품이 불가능하게 되고, 작품이 침묵해야 하는 출발점**이다. 망치가 이 철학자의 손에서 막 떨어졌다. 그리고 '의사에게 그림 그릴 허락'을 요청하려고도 하지 않았던 반 고흐는 자신의 작품과 자신의 광기가 양립할 수 없다는 것을 잘 알고 있었다.

광기는 **작품의 절대적 단절**이고, 시간 속에서 작품의 진실에 근거가 되는 **소멸의 계기**를 형성하며, **작품의 외부 가장자리, 작품의 붕괴선, 공백을 바탕으로 한 작품의 윤곽**을 나타낸다"(554-556; 812-814).[81]

광기는 작품의 존재이고, 작품은 광기의 부재이다. 이러한 분리가 설정된 계기moment가 시간의 시초, 보다 정확히는 **근대적** 시간의 시초이다. 윗 단락에서 시간의 시초 이후의 광기, 곧 근대적 광기는 근본적 공백, 작품의 절대적 단절, 소멸의 계기, 작품의 외부 가장자리, 작품의 붕괴선, 공백을 바탕으로 한 작품의

---

81 인용자 강조.

윤곽 등으로 표현되어 있다. 이들은 실상 모두 동어반복이다. 이어지는 다음 부분이 결정적으로 중요하다. 광기가 이성, 곧 작품의 존재 가능조건임이 밝혀져 있기 때문이다. 정신병이 근대 이성의 **존재 가능조건**이다.

"아르토의 작품은 광기 속에서 작품의 부재를 시험하지만, 되살아나는 그러한 시험의 용기, 근본적 언어의 부재를 거슬러 던진 그 모든 낱말, 공백을 둘러싸거나, 더 정확히 말해서 공백과 일치하는 그러한 육체적 고통과 공포의 공간 전체, 바로 여기에 **작품 자체**가 있다. 곧, 작품 부재의 심연으로 내려가는 급경사면이 있다. 광기는 더 이상 작품의 본래적 의미가 비쳐 보일 의미가 있었던 미결정의 공간이 아니라, 작품이 최종적으로 이야기를 그치고 이야기 위로 영원히 솟아올라 이야기를 굽어보기 시작하는 **결정 작용**décision이다"(556; 814).[82]

사드와 고야는 자신들의 광기에도 불구하고, 또는 광기와 함께, 작품 활동을 지속했다. 그러나, 네르발과 횔덜린의 광기는

---

82 인용자 강조.

작품을 불가능하게 만들었다. 니체와 반 고흐, 아르토와 루셀 역시 광기가 찾아오자 작품이 사라졌다. 근대적 이성의 **존재 가능 조건**은 다름 아닌 근대적 광기, 곧 정신병이다. 정신병은 이성의 뒤집힌 분신, 나뉘어진 몸分身이다. 근대 이성을 다른 이성이 아닌 바로 지금의 이성으로 만들어 주는 것은 근대 이성의 분신, 정신병이다. 이 같은 정신병 개념의 확립 과정이 다름 아닌 근대 유럽 심리학의 정립과정이다. 이 근대 유럽 심리학의 존재·인식 가능조건은 **광기의 대상화**이다. 그리고 이 광기의 대상화는 **이성의 주체화**(대상화)와 동일한 과정 곧 동시적·상관적 과정이 아닐 수 없다.[83] 따라서 이제 근대 이성은 자신의 카운터 파트너인 근대적 광기 곧 정신병의 특성을 갖게 된다. 아래에서 푸코는 이를 이성과 광기가 '동시대적'이며, '함께' 태어나고 '함께' 완성된다고 말한다. 이러한 설정이 정립된 순간 또는 계기moment를 푸코는 아래에 인용한 문장에서 **시간의 시초**라 부른다. 시간의 시

---

83 이는 이후 서양의 **존재론**(存在論, ontologie)을 비판하는 데리다의 **유령론**(幽靈論, hantol-ogie)과 매우 비슷한 논리구조를 갖는다. 가령 전체로서의 존재는 분할 불가능한 것이므로, 존재 곧 '실제로는 나눌 수 없는 것'을 '나누었을 때'(보다 정확히는 '나누었다고 누군가가 믿을 때'), 이는 결코 존재의 사실일 수 없고, 다만 그 사람이 믿고 있는 **관념적 신념**에 불과하다. 유령론은 이 누군가에게 '나머지 부분'이 (마치 '유령'처럼) 자신의 존재를 기억해 달라고 찾아온다는 점을 지적하기 위한 데리다의 비유이다.

초란 이러한 **분리작용**division, 또는 **결정작용**détermination이 일어난 시점을 지칭하는 말이다. 시간의 시초란 '근대'가 탄생한 시점, **근대의 영도**零度이다. 이 '시간의 시초'라는 개념을 기억해 두는 것은 이 마지막 절의 이해를 위해 매우 중요하다.

> "광기는 작품의 마지막 순간으로서만 있을 뿐이고, 작품은 광기의 극한으로 광기를 한없이 밀어낸다. 물론 **작품이 있는 곳에 광기는 없지만**là où il y a œuvre, il n'y a pas folie, 그럼에도 불구하고, 광기는 작품의 진실에 내포된 시간의 막幕을 여는 까닭에, 작품과 **동시대적** contemporaine이다. **작품과 광기가 같이 태어나고 완성되는** 순간은 세계가 작품에 의해 소환되는 동시에 작품 앞에서 세계 자체의 모습에 대해 책임을 져야 하는 **시간의 시초**début du temps이다"(557; 815). [84]

광기와 이성의 (근대적) 얽힘을 발생시킨 '시간의 시초'라는 푸코의 논리를 이해하면, 다음의 논의도 쉽게 이해가 된다. 작품의 부재, 곧 광기의 존재는 이성의 존재 가능조건이다.(마찬가지로 이성은 광기의 존재 가능조건이다. 둘은 오직 '같이 태어나고 같이 죽는' 쌍둥이

---

84 '작품이 있는 곳에 광기는 없다'는 푸코의 강조.

들이다. 양자는 **동시대적**이다.) 따라서 니체와 반 고흐에게 보이는 작품의 부재는 이성적 근대세계를 여는 계기에 다름 아니다.

"니체의 광기, 다시 말해서 사유의 붕괴는 그의 사유가 **근대 세계 쪽으로 열리는 통로**이다. 니체의 사유를 불가능하게 만들었던 것은 니체의 사유를 우리에게 현존하게 만들어 주는 바로 그것이고, 니체의 사유를 니체에게서 박탈한 것은 니체의 사유를 우리에게 제공하는 바로 그것이다. 이는 광기가 작품과 근대세계에 공통된 유일한 언어(비장한 저주의 위험, 정신분석의 전도되고 대칭적인 위험과도 같은)라는 뜻이 아니라, 세계 속으로 집어삼켜지면서 세계의 무의미를 드러내고 병적인 것의 특징 아래에서만 미화되는 듯이 보이는 **작품이 실은 광기에 의하여**par la folie 세계의 시간을 끌어들이고 제압하며 조종한다는 것, 마찬가지로 세계의 시간을 중단시키는 광기에 의해 작품은 공백, 침묵의 시간, 대답 없는 물음을 열어놓으며, 세계가 스스로를 의문의 대상으로 삼지 않을 수 없게 만드는 타협 없는 파열을 촉발한다는 것을 의미한다"(556; 814-815).

시간의 시초에 발생시키는 작용에 의해 근대 이성은 자신의 존재 가능근거인 근대의 광기와 끊임없이 얽혀 든다. 이는 정신병과 이성의 '완전한' 분리라는 근대의 꿈이, 실제로 존재하는 현실의 사태가 아닌, 머릿속에 존재하는 **관념의 사태**일 수밖에 없기 때문이다. 마찬가지 논리에 의해, '이' 심리학은 따라서 심리학 '자체'가 아니라, 다만 근대 유럽에서 생성된 심리학의 '한' 형식, '지배적' 형식, '특정' 버전일 뿐이다.[85] 결과적으로, 근대의 광기 곧 정신병에 죄의식을 부여한 근대의 이성은 실은 자신의 분신인 정신병과 분리 불가능한 존재이므로 이제 **자신도** 죄의식의 노예가 된다.

"작품 안에 내포되어 있던 필연적으로 세속적인 부분은 이제 스스로에게 되돌려지고, 정신장애démence 속으로 무너져 버린 작품의 시간 속에서, 세계는 자신의 죄의식을 맛보게 된다. 이제부터는, 광기의 매개로 인해, 서양세계 최초로, 세계는 작품에 대해 유죄가 된다. 이제 세계는 광기에 의해 심문당하며, 광기의 언어를 따르도록 강요당한다. 나아가 세계는 이제 인식하고 개선改善해야 할 책무, 곧 이 비이성을 그리고 비이성에 대해 설명을

---

85 이 시점에서 푸코가 **심리학의 비(非)유럽적 전개**가 가능하다고 본 것인지는 명확하지 않다. 달리 말해, 푸코가 '심리학의 유럽적 전개'와 '유럽 심리학의 전개'를 두 개의 별다른 사태로 본 것인지는 명확하지 않다.

해야만 한다는 책무에 시달린다. 작품이 잠겨 드는 광기는 우리의 작업공간이고, 우리의 작업을 끝내기 위해 따라가야 할 무한한 길, 우리가 사도인 동시에 주석가가 되어 떠맡아야 할 소명이다"(556-557; 814-815).[86]

광기를 규정한 이성은 이제 (자신의 기원, 태생이 부여한 불가피한 조건에 의해) 광기의 심판과 심문을 받는다. 이성과 광기는 뒤섞인다. 이성은 오직 광기의 토대 위에서만 스스로가 될 수 있다.

가령, 최초의 '근대철학자' 데카르트의 논리는 그 자체로 정신병의 논리와 뒤섞인다. "나는 생각한다. 그러므로 존재한다." 이는 신으로부터 근대적 개인으로서의 나를 탄생시킨 위대한 언명이다. 이전 중세 시대와는 달리, 신이 있다 또는 없다고 판단하는 것은 신이 아니라, 나다. **데카르트적 주체**는 스스로 생각하는 주체이다. 어떤 것이 옳고 그른가의 판정에 관련된 최종 결정의 주체는 어떤 경우에도 남이 아니라, 나다. '나는 신의 명령을 가감 없이 있는 그대로 따른다'고 말하는 사람은 다만 스스로 그렇게 믿고 있을 뿐, 결국 그렇게 믿고 판단하는 것이 자신이라

---

86 '에 대해'와 '을'은 원문 강조.

는 사실을 부정할 수 없다. 나의 강력한 '확신'과 '믿어 의심치 않음'은 '내가 그것을 얼마나 강력하게 믿고 있는가'만을 보여 줄 뿐, 내 믿음의 대상이 갖는 내용의 진리가眞理價와는 무관하다. 가령 이런 사람이라도 자신의 신념과 상충되는 내용을 믿어 의심치 않는 사람이 진리를 그대로 보고 있다고는 생각하지 않을 것이다. 남의 말을 그대로 믿기로 결정한다 해도, 그렇게 결정하는 것은 남이 아니라 나다. 결국 데카르트적 주체는 독아론獨我論, solipsism의 문제로 빠져든다. 독아론이란 내가 아닌 타인의 마음이 존재하는지 어떻게 아는가의 문제와 관련된 철학적 입장으로, 나는 오직 나의 마음만을 확실히 알 수 있을 뿐, 다른 이들의 마음이 실제로 존재하는지는 알 수 없다는 입장이다. 타인의 마음이 존재하는지의 여부를 결정하는 것은 어떤 경우에도 타인들 자신이 아니라, 나이어야 하기 때문이다. 데카르트적 근대 주체는 어떤 경우에도 이 세상 모든 것의 옳고 그름을 스스로 판단하는 주체이기 때문이다.

역설적으로 또는 당연하게도, 이는 정신병의 논리와 동일하다. 라캉이 말하듯이, 정신병 환자는 외부와의 교섭이 끊어진 존재이다. 정신병 환자는 어떤 경우에도 자기 판단의 옳음을 무한히 고수한다. 오늘날에는 '확증편향'이라는 말로 잘 알려져 있듯이, 정신병의 논리는 나타나는 새로운 모든 현상을 자신의 원래 논리를 확증해 주는 증거로서만 바라본다. 의처증과 의부증이 정신병으로 분류되는 것은 바로 이런 이유이다. 이들은 상대가 늦게 오면 '역시 바람을 피우는 군'과 같은 식으로, 일찍 오면 '역시 교묘해'와 같은 식으로 대응한다. 정신병 환자의 논리는 늘 정당화된다. 이는 그런데 정신병 환자만의 문제가 아니다. 근대의 데카르트적 주체, 이성적 주체의 논리도 근본에서는 이와 동일하다. 데카르트적 주체들로 이루어져 있는 근대 사회에서는 모든 사람이 생각하는 옳고 그름의 기준이 늘 자기 자신일 수밖에 없으므로, 정상인과 정신병 환자의 차이는 사실상 사회통념, 상식, 양식 등이 된다. 그러나 다수가 늘 옳은 것은 아니다. 이제, 니체의 말대로, 진리의 적은 의심이 아니라, 차라리 확신이다. 문학에 있어 '최초의 근대인'이라 불리는 루소Jean-Jacques Rousseau(1712-1778)가 실제로 **피해망상 환자**였다는 것은 우연한 사실이 아닐 수도 있다. 근대적 주체는 바깥이 없는 주체이기 때문이다. 레비나스Emmanuel Lévinas(1906-1995)가 근대적 주체의 인식론이 발생시키는 윤리의 문제에 집중하면서 자신의 저작을 『**탈출에 대하여**De l'évasion』(1962)라고 이름 붙인 것은 상징적 사건이다. 바깥이 없는 근대적 주체의 인식론으로부터 어떻게 탈출

할 것인가?

푸코는 근대 이성이 부딪힌 이 같은 난관을 '광기의 책략이 빚어낸 승리'라 부른다. 다음이 『광기의 역사』의 마지막 문장이다.

"이는 광기의 책략과 새로운 승리이다. 심리학에 의해 광기를 정당화하고 측정한다고 믿는 이 세계가 자신을 정당화해야 하는 것은 다름 아닌 광기 앞에서인데, 이는 이 세계가 니체, 반 고흐, 아르토와 같은 작품의 과도함에 따라 스스로를 측정해야만 하기 때문이다. 그리고 이 세계 안의 어떤 것도, 특히 이 세계가 광기에 관해 인식할 수 있는 어떤 것도, 광기의 이러한 작품들이 이 세계를 정당화시킨다는 것을 확신시키지는 못한다"(557; 815).

6장
나가면서
— 광기의 역사, 인식의 역사

　　푸코의 심리학 비판은 심리학이 여전히 자신이 형성된 19세기식의 실증주의적 곧 이른바 '객관주의objective' 인식론을 전제하고 있으며, 이러한 이른바 객관주의적 실증의학이 이전 시대의 신학적, 특히 **도덕주의적** 관심과 관점을 (때로는 암암리에, 때로는 명시적으로) 그대로 이어받고 있다는 점에 집중된다. 19세기 이래의 정신의학은 사회를 전면적으로 **정신의학화**psychiatrisation한다.

　　"우리 모두는 19세기 이래 정신의학적 분석의 대상이 되었습니다. … 정신의학은 우리 모두를, 가족관계, 교육, 직장 등 모든 면에서 전면적으로 포획합니다."[87]

정신의학화는 유럽 근·현대 사회와 분리 불가능한 근본적 특성이 되었다. 정신의학은 이 경우 심리학과 정신분석을 모두 포괄하는 광의의 개념이다. 정신의학이 발생시키는 권력효과를 푸코는 이후 **정신의학의 권력**Pouvoir psychiatrique이라 부른다. 푸코는 같은 이름을 가진 1973-1974년의 콜레주 드 프랑스 강의에서 이 문제를 다루고, 정신의학 또는 심리학의 핵심 기능을 **정상화**正常化, normalisation라 부른다.[88] 콜레주 드 프랑스 강의는 '정신의학의 권력'은 정신의학적 실천의 형성 및 수행 과정, 그리고 그것이 현실에서 발생시키는 효과의 분석에 집중한다.

"정신분석 세션의 내부에서 발생하는 권력의 실행 과정은 면밀히 분석되었어야 하는데, 이제껏 분석된 적이 없습니다. 그리고 정신분석, 적어도 프랑스의 정신분석은 이러한 분석을 거부하고 있습니다."[89]

---

87 'Michel Foucault. Les réponses du philosophe [미셸 푸코. 철학자의 답변]'(1975), in DEQ I, 1682.

88 미셸 푸코, 『정신의학의 권력. 콜레주 드 프랑스 강의 1973-74년』, 오트르망 옮김, 난장, 2014.

89 'L'asile illimité [무한한 수용소]'(1977), in DEQ II, 273-274.

정신의학적 실천이 발생시키는 효과는 정상화이다. 정상화 과정은 개인에 대한 사회 통제 과정에 다름 아니다. 정신의학의 권력, 곧 정상화 권력은 모든 것을 감시하고 처벌한다. 단적으로, 1970년대 중반 이래 중·후기 푸코의 적은 정상화이다.

"정신분석을 서양문화에서 진정한 중요성을 가졌던 문화현상으로 바라본다면 우리는 다음처럼 말할 수 있을 겁니다. 전체적으로 보아, 하나의 실천으로서의 정신분석은 **정상화**라는 의미의 역할을 수행했다."[90]

그리고 이 '정상화' 권력의 메커니즘을 분석·비판한 것이 이어지는 1975년 출간된 『**감시와 처벌**』이다.[91] 푸코는 같은 해의 대담에서 이렇게 말한다.

---

90 "depuis le XIX siècle, nous sommes tous devenus psychiatrisables."('La vérité et les formes juridiques [진리와 법적 형식들]'(1973/1974), in DEQ I, 1509) 다음도 참조. "정신분석은 … 통제 및 정상화의 격자에 속하는 효과를 발생시킵니다"(Pouvoir et corps [권력과 신체]'(1975), in DEQ I, 1626; 미셸 푸코, 「육체와 권력」, 『권력과 지식. 미셸 푸코와의 대담』, 홍성민 옮김, 나남, 1991, 90쪽).

91 미셸 푸코, 『감시와 처벌. 감옥의 역사』, 오생근 옮김, 나남, 2016.

"(정신)분석을 수행하는 분석가 전체, 환자들 전체가 정상화 기능의 수행자, 가족·남성·이성애자 권력 갱신 작용의 자동적 수행자agents가 되는 지경에 이르렀습니다."[92]

푸코는 '정상/비정상' 이분법의 관념에 대한 역사적·비판적 검토를 통해 개인의 정체성, 성적 정체성, 사소한 일상을 정치적 영역으로 설정한 선구적 인물이다. 정치는 광화문광장만큼이나, 당신의 머릿속, 몸속에서도 일어난다. 나의 사소한, 시시한, 보잘것없는 일상이 정치의 장이며, 정치의 영역이다. 여성주의 철학의 탁월한 구호처럼, "개인적인 것이 정치적인 것이다." 달리 말하면, '비정치적' 영역이야말로 '정치'의 영역이다.

"나는 1960년대부터 주체성, 정체성, 개체성이 정치적 문제를 구성한다고 생각했습니다. 제가 볼 때, 정체성과 주체성을 정치사회적 요인들과 무관하게 결정되는 어떤 심오한 자연적 요소들로 바라보는 것은 위험합니다. 우리는 심리학적 주체성에 대한 정확한 앎을 통해 정신분석이 말하는 주체성의 유형으로부터 우리

---

92 'Sur la sellette [작업대 위에서]'(1975), in DEQ I, 1592.

자신을 해방시켜야 합니다. 우리는 우리 자신과 우리의 행동에 관련된 몇몇 특정 개념화 작용이라는 감옥에 갇혀 있습니다. 우리는 우리의 주체성과 우리 자신에 대한 우리의 관계를 해방시켜야 합니다."[93]

푸코는 이를 간단히 **비판적 태도**attitude critique, 또는 더 이상 **이런 식으로 통치받지 않으려는 기술**art de n'être pas tellement gouverné이라고 부르면서, 이를 다음과 같은 새로운 정치적 질문의 형식 아래 정리한다.

"어떻게 하면 이런 식으로, 이들에 의해서, 이런 원칙들의 이름으로, 이런 목표들을 위해, 이런 절차를 통해, 그런 식으로, 그것을 위해, 그들에 의해 통치당하지 않을 것인가?"[94]

---

[93] 'Foucault étudie la raison d'État [푸코, 국가 이성을 탐구하다]'(1979), in DEQ II, 801-802.

[94] 이는 1978년 5월 27일 프랑스철학회에서 발표된 푸코의 글이다. "Comment ne pas être gouverné, comme cela, par cela, au nom de ces principes-ci, en vue de tels objectifs et par le moyen de tels procédés, pas comme ça, pas pour ça, pas par eux?"(Michel Foucault, *Qu'est-ce que la critique?* suivi de *La culture de soi*, Librairie Philosophique & J. Vrin, 2015; 미셸 푸코, 「비판이란 무엇인가?」, 『비판이란 무엇인가 자기수양』, 오트르망 옮김, 동녘, 2016, 44-45쪽). 이제 우리는 이 질문을 이렇게 바꾸어볼 수도 있을 것이다. "어떻게 더 이상 이렇게 **규정당하지** 않을 것인가?"[이 문장은 다음과 같이 바뀌어도 무방하다. "어떻게

이처럼, 인류의 역사는 인식투쟁의 역사, 곧 명명투쟁과 결부된 **해석투쟁**의 역사이다. 자연에 대한 해석의 독점이 권력 정당화의 궁극 형식이다.

더 이상 이렇게 **정의당하지**(defined) 않을 것인가?] 다음 두 권의 책은 바로 이러한 푸코의 문제의식을 통해 대한민국 사회의 '현실'을 **달리** 규정하려는 시도들이다. 심세광, 『어떻게 이런 식으로 통치당하지 않을 것인가? 푸코로 읽는 권력, 신자유주의, 통치성, 메르스』, 길밖의길, 2015; 허경, 『그때는 맞고 지금은 틀리다. 통치자 담론에서 피통치자 담론으로』, 길밖의길, 2016.

[세창명저산책]

세창명저산책은 현대 지성과 사상을 형성한 명저를 우리 지식인들의 손으로 풀어 쓴 해설서입니다.